技术与创新管理系列教材

中国轻工业"十三五"规划教材

知识管理

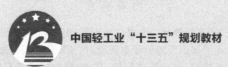

KNOWLEDGE MANAGEMENT

姚伟◎主编

张翠娟 杨志磊 林春雪◎副主编

清华大学出版社
北 京

内 容 简 介

本书是中国轻工业"十三五"规划教材。本书从知识管理流程出发,按照知识管理过程的不同阶段设计逻辑结构。首先,系统阐述了知识管理的基本理论,包括知识内涵及知识观、知识管理的内涵、知识管理战略、知识管理价值链及其流程、知识管理伦理;其次,详细阐述了显性知识和隐性知识的具体内涵;再次,在深入揭示知识管理的基本思想和基本框架的基础上,按照知识管理的流程进行深入阐释,具体包括:知识获取与收集、知识组织与存储、知识交流与共享、知识转移与应用、知识协同与创新、知识传播与服务;然后,详细介绍了知识管理技术及个人知识管理;最后,介绍了知识管理审计与评估。

本书可作为高等院校信息管理与信息系统、企业管理、人力资源管理、图书情报档案等相关专业的教材和教学参考书,亦可为各类企业管理者特别是 CEO、CKO 以及政府领导、政府公务员、知识工作者、信息管理工作者、图书情报工作者学习提供参考。

图书在版编目(CIP)数据

知识管理/姚伟主编. —北京:清华大学出版社,2020.1(2024.8重印)
技术与创新管理系列教材
ISBN 978-7-302-54684-9

Ⅰ. ①知… Ⅱ. ①姚… Ⅲ. ①知识管理—教材 Ⅳ. ①G302

中国版本图书馆 CIP 数据核字(2019)第 293945 号

责任编辑:高晓蔚
封面设计:李伯骥
责任校对:宋玉莲
责任印制:曹婉颖

出版发行:清华大学出版社
       网　　址:https://www.tup.com.cn,https://www.wqxuetang.com
       地　　址:北京清华大学学研大厦 A 座　　　　　邮　编:100084
       社 总 机:010-83470000　　　　　　　　　邮　购:010-62786544
       投稿与读者服务:010-62776969,c-service@tup.tsinghua.edu.cn
       质量反馈:010-62772015,zhiliang@tup.tsinghua.edu.cn
印 装 者:天津鑫丰华印务有限公司
经　　销:全国新华书店
开　　本:185mm×260mm　　印　张:17.75　　　字　数:382 千字
版　　次:2020 年 4 月第 1 版　　　　　　　印　次:2024 年 8 月第 5 次印刷
定　　价:49.00 元

产品编号:082896-01

国家社科基金年度项目

"互联网知识付费业态下图书馆知识服务优化机制及对策研究"（项目编号：18BTQ032）阶段性成果

技术与创新管理系列教材
编委会

丛书序

　　技术创新在新时代经济发展中发挥着基础保障的作用,其重要性不言而喻。在全国科技界和产业界的共同努力下,我国的技术创新持续发力,加速赶超跨越,实现了历史性、整体性、格局性的重大变化,重大科研成果竞相涌现,科技实力大幅增强,已成为具有全球影响力的科技大国。党的十九大对科技创新又做出了全面系统部署,其核心是以习近平新时代中国特色社会主义思想为指导,推动科技创新主动引领经济社会发展,构筑核心能力,实现高质量发展。

　　然而,我国许多产业仍处于全球价值链的中低端,一些关键核心技术受制于人,发达国家在科学前沿和高技术领域仍然占据明显的领先优势,我国支撑产业升级、引领未来发展的科学技术储备亟待加强,适应创新驱动的体制机制亟待建立健全,企业研发动力不足,创新体系整体效能不高,经济发展尚未真正转到依靠技术创新的轨道。

　　为此,我们必须加快技术创新的步伐,加快实现技术创新对经济增长和社会发展的引领作用。新时代的技术创新必须为提高国家硬实力、软实力以及综合国力作出突出的贡献。

　　然而,技术创新是一项非线性、复杂、动态、不确定的技术经济行为,需要科学的管理方能生效。加强技术与创新的学科建设以及相应的教材建设就显得极为关键。技术与创新管理学吸收了管理学、经济学、工程学、心理学等有关部分形成其理论基础,又与产业或企业领域的知识整合,形成技术与创新管理的知识体系,它又细分为技术管理、技术创新管理、知识管理、知识产权管理等子领域。

　　本系列教材是我国从事技术与创新管理的高等院校骨干教师编写,他们怀着不断完善技术与创新管理知识体系的情怀,在积极吸收国外技术与创新管理相关教材的基础上,结合中国技术与创新管理的情境,进行了相关的创造性知识整理,目的是为培养一大批技术与创新管理的理论与实践人才作出必要的贡献。本教材可供高等院校本科生、研究生必修或选修之用。由于时间匆促,请相关师生提出宝贵的修改意见。

教育部长江学者特聘教授
清华大学经济管理学院教授
中国技术经济学会技术管理专业委员会理事长
2020 年 3 月

前言 (一)

　　"路漫漫其修远兮,吾将上下而求索。"我始终觉得对于知识管理领域的探索是无止境的。对于知识管理的认识源于南开大学商学院导师柯平教授,对于知识管理的坚守源于清华大学经济管理学院导师陈劲教授。在"南开大学—天津科技大学—清华大学"的学习、工作、学习过程中,我始终没有放弃对知识管理的求索。对于知识管理的求索,我也经历了"兴趣—接触—迷茫—坚持—乏味—坚守—兴趣—强化"的阶段,其中不必言明的"迷茫和乏味"来源于对知识管理自我认知的肤浅。随着对知识管理逐步深入理解和掌握,才由开始的兴趣真正转变为现在的研究兴趣和研究方向,这也恰恰印证了辩证法里的"否定之否定规律"。

　　我认为:"对于知识管理的认识和了解,不是一蹴而就的,是需要不断探索和学习的,而这种探索和学习过程本身就是知识管理的过程。"正如尼采所言:"凡能吸入我著作中气息的人,他就知道,这是高岗上的空气,是使人精神焕发的空气。一个人必须加以培养以适应这种空气,否则他就会有受寒的危险。"我想:知识管理也是"高岗上的空气",并且具有一定的"门槛"。

　　我想说的是:寂寞是这种求索过程中必经的一个过程。求索的过程中没有喝彩、更没有掌声,往往是孤单相吊的寂寞。而求索是介于物质世界和个体认知的一种探索途径。作为知识分子,恰恰是在孤独寂寞中探索与磨炼,虽外人之云"苦行僧"式的生活,心中却激荡着"大风起兮云飞扬"的豪情与霸气。对于知识管理的求索,往往是在寂寞中进行孕育和积淀,在寂寞中储蓄力量。寂寞来自独处,独处恰恰是自我探究、自我反思的过程,这是否就是"独立之精神,自由之思想"的雏形?

　　我认为学好知识管理,首先要学会个人知识管理,尤其是学习者要将知识管理应用于自身。对于知识管理的探索,从最初理论的学习,到后来的理论本土化,以及将知识管理应用于企业实践,这些都增加了我探索知识管理的信心和勇气。为了学好知识管理,我将知识管理融入生活、工作和科研中。我将知识管理思想应用到个人简历中,将自己科研项目、发表文章、招收研究生、获取奖励、参加学术会议、获取专利等及时添加到自己的简历中,并且制定了个人知识管理路径,从而形成了个人知识管理知识的显性化及个人知识延伸的升华。

　　为了将自己对知识管理的心得体会进行交流沟通,我在学校开设了个性化课程"信息分析与知识管理"。课程的开展促进了本书的初步构思,于是我就想按照自己对知识

V

管理的认识和理解来编写知识管理的书籍。本书从知识管理流程出发,按照知识管理过程的不同阶段设计逻辑结构,这种逻辑构架是本书与其他诸多著作和教材的主要区别。本书第 1 章"导论"由姚伟完成;第 2 章"显性知识"由姚伟、林春雪完成;第 3 章"隐性知识"由姚伟、杨志磊完成;第 4 章"知识获取与收集"由姚伟、张翠娟、莫璐瑶、赵少文完成;第 5 章"知识组织与存储"由姚伟完成;第 6 章"知识交流与共享"由姚伟、张翠娟完成;第 7 章"知识转移与应用"由姚伟完成;第 8 章"知识协同与创新"由姚伟、张俊完成;第 9 章"知识传播与服务"由姚伟、张翠娟完成;第 10 章"知识管理技术"由姚伟、檀柏红完成;第 11 章"个人知识管理"由姚伟、张翠娟、孙斌完成;第 12 章"知识管理审计与评估"由姚伟、李杨完成。最后统稿由姚伟、张翠娟、吴淑娴、刘舒雯、孙斌完成。

　　虽然本书有幸被遴选为中国轻工业"十三五"规划立项教材,但我们深知限于视野和自身能力及水平,本书还有诸多不完善的地方。对知识管理的知识体系的完善、教学内容和方式的探索仍需要长期不懈的努力,衷心希望各位研究者、学习者提出宝贵意见,不吝指教,以便持续完善。

姚伟

书于　应如室

2019 年 9 月

前言（二）

我所从事的法律行业，到处充满了知识。律师是运用法律知识服务于当事人的职业，每个律师处理的纠纷案件至少也有上百件。律师似乎是行走的法律知识库。律师行业还是传统的带徒弟式传播经验或知识，知识在流淌过程中逐渐变成涓涓细流，甚至枯竭，严重制约着行业发展和职业传承。如何解决这种师傅教徒弟学的方式？这一问题困扰着这个行业很久，却又缺乏一劳永逸的办法，这也是困扰我的问题。执业至今已五年有余，回首自己的执业经历，我如何能解决这个问题，有什么办法可以用，这是我一直思考的问题。知识需要管理，知识怎么管理？知识管理有什么用？这些最基础的问题推动我深入思考。能否有一种方法可以把经验流传，把知识留存起来，让律师减少执业的困难与成本，甚至让每个行业都能有所收益？唯有时间与磨砺方能验证！

本书是姚伟博士和我的探索之旅，也是心血之作。知识管理需要时间积累和实践验证，这也是我的切身体会。只有把知识管理作为一种系统思维，长期训练、长期坚持才行。每次姚伟博士和我聊天，他总是在本子上和手机上记录着密密麻麻的谈话记录，我也渐渐有了随时记录的习惯。在长期的坚持下，我们产生了太多的灵感、太多的创意，知识管理在我们身上开始发挥作用，让我有了"法律竞争情报分析管理"的创新，让我对律师事业重新进行了定位，可以选择做法律知识工程师。

我希望本书也能给读者带来一丝触动，一窥知识管理的倩影。一旦这种思维进入您的大脑，它将带来翻天覆地的思维变革，令您拥有独特的视角，去看待事物。我想把这个方法告诉您，告诉我的朋友、同事、我的同行，您也要把这个方法告诉您的朋友、同事、同行！

共勉！

杨志磊

2019 年 9 月

前言(三)

随着科技信息的不断更新迭代,学习型组织持续从帮助员工分享知识中获得最有意义的价值,这些组织已经基于它们管理和分享知识的能力建立了完备的商业模式,并为其在复杂的商业生态环境中提供竞争力。知识管理已经成为现代组织生存与发展过程中实现跃迁的能力之一。

如何更加有效地开展知识管理工作?如何使知识管理上升至组织的战略管理层面,而不是形而上学式地存在于组织计划中?这些问题不仅在学术讨论中有深刻的价值,在组织发展中也是一个个值得深思及践行的项目基础。关于上述问题,我的理解是,组织在漫长的冬夜中不仅需要熬得住的精神,更加需要技术与知识的广泛传播,使专业技术能够迅速普及,使知识萃取的结晶能够迅速利用,使跨部门间的知识交流成为常态,以淡化或打破知识传播过程中的屏障。

当前的组织管理已经进入全球化和知识化的阶段。在这个阶段,持续成长成为管理的目标,知识管理成为管理的主题。我们通过识别和描述人们的动机、理由和目标来说明人的行动,而通过知识发现、知识萃取及知识传递等行为来定义组织知识管理过程。在上述知识管理过程中,这些知识被寄予发挥工具性力量的期望,以定义或规范组织的业务流程,进而推动组织的持续发展。

知识管理是组织的愿景,是组织长久发展的工具,但在日常经营活动中,组织中的员工很少有人能理解知识管理的内涵,而对于知识管理的定义也仅仅局限在文档管理层面。本书的存在解决了知识管理过程中的基础性问题,使相关从业人员对知识管理有一个系统性的认知。从战术角度看,本书在知识的交流与共享、转移与应用、协同与创新、传播与服务等几方面进行了阐述,使读者在知识管理相关工作过程中能够计划得游刃有余。从战略角度看,知识管理不是一蹴而就的工作,它需要组织制定长远的战略目标和可执行的实施方案。通过读者与本书观点的交流,相信读者一定可以通过知识管理使艺术与商业进行完美的结合。

我所从事的是知识管理项目的相关工作。在工作之余,我总是希望能同姚伟博士就某一知识管理问题进行探讨,这本身就是一种知识交流的行为,而在讨论结束后,我们双方都会对所讨论的内容进行总结,形成知识晶体。相信这不仅仅是一种职业素养,更是知识管理学者间的专业主义。

关于本书的推荐,在此不再过多阐述。通过阅读本书,希望您能在阅读过程中对知识管理有一个全面的认知,无论您是否是知识管理相关的从业人员,都希望您能掌握书中所分享的知识管理方法,形成自己的知识晶体。

最后,再次感谢姚伟博士的邀请,能在本书中做部分分享,也感谢读者能够选择此书,开启您的知识管理之旅。

林春雪

2019 年 9 月

目 录

第 1 章

导　论

1.1　当代知识管理背景

当代知识管理理论与实践是知识经济发展的产物。自 1996 年知识经济被提出以来,已经被全社会广为接受,在讨论知识经济的过程中,"新经济""后知识经济"等衍生概念和术语也经常出现,理解这些概念内涵,有助于掌握知识管理出现和发展的社会背景。

1.1.1　知识经济

经济合作与发展组织(OECD)在 1996 年发表了《知识经济报告》,认为以知识为本位的经济即将改变全球经济发展形态;知识已成为生产力提升与经济成长的主要驱动力。随着信息科技的快速发展与高度应用,世界各国的产出、就业及投资将明显转向知识密集型产业。

1.1.2　即时经济和开放式创新

英国的《经济学人》在 2002 年 1 月专题中提出即时经济(realtime economy 或 now economy)的概念。在该专题报道中指出,实时化的企业不只是加速其信息的流动,同时也是利用信息与通信科技,让企业能够实时反映外在的商业变化。2003 年 Henry Chesbrough 在《开放式创新》(Open Innovation)一书中提出开放式创新的观念,认为并非所有聪明的人都替你的公司效劳,越来越多有用的知识分散于大大小小的公司和世界各地。封闭式创新与开放式创新最大的不同点在于,封闭式创新总是想着:我们内部如何自己研发、我们内部如何自己做、我们如何控制流程……,而开放式创新的特点则是应用外部的研发成果可能创造更大的价值、将内部与外部的想法发挥到最好、建立一个好的模式胜过抢先占据这个市场。

1.1.3　新经济

传统的经济形态特点是经济发展到某个阶段后,会在 3~5 年间产生通货膨胀、失业率增加、经济衰退等周期现象。但是自互联网应用商业化后,却出现经济持续增长多年后,不仅未见衰退或不景气的循环现象,反而可以持续保持低通货膨胀及低失业率,物价也仍维持稳定,而这样的持续期已经远超过传统经济形态的周期。由于此现象改写了传统经济学的解释,因此一些专家学者称为新经济(new economy)。美国自1990年起,连续约有10年的经济增长,直到进入21世纪初才开始出现衰退迹象,就是一个实例。

新经济改变了(或是延长了)以往的经济循环周期,而新经济最主要的变化来源,乃是源于信息技术的发展与通信模式的变革。信息技术最明显的发展就是互联网商业化,电子商务带来新的在线购物模式,虚拟社区在网络世界形成,因此形成了许多新的渠道、新的商品交易模式、新的消费形态、新的资金流动方式,进而产生一波新经济现象。与此同时,通信模式也发生巨大变革,卫星、光纤、有线电视、无线上网、蓝牙等技术一一应用在生活与商业沟通领域,让人类信息传递的速度、精确性与便利性大增,也带来另一波新经济现象。历经这几波的数字化革命,人类社会的经济形态发生了化学变化,形成了今天的新经济现象。

新的经济形态对知识的交流、传播和利用都带来了极大的推动作用,这种影响首先表现在企业领域。除了企业资源的变革,企业获得信息的方式与渠道,也因为新经济的国际网络呈现多元化的现象。丰富的信息产生更多有价值的知识,企业知识管理便应运而生。在强调企业知识管理、知识学习的新经济法则下,人才与创意变得比以往更重要。传统的劳力工作者必须逐渐转型为知识工作者,知识的来源、知识的传递、知识的价值,对新经济时代的企业乃至其他组织和个人,都具有决定成败的举足轻重的作用。

1.1.4 后知识经济

近几年来,整合数字化、网络化、虚拟化、实时化的协同创新(collaborative innovation)与知识整合(knowledge integration)的后知识经济(post-knowledge economy),即将成为未来企业与个人竞争力的主要趋势。

所谓协同合作,是指一个人无法完成,需要两个或两个以上的人共同完成的事情,或一个企业无法完成,需要两个或两个以上的企业共同完成的事情。利用协同合作创造新的产品、新的概念、新的流程,将在未来扮演更重要的角色。

所谓知识整合,是指整合公司内部所有的信息系统,如ERP(企业资源规划)、CRM(客户关系管理)、KM(知识管理)、SCM(供应链管理)等,并与公司内部、外部的知识管理内容结合应用。在后知识经济时代,强调的是企业内部所有的信息系统与管理知识的整合能力,整合能力越强的企业,越具备未来的竞争力。

推动知识管理,必须了解知识经济时代发展的趋势,这是一个动态(dynamic)的年代,在进行知识管理时,需规划短期、中期、长期计划以顺应趋势的发展。

1.2　知识内涵及知识观

1.2.1　知识的内涵

在《中国大百科全书·教育》中"知识"的条目是这样表述的：所谓知识，就它反映的内容而言，是客观事物的属性与联系的反映，是客观世界在人头脑中的主观映像。就它的反映活动形式而言，有时表现为主体对事物的感性知觉或表象，属于感性知识，有时表现为关于事物的概念或规律，属于理性知识。《知识管理国家标准》(GB/T 23703.2—2010)指出知识是通过学习、实践或探索所获得的认识、判断或技能。知识是经过编辑的信息，在具有意义的背景环境与分析处理后，能为组织带来真正的价值，它是隐含在专利技术、成功产品与有效策略之后的知识力量。而组织知识的集合（积累的经验、员工、管理技能、作业方式、科技应用、策略伙伴与供货商的关系、顾客及市场情报）就是它的智慧资本。

陈永隆等指出知识的定义有上百种，而这背后的一个主要原因就是知识并非一个静止的稳定集合，而是具有内在的层次和发展演进链条。描述这一层次或链条的最经典模型就是知识金字塔模型（或称 DIKW 模型），如图 1-1 所示。从"数据"(data)到"信息"(information)到"知识"(knowledge)再到"智慧"(wisdom)，就像公司里面的层级，从新手"菜鸟"到资深员工，到专家，再到大师。在 DIKW 模型中，知识演化有四个层次，所谓数据，是指对事件原始、客观的记录。假设现在将这些数据处理分析成为德鲁克所说的"包含关联性与目的的数据"，这些有价值的数据就可以称为信息。例如：计算机程序运算出许多数据或程序，经过绘图成为曲线图、柱状图或树状图，这些图表经过分析而可以预测未来趋势，那么，这些图表是可以提供作为参考的信息。通过对各项信息的比较、分析，协助企业形成决策、产生价值，就是知识。而如果这些知识通过行动验证，的确能为企业产生获利或企业期待的价值，这样的知识实践过程就是智慧的表现。

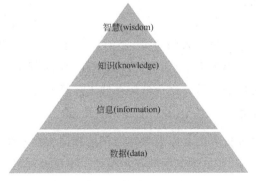

图 1-1　知识金字塔(DIKW)模型

在 DIKW(data-information-knowledge-wisdom)模型中,将数据(data)定义为未经组织的数字、文字、图像、符号等,它直接来源于事实,可以通过原始的观察或度量来获得。数据通常仅仅代表数据本身,并不包括任何潜在的意义,也可以说,数据是孤独的。当通过某种方式组织和处理数据、分析数据间的关系时,数据就有意义,这就是信息(information)。这些信息可以回答一些简单的问题,比如:谁? 什么? 哪里? 什么时候? 数据和信息之间是相互联系的。数据是反映客观事物属性的记录,是信息的具体表现形式。数据经过加工处理之后,就成为信息;而信息需要经过数字化转变成数据才能存储和传输。知识(knowledge)是信息的集合,是有用、有意义的信息,是对信息判断和确认的过程,这个过程结合了经验、上下文、诠释和反省。知识是用于解决问题的结构化信息。智慧(wisdom)可以简单地归纳为做正确判断和决定的能力,包括对知识的最佳使用。智慧可以回答"为什么"的问题。智慧是判断是非、对错和好坏的过程,智慧关注未来,试图理解过去未曾理解的知识,过去未做过的事情。智慧是人类所持有的,是唯一不能用工具实现的。

知识已成为当今经济的驱动力,它被认为是获取重要竞争优势的来源。对知识的有效管理、度量、报告、分享和保护已经成为许多企业的日常实践。尽管"知识"本身不是一个新的概念,但知识管理是20世纪90年代以来相对较新的学科。越来越多的人对知识管理产生了兴趣,并形成了大量的研究成果,其中著名的学者包括野中郁次郎和竹内弘高等人。对于知识的研究,学者们各抒己见,形成了"百花齐放"的局面。在许多情况下,知识是由作者们各自定义和理解的。在文献中,有许多类型的知识(例如显性知识、隐性知识、程序性知识、陈述性知识等),或同样的知识被赋予不同的名称(例如隐性知识、诀窍、认知、经验知识、内隐知识、黏性知识)。所有这些使得对知识的理解容易困惑。因此,当我们在这一领域进行研究的时候,需要更多地了解我们正在谈论的知识。

知识研究的目的是将知识的新兴观点和类型作为这门学科的主要概念,并且梳理清楚这些知识类型之间的关系。知识研究的内容首先是广泛收集知识管理的文献,然后从四个主要观点进行讨论,具体如下。

1.2.2 四种知识观

为了对知识的内涵进行更深入的研究,进而探究知识的新兴观点,我们需要为知识设定适当的情境和较为广阔的视角,期望可以探索知识的本质,形成知识类型的框架,从而展示不同类型知识之间的关系。这个框架有助于在繁杂的知识领域进行定位和识别。

1. 知识本体论观(现实)

本体论是哲学中研究世界的本原或本性问题的理论。在本体论中,主观性和客观性是对实体进行判断的方式,并描述事物的存在模式。本体是通过知识集合或者概念集合来表示的。在本体论视角下,可以将知识定义为意识、认知、经验等存在的方式和运动状态的表现形式,这也是一般意义上所说的知识概念。这里的"意识、认知、经验等"泛指存在于人类社会、思维活动和自然界中一切可能的广义知识。"存在方式"指知识的内部结构和外部联系。"运动"泛指一切意义上的变化,包括机械的、物理的、化学的、生物的、思维的、商业的、物质的、信息的、社会的运动。"运动状态"则是指知识在时间和空间上变化所展示的特征、态势和规律。本体论意义上的客观性与主观性是实体的判断(原始事实,如"河流""山";或制度事实,如"公司""婚姻"),而且它们描述了存在的方式。知识是个体思想的产物,而且这在本体论意义上是主观的。

严格来说,知识是由个人创造。一个组织没有个人就不能创造知识。该组织支持有创造力的个人,或为其提供创造知识的环境。因此,组织知识的创造应该被理解为一个"组织上"扩大了个人创造的知识,并将其具体化为组织知识网络的一部分的过程。这一过程是在不断扩大的"互动社区"内进行的,它跨越了组织内部和组织间的层次和边界。

知识一直被称作:创新力、预知/预见性、洞察力、直觉力、知识和智慧。作为概念,知识一直都包括科学的原理和哲学的原理,它是理性、直觉或默许之间的连续体。从本体论来看,知识将其自身视为本质及存在表现形式,其存在依据是知识自身的价值体现,知识本体是指按照某种关系进行有序整合的信息。

综上所述,本体论视角的知识包括两个层面,即社会层面和个体层面。在社会层面上,知识可以是集体性知识(集体经验的隐性知识、常规知识),或者是客观知识(对现有解决方案的共享思想的明确知识);在个人层面,知识可以是理性知识(隐性知识,例如艺术技能)或感性知识(显性知识,例如概念、框架、事实)。知识不可能在真空中存在。本体论知识始终是带有语境的,是一个主观的概念。在知识管理中,知识也是从认识论意义上定义的。

2. 知识认识论观(科学)

知识认识论观是对知识本身本质的一种科学的、哲学的观点。知识是一种制度事实,因为它需要人类的制度(如语言)才能存在。制度事实的存在只是因为我们相信它们的存在,而这些只是人类同意的事实。我们可以对知识做出客观和主观的陈述。从知识可以获取、共享、传播的视角来看,知识具有显性化的性质(就这一观点而言,知识是较为客观的概念)。从知识需要知识人员亲自参与,并需要知识人员的经验、知识和技巧等视角来看,知识具有隐性化的因素(从这一视角看,知识是一种较为主观的概念)。知识的隐性性质具有主观性,表现为知识人员需要和知识使用者进行协同互动,需要知识人员进行解释和说明。通过沟通交流以及培训,知识的失真会被消除,其沟通交流以及培训优势在于实现经验和技能的转移,从而加强组织内知识意识的理念体系。知识的显性性质具有客观性,表现为知识人员和知识使用者的分离,知识使用者可以单独使用成熟的知识产品和服务。

Noaka 和 Takeuchi(1995)明确区分了隐性知识和显性知识。对他们来说,隐性知识是主观的,认知者和已知者在行动上是一致的。隐性知识是以经验(感知)知识为基础,同时是关于模拟的知识(实践)。显性知识是客观的,其中认知者和已知者是分开的。显性知识的基础是理性知识(心智)、顺序知识(当时)和文本知识(理论)。

从认识论的角度来看,Pendender(1998)在将知识归类为组织智力资本的要素时,区分了显性知识和隐性知识。个人层面上的显性知识是有意识的知识,即个人所知的关于事实、框架和概念的知识。社会层面的显性知识是客观化的知识,知识的主体即集体,分享现有解决问题的想法。隐性知识在个人层面是自主知识,如一个人的艺术技巧就属于隐性知识。社会层面的隐性知识被称为集体知识,即集体惯例和经验的总和。

第一,与信息不同的是,知识是关于信念和承诺的。知识是一种特定的立场、观点或意图的功能。第二,与信息不同,知识是关于行动的。知识永远是"到一定程度"。第三,知识和信息一样,是关于意义的。它是特定于上下文和关系的。知识是一种动态的人类过程,可以证明个人对"真理"的信念是正确的。

从认知论视角,按照组织智力资本的分类出发,知识具有显性属性和隐性属性。在个体层面,知识显性属性表现为个体对事实、框架、概念、信息、环境、态势等明确的认知。在组织层面,知识显性属性表现为知识的具体化、可传播性及可共享性。知识的隐性属性在个体层面表现为个体的知识结构、经验、意识、思维和技能等,而在组织层面则表现为组织知识氛围、文化以及活动的总称。在组织范围内,开展知识活动,需要把知识和相关用户进行交流沟通,并且要考虑组织知识结构和人际网络。

在服务经济中,知识是主要生产因素,它决定着组织的成功与竞争力。对知识的具体性(客观性认识论)和嵌入性(主观性认知观)产生了另外两种视角:价值或者社会建构视角。

3. 知识价值观(产品)

知识价值观是一种知识的管理方法,其中知识被理解为静态的组织资源,被看作知识资本或者知识资产。这种实体性的知识观具有认识论的客观假设,即"知识是一种客观可定义的商品或者产品"。知识价值观也被称为"以商品或者产品为中心"的方法,进而表明知识是可以进行交易的和变现的。这一认知视角正好解释了目前知识付费时代的合理性。目前较为火爆的知识付费形式包括:①音频直播,如千聊、荔枝微课;②视频直播,如轻课云;③音频录播,如得到、喜马拉雅、小鹅通等。

知识是数据和信息的最终产物,知识的定义是:任何相关的能实现促进、增进了解,引发深思熟虑的行动、新的行为,做出更好决策、适应和推动进一步学习的智力资本、信息、学习和个人观点。

知识是一种经过提炼的信息产品,知识是分析所得的信息,可以使个体或组织获得洞察力,并取得竞争优势。Brody(2008)提出存在另一种趋势,把知识定义为产品,尤其特指工具和成果。知识产品的定义代表的是知识流程的成果和产品,例如知识管理软件。

把知识定义为产品,强调的是可以交付的知识成果,反映了对知识工作者生产能力的关注。这意味着知识过程可以通过所使用的工具及交付的知识产品来命名知识生产的过程。从产品论来看,知识是提供给管理决策的可操作工具,将知识需要和用户的需求与参数进行匹配,使知识突出反映用户的兴趣和需求。从这一视角看,知识的质量是可以测量的,它和原始需求及其自身实效有密切关系。知识价值观视角体现了知识的管理方法,把知识理解为组织的战略资源和产品。知识价值观体现了认识论的客观性,即知识是客观上可定义的产品。知识价值观是指以产品为中心的方法,或者以内容为中心的方法。知识是情报的精炼,能够满足决策者独特需求,洞悉组织内外环境的竞争情况。知识有助于决策者制定决策,有效的知识可以帮助决策者制定更明智的决策。

综上所述,知识价值观视角包括知识的具体性和非具体性两层含义。知识的具体性是指知识借由有形物质(例如数据库、报告、手册及通信等)作为载体固定封存;知识的非具体性体现在知识位于其情境之中,在进行传播与服务时,需要考虑其知识情境。知识价值观视角结合了许多概念(智力资本、学习、信息),知识可以提升组织绩效,具有战略、战术及运营价值,并且有助于制定更好的决策。以上的讨论已经证明知识认识论的客观假设。接下来,从知识认识论的主观性,将知识作为社会建构的角度进行探讨。

4. 知识社会建构观(互动)

知识社会建构观不是静态性,而是动态性、过程化的概念,它是建立在社会互动之上并根植于其具体社会情境中的活动,即知识是在社会结构中的建构。这种视角指的是以过程互动为中心的方法。知识社会建构观是指知识是人际互动的结果,是社会建构的产物,并且集中于知识人员的社会背景及其所处文化,而文化在知识活动中起着重要的作用。从社会建构观来看,知识比信息更具有确定性和有效性,并且具备信息的共享和获得认知等特征。社群的知识观假定知识是共享的,在组织内部通过一个持续的对话和互动过程,这些知识包含了日常的常规、标准和日常实践。

知识社会建构观是基于实践社群的基础上的。实践社群的定义为:一组或多人,他们对某个话题有共同的关心、问题或激情,并在不同的基础上互相交流,加深他们在这个领域的知识和专长。可以按照以下三个方面界定实践社群:它是关于什么的——是关于其成员理解并不断交流互动的社会群体;它是如何运作的——是通过相互参与将成员团结在一起成为社会实体;它产生了什么能力——具有共享资源的能力,如知识、经验、技术、思想等,并随着时间的推移而发展起来。

实践社群是一个非正式的团体,其目标是发展成员的能力,建立和交流知识。然而,目前尚不清楚这是如何产生的。社群是建立在热情、承诺和对团队专业知识的认同上的。如果没有兴趣维持这个团体,社群就会停止运作。实践社区在知识创造、知识共享、交流最佳方法、解决问题和发展专业技能方面的作用十分重要。交流在实践社区知识共享和知识使用中发挥着重要作用。探索和识别知识的社会建构过程是展示社会群体成员能力的过程。

当社会构建观扩展到更广泛的社会背景中就是知识生态论,即知识具有社会情境化,是将社群视野扩展到更广阔的社会环境中。知识是社会背景化的,知识的创造不仅取决于共享知识的内容,也取决于共享的环境(情境)。知识生态学的要素是可操作的信息、交流反馈、协同作用和信任。它侧重于对话(解释、理解)、分享(关于激励知识流动的反馈)以及智力方面(人际关系、信任和意义)。实践社群需要一个支持性的组织环境,而成功社群的整体精神更多地建立在知识生态之上。

社会学家 Knorr-Cetina(2001)在"认知文化"中,研究了科学界的知识生产。社会学是知识过程观的学科基础,它认为,知识永远不可能被研究,但我们必须始终认识到知识中"客观性"的缺乏。因此,Knorr-Cetina 对知识概念的批判是对知识管理的重要贡献,因为它从根本上打破了知识管理的主流思想。

从社会构建观看,知识具有两个属性,即根植性和非根植性。知识的根植性体现在知识根植于社会情境中,其既要根植于个人实践中,又要根植于社会实践中。知识的非根植性表现为知识人员封装好的成熟知识产品,其与知识的初始条件及情境无关,可直接用于支持决策制定。

综上所述,知识互动过程涉及知识的规划、收集、分析、沟通、流程、结构、组织意识和文化的设计与构建。在知识互动层面,需要衡量知识社群之间的互动关系,分成组织内部的互动关系及组织外部的互动关系,例如同事之间的沟通互动、公司内部的跨部门会议等,这些都是知识社区在组织内进行互动的例子,内部互动可以视为一种内部的知识来源。除此之外,组织经常会要求员工参加外部的研讨会,跟其他公司组成联盟,或是由此取得专利授权以获取新技术,这些都是组织内知识社区与外部环境互动的例子,也是组织获得知识的来源。总之,社群知识观正在形成中,这是知识全貌中一个新的、令人兴奋的、未被探索的现象。这可能给企业带来新的挑战,也对研究人员有实际意义。

上述内容较为详细地探讨了知识的视角,图 1-2 描绘了四种主要的知识观,展示了知识的不同类型及各种类型之间的相互联系。得出的结论是:知识本体论观(现实)、知识认识论观(科学)、知识价值观(产品)和知识社会建构观(互动)并不是互相排斥的,而是相辅相成的。知识人员和管理者需要意识到知识的不同类型的可行性,并且需要从一元化的认识论转为多元化的认识论。

知识有多种定义模式,但是在每一定义模式中,知识都是围绕"源—流—用"的定义模式展开,这是由知识的基本目标和任务决定的。"源"即知识源,根据知识的研究对象,这个"源"可以是经验、教训、心得、体会、数据、信息等概念;"流"即知识分析与处理,知识交流互动主要通过分析与解释来实现,信息技术为知识分析与处理提供了技术支持;"用"即提供与利用,这是知识交流的目的。因此,在知识的实践过程中,"源—流—用"的定义范式对应"组织—分析—运用"这一实践范式。

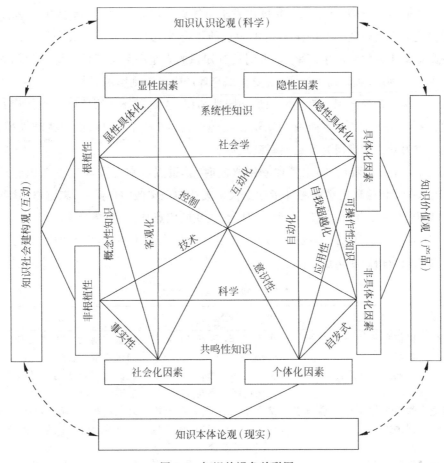

图 1-2 知识的视角关联图

1.3 知识管理的内涵

1.3.1 知识管理的起源

知识管理(knowledge management,KM)的理念和实践源于 20 世纪 80 年代的企业界。1986 年,知识管理的概念首次在联合国国际劳工大会上提出。之后,知识管理的理论、实践开始高速发展起来。

知识管理作为一个重要的管理领域兴起,其中公认的关键性人物有瑞典企业家与财经分析家卡尔-爱立克·斯威比(Karl-Erik Sveiby),美国管理学教授彼得·德鲁克(Peter F. Drucker)和日本管理学教授野中郁次郎(Ikujiro Nonaka)。斯威比对知识管理的研究具有浓厚的实践色彩。他最早在著作中使用"知识管理"这个名词,并对知识和知识管理的基础性问题进行了深入研究。他首先发现和定义了知识型组织这一知识经济时代最重要的企业组织形态,从组织的角度出发求得知识管理方法理论在实践中的运行。

德鲁克从提高企业效益的角度指出知识的重要性,提出21世纪最大的管理挑战是如何提高知识工人的劳动生产率,认识到具有知识的人是一种宝贵的资源。他的著作对广大管理人员理解、认识知识经济,接受知识管理产生了深刻影响。

野中郁次郎认为知识分为显性知识和隐性知识,从知识分类的角度强调知识共享的重要性。他深入研究了日本企业的知识创新经验,提出了著名的知识创造转换模式,这个模式已成为知识管理研究的经典基础理论。

从表1-1中可以看出,知识管理刚刚兴起时,其重点放在开发和建设知识管理系统(KMS)上,在知识管理的绩效考评指标上大多关注知识文档的存储量、浏览量,这些都是KM1.0时代的主要表征;而在KM2.0时代,关注的焦点从"以文档为中心"转移到"以人为中心";到了KM3.0时代,我们发现仅仅整合人与系统还不够,创新的能力与思考的技术成为知识应用的新焦点。

表1-1　知识管理三个时代

维　　度	KM 1.0	KM 2.0	KM 3.0
知识载体	以信息科技(IT)系统为焦点	焦点逐渐转移到以人(people)为本	创新的能力与思考的技术成为知识应用新焦点
知识范围	企业内部知识工作者	企业内部与外部顾客、合作伙伴间的协同分享	虚拟知识资源与实体知识资源的同步管理
知识衡量	知识文件储存数量与点阅次数	结合平衡计分卡四个构面,让KM的应用成果与组织绩效结合	多元目标、多元价值体系成型,建立企业内外整合的知识价值链
知识内容	知识文件储存	知识库、知识社群、专家黄页建构与联结	KM与EC,CRM,SCM,ERP以及智能资本、创新思考整合
知识活动	焦点在知识管理系统(KMS)上进行知识储存、撷取与再使用	焦点转移到结合实体活动与信息系统,进行知识螺旋式的增值活动	跨领域训练、模拟思考、知识领悟(触类旁通)成为新焦点
知识价值	知识待储存,拥有知识就拥有权利	KM进入高成熟阶段,知识内容丰富、透明且容易取得	人人都可成为知识创造者,知识专家将成为众多知识拥有者之一

1.3.2　知识管理的概念

《知识管理国家标准》(GB/T 23703.2—2010)指出知识管理是对知识、知识创造过程和知识的应用进行规划与管理的活动。

APCQ(美国生产力和质量中心)对知识管理的定义是:知识管理应该是组织一种有意识采取的战略,它保证能够在最需要的时间将最需要的知识传送给最需要的人。这样可以帮助人们共享信息,并进而将之通过不同的方式付诸实践,最终达到提高组织业绩的目的。

卡拉·欧戴尔认为,知识管理活动是指知识管理的专业人员所做的,能支撑整个知识管理项目的所有事情、同时也包括它的实现方式。例如,计划与设计、管理变革、沟通、培训和预算。通过这些活动和方式,知识管理可以做到:连接人员彼此,帮助他们更好地胜任本职工作或者提升技能;连接人员和知识资产(充足的、及时的、专属于他们的);连接那些有经验的或者具有技能的专业人员与需要这些知识的人。

野中郁次郎等(2012)将知识管理定义为:为了最大限度地发挥知识创造、渗透(共享和转移)和运用过程中产生的价值,对程序进行设计、对资产进行整合、提供环境保障,以及对此进行有效引导的企业规划和领导力。这一定义蕴含多重要素:首先,"知识产出价值"是重点。其次,在价值生成的过程中,知识是被创造、被共享、被转移进而被运用的。再次,在前面一系列环节作用的基础上,为了使价值产出最大化,必须进行"流程设计、资源整合、环境优化"等一系列活动,这里的资产指的是"知识资产";这里的环境指的是信息系统环境和办公室环境。为了推进这些活动,还必须有组织结构方面的保障。最后,为了切实有效地推进知识管理或者知识经营,需要"企业规划和领导力"。这种领导力背后必须要有明确的谋划和方案作为支撑。综观上述分析,野中郁次郎等将狭义的知识管理定义为:为了最大限度地利用在知识共享、转移和运用过程中生成的价值,而推进的环境整合和企业领导。

安达信公司将知识管理表达为公式:$KM = (P+K)^s$。P 是指组织成员(people);K 是指组织知识(organization knowledge);"$+$"是指支持环境(environment);S 是分享(share)。这个公式所要表达的是"组织知识的累积,必须通过将人与技术充分结合,而在分享的组织文化下达到乘数的效果"。

美国道化学公司的全球主管 Gordon Petrash 认为,知识管理就是在正确的时间将正确的知识送给正确的人,使他们能做出更好的决策。该定义强调知识管理工作的理想目标。

Lotus 公司认为,知识管理是系统地利用信息内容和专家技能,改进企业的创新能力、快速响应能力,提高生产效率和技能素质。其中,信息内容指的是存在于信息系统中的知识;专家技能指的是存在于员工头脑中的知识和经验;利用表示知识已经确实存在,所做的工作是发现和利用这些知识;系统性表明知识管理是一个信息系统的综合实施过程,是通过网络和信息技术实现知识利用的流程。

知识管理是运用先进的信息技术和通信手段,将企业或组织所拥有的知识作为"资本财产"加以管理的一种独特的管理制度、方法和活动。它以"知识"为管理对象,包括知识的开发和积累,实现并通过知识的共享和传递,运用集体的智慧提高组织的应变能力和创新能力,以增加产品和服务的知识价值含量,提高企业的竞争力。我们认为知识管理是通过人、技术、环境的协同交互,将个体或组织内外知识进行系统的收集、共享、学习、交流、融合、应用和创新等活动,从而提高生存能力和竞争优势。

知识管理是一个跨学科的研究领域。它以知识生产、知识转换、知识组织、知识整合、知识挖掘、知识萃取、知识分享、知识分析、知识利用、知识服务、知识创新为研究课题，是对知识进行的管理(以知识为对象)和运用知识进行的管理(以知识为手段)。知识管理能给组织创造新的价值(知识增值)，把握发展战略，带来决策的成功，是提高组织应变能力和创新能力的重要途径。

知识管理的问题广泛存在于企业、政府、大学、图书情报机构、档案馆等各类实体组织和虚拟组织。所有这些组织都离不开知识，离不开知识管理。所有成功的组织的一个重要特征都是有效地进行了知识管理，通过知识管理，实现组织目标的最大化。

知识管理不仅需要理论、方法、工具和技术，更需要应用，需要政策，需要方案和最佳实践。特别是，在当今大数据、云计算和"互联网＋"的环境下，知识组织与管理、知识挖掘与分析、知识服务与利用等一切与知识相关的问题，都成为人们研究的紧迫课题，都日益凸显其重要性和新的价值。知识管理已经发展成为国内外学术界一个重要的研究领域，成为学术研究的热点和前沿。

知识管理具有以下特征。

首先，知识管理是优化的流程。知识管理具有可操作性和流程化特征，按照知识的存在过程与业务流程的结合区分为若干环节，通过对每个环节的改进和增值实现组织整体价值创造效率的提高。

其次，知识管理是管理。知识管理不是对知识的管理，也不是知识化的管理，而是以知识为中心的管理。主要强调管理特性，突出知识管理可以帮助组织实现知识显性化和知识共享，是一条提升营运效率的捷径。

最后，知识管理依赖于知识。知识的基础管理是整个知识管理的前提，由于知识识别、获取、整理等过程中的复杂机理，只有加强对知识的基础管理才能确保组织体系中知识的生成和发展。

1.3.3　知识螺旋

知识螺旋是由野中郁次郎(Ikujiro Nonaka)于 1989 年在《知识创造的企业》一书中首次提出，它是指组织动员个人的内隐知识，经由四种知识转换模式在组织内部加以扩大，成为较高层次的知识本体，知识转移与创造的过程，强调隐性知识的交换。其目的是从既有知识(platform knowledge)追求目标知识(target knowledge)，减缓知识落差或跨越知识鸿沟(knowledge gap)。

知识螺旋的原理包括：隐性知识和显性知识互动的规模随着知识本体层次的上升而扩大，组织知识的创造即是一种螺旋过程，由个人的层次开始，逐渐上升并扩大互动范围，在某些部分适度重叠，以创造共同的认知基础，简化隐性知识的交流。知识螺旋如图 1-3 所示。

从图 1-3 中我们知道,知识转换的模式包括以下几种。

1. 社会化(socialization):由隐性知识转换为隐性知识的过程。

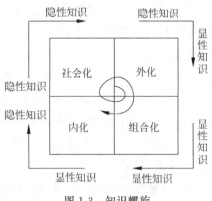

图 1-3 知识螺旋

社会化是个人间分享隐性知识的过程,主要通过观察、模仿和亲身实践等形式使隐性知识得以传递。师传徒承就是个人间分享隐性知识的典型形式,而借助信息技术建立虚拟知识社区,则为在更广范围内实现知识的社会化创造了条件。社会化是由分享经验到创造隐性知识的过程。其具体的方式包括:通过语言,由他人处获得隐性知识;通过观察、模仿和练习学习隐性知识。获得隐性知识的关键在于经验,缺少共同经验个人将难以了解另外一个人的思考过程。通俗讲,社会化的过程就是潜在知识在人与人之间的分享过程。由于新知识往往起源于个人,因此社会化是知识创造和传播的起点。

2. 外化(externalization):将隐性知识明白地表达为显性知识的过程。

外化是以最有效的方式把知识从其拥有者转移到外部知识库中。其具体方式包括:通过隐喻、类比、观念、假设或模式表达隐性知识;利用语言或文字表达知识,将意象观念化。意象和表达之间的差距可以促进个体间的互动与省思。而外化常见于观念创造的过程和潜在知识的外化过程。例如通过有意义的交谈,将隐性知识具体表达。外化是对隐性知识的明晰表述,将其转化成别人容易理解的形式,借此推动隐性知识向显性知识的转化。

3. 组合化(combination):从显性知识转化到显性知识,将观念加以系统化而形成知识体系的过程。

组合化牵涉到不同的显性知识体系通过文件、会议、电话访谈等结合知识,经由分类、增加和结合来重新组合既有信息。在互联网时代,组合化可以理解为通过电脑化的通信网络和大规模的资料库,促进知识的结合,将既有知识加以分类以促进新的知识的产生。简单地说,组合化的具体表现为:两种或更多的显性知识结合为另一种显性知识;将具体化的显性知识和现有知识结合,以扩大知识基础。这是一种知识扩散的过程,通常是将零碎的显性知识进一步系统化的过程。经过社会化和外化过程,员工头脑中的显性知识还比较零碎,也没有变成格式化的语言。将这些零碎的知识组合起来,并用专业语言表述出来,这就完成了知识组合化的过程。通过组合化,个人知识就上升成为组织知识,从而能更方便地进行共享。

4. 内化(internalization):将显性知识转化为隐性知识的过程。

这个环节和边做边学息息相关。当经验进一步内化,成为个人的隐性知识基础时,被内化的显性知识就成为有价值的资产。从临时或永久的外部知识库中,以最实用、最有效的方式把显性知识转移给个人。例如：以语言、故事传达知识，或将其制作成文件手册，有助于丰富隐性知识，文件或手册有利于显性知识的传递，使第三者借鉴他人的经验。

相应地，将隐性知识和显性知识的四种相互转化模式的相关技术归纳为四类。

第一，隐性知识到隐性知识的转化的技术，主要有电子社区、电子邮件、群件、讨论组、即时消息、P2P 应用，专家定位系统等。

第二，隐性知识到显性知识的转化的技术，主要有文档工作流、内容管理、搜索引擎和全文检索、数据仓库和在线分析、数据挖掘和知识挖掘等。

第三，显性知识到显性知识的转化的技术，主要有知识库联网、异构数据库搜索、数据仓库和数据集市等。

第四，显性知识到隐性知识的转化的技术，主要有电子社区、电子邮件、群件、讨论组、即时消息、P2P 应用、传统教学等。

这四种知识转化模式是相互连续的、螺旋上升的，在这一逐渐扩大的过程中个人不断地创造出新的知识，显性知识不断积累，知识库的存量不断增加。而四种模式创造的知识内容包括：共鸣的知识(共享的心智模式和技术性技巧)，观念性知识(通过隐喻、类比或模式所表达的知识)，系统化知识(学校的正规教育或训练)，操作性知识(专案管理、制造过程及政策执行等知识)。

转化模式和产生的知识对应关系如下：

组合化 ——系统化知识；

内化——操作性知识；

外化——观念性知识；

共同化——共鸣的知识。

因而，知识转换的过程可以表示成一条转化链：

$$……→外化→组合化→内化→社会化→外化→……$$

具体地说：个人的内隐知识，经过外化成外显知识；经结合成另一种外显知识；再将之内化成内隐知识，以成为既定的观念与工作习惯；最后通过相互观察与模仿学习，将内隐知识社会化。

1.3.4　知识管理的流派

对于知识管理理论流派的划分方法很多，林冬清将知识管理的学派分为知识管理学派、组织学习学派、学习型组织学派、智力资本学派等。不同的学派，分别从知识、组织、学习、智力资本等角度来研究知识管理。

1. 知识管理学派

知识管理学派(knowledge management school)的重点在于针对组织内外重要的知

识进行有效的管理,包括:知识的定义、创造、存储和共享利用等。其主要的战略目的就是要能通过知识的创造(exploration)与充分利用(exploitation)提升组织的竞争优势。不仅重视创造、传递、共享等流量方面的管理,同时重视知识库、组织记忆等存量方面的管理。

2. 组织学习学派

组织学习学派(organizational learning school)研究的重点有以下几点。

(1) 组织学习的动态结构。组织学习的动态结构是指分析组织如何适应外部环境的变化不断地学习和进步,如了解如何经过"个人—群体—组织"之间知识的转化与成长。这个结构不仅研究个人如何通过心智模式吸收新知识,还探讨个人的隐性知识是如何通过对话、讨论及共享来形成个体知识,以及群体之间的知识是如何通过整合和选择形成组织的知识,而它又是如何通过管理系统、控制系统和文化传递给个人与群体的整个学习循环过程。

(2) 组织不同的学习模式。例如,学者 Argyris 和 Schon 将组织学习的模式按其深度分为"单环式"(single loop)与"双环式"(double loop)。前者注重利用现存的知识逐步改善目前流程的效率,并无意挑战该流程设计的背后假设;后者则挑战目前流程设计背后的基本假设,根本上思考是否需要这个流程,是否应该重新设计另一个流程等。"双环式"是一种创新、突破和根本变革的学习。

(3) 组织学习与吸收的能力。例如,学者 Cohen 和 Levinthal 用"双环式"吸收能力理论(absorptive capability theory)分析,并了解影响组织学习与创新的主要因素。认为组织要有良好的学习吸收能力,本身必须具备与此类新知识相关和扎实的知识基础,才能有效地吸收和创新。

因此就整体而言,组织学习学派所研究的对象是组织的"学习活动";研究的内容是组织动态的学习过程、能力与环境。它是以知识流量(flow)为研究重点,而它的战略目标是用来指导组织如何利用不同的学习方式才能有效地进行动态的学习循环,并设计支持此种学习过程的组织文化和结构。

3. 学习型组织学派

学习型组织学派(learning organization school)与上一学派相关,但它研究的重点不是在学习环式的动态过程,而是在形成一个有利于组织不断演进和学习的价值观,以及文化与原则。根据彼德·圣吉的看法,学习型组织是一个以五项学习修炼(the five disciplines)为根本指导原则的一个组织学习模式,包括:自我超越(personal mastery)、改善心智模式(improving mental model)、建立共同愿景(building shared vision)、团队学习(team learning)和系统思考(system thinking)等。其主要目的是让组织在一个复杂、快速动态的环境中,培养出不断创新、超越及快速应变的能力。

因此,学习型组织学派研究的对象是组织的模式;研究的内容是与组织学习相关的价值观、认知、文化与指导原则；战略目标是启动自我超越、勇于挑战及团队合作的组织学习动力。

4. 智力资本学派

智力资本学派（intellectual capital school）是以组织内部的智力资本为研究对象，即以知识存量（stock）为主，没有涵盖知识流动过程的研究。其主要目标是设计出一个有效的评估工具作为评估智力资本的价值，并了解这些智力资本对组织的价值与竞争优势的贡献。

1.3.5 知识管理的"三朵花"

知识管理有很多的理论流派和实践模式，但是从演进规律上来看，我们可以将其归纳为三个阶段，吴兴海称为三朵知识管理之花，分别是：知识资产化、知识场景化、知识生态化，如图1-4所示。

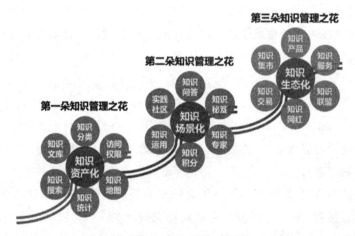

图 1-4　三朵知识管理之花

1. 第一朵知识管理之花：知识资产化

当知识管理在20世纪90年代刚刚兴起时，在人们的传统认知中，如何管理知识呢？当然是从最容易看得见摸得着的地方入手。因此许多组织一开始往往会重点收集文档，建立一个知识文库，对各类信息分门别类，梳理设计出组织规范的知识分类，并根据用户角色配置访问权限。随着内容越来越多，关于知识搜索和知识统计的功能变得越来越重要，同时还可以配置不同的知识地图对知识进行主题聚类、分析和展现。

如同建立一个大的图书馆，大家只要把知识摆放在图书馆不同的书架上，在需要的时候直接进去取就好了。这种原始朴素的想法，让组织聚焦于显性知识，投入内容建设上。这种致力于收集知识、沉淀知识的方法，我们称为"知识资产化"实施模式。这种模式的关键在于内容,主要的策略是积累。

这种以内容为导向、强调显性知识的知识资产化实施模式,到目前为止仍是许多组织实施知识管理首选的关键策略。很多企业的知识管理实施路径也大都历经过这个阶段。当然,这种模式在实践过程之中,也暴露出一些问题。例如,如何能够持续地、有效地鼓励员工提交知识?如何能够让积累的知识资产被广泛地利用并产生价值?如何挖掘和管理员工头脑里的知识?对于标准化流程之外的那些创造性工作如何管理?针对市场节奏变化快的业务如何确保知识能够及时更新?

2. 第二朵知识管理之花:知识场景化

华为的创始人任正非曾说:让听得到炮声的人来呼唤炮火。那些奋战在一线的知识工作者,他们离客户最近,离现场最近。他们的知识和经验比后方的经理、高管们更鲜活、更有效。野中郁次郎认为,创新通常来自创新者个人的信念,他特别强调隐性知识的重要性,这与美国盛行的"知识管理就是建立计算机数据库"的做法非常不同。

最有价值的知识不是从别人那里获得的,而是我们自己内生的。把知识情景化,依赖"此时""此地""此情""此景"来构建知识,结合上下文的背景,形成一个综合知识场。这种针对具体场景的"因天因地,因人因事"的知识管理方式可以称为"知识场景化"实施模式。这种模式的关键在于人,主要的策略是连接。正所谓天时、地利、人和、事成。

在第二朵知识管理场景化之花中,实践社区、知识秘籍、知识专家、知识积分等都是实用的策略。美国陆军的 AAR(After Action Review),联想的"复盘",中粮的"连接(connect)、沟通(communicate)、协作(collaborate)"C3 策略,华为的显性知识管理、经验管理、集体智慧管理三者并重的知识管理框架,都是现实中典型的案例。

3. 第三朵知识管理之花:知识生态化

人的大脑在学习时,如果只是在原有认知上进行延伸,学习效果不大。如果过程之中有解构、组合、重构,才是有效学习。正是认知的不同组合,才能创造形成新的知识。因此,通过构建知识生态体系,形成知识多样性,激发更多个体的创造力,从而唤醒其内在的智慧。这种实践就叫作"知识生态化"模式。这种模式的关键在于营造其生态系统,主要的策略是创造。

在第三朵知识管理之花中,唯有创新能够桥接非连续性,是进步第一因。如果我们无法自我突破,会形成遮蔽,过去的成功就是我们未来的最大障碍。在同一个管道内部很难出现颠覆性创新,因为我们在同一个管道内都是连续性思维。要产生颠覆性的创新,必须得换管道,尽可能把自己原有的认知清空,多吸收一些不同的思想,多学习一些不同的思维。

培育知识生态的典型策略是构建知识市场,这其中既有知识的提供方,也有知识的需求方,供需双方共同形成一个生态的知识交易市场。在这个市场上进行买卖交易的则是多种多样的知识产品及知识服务,例如文章作品、著作书籍、经验干货、绝招秘籍、培训课程、咨询辅导、专利商标、设计创意、音像视频等。

4.三朵知识管理之花的关系

吴兴海认为这三朵花之间有一个"次第",也是越来越拔高、升华和靠近本质。但同时,又不见得是非要开第一朵花后才能开第二朵花,有的企业可能是同时开,也有企业可能就先开第二朵花。所以这之间又没有一个生硬的依次关系。不过从知识管理发展的普遍历程上说,还是先实现知识资产化、再实现知识场景化。而当前的知识生态化之花需要依靠一个生态化的市场,迄今为止这朵花可以说还没有完全绽放,不过在互联网领域已经可以隐隐约约闻到第三朵花的味道。其实最希望看到的就是这第三朵知识管理之花在更广泛的企业领域绽放。当然不排除未来还有第四朵、第五朵知识管理之花绽放,最终形成一个姹紫嫣红的百花园。

归根结底,"开花"的第一朵、第二朵、第 N 朵只是一个外在的表现,其实最核心的还是需要有根茎和土壤。那么我们的知识管理之"根"是什么?吴兴海觉得这个"根"就是我们知识管理工作者的专业信仰与价值观,这个信仰既包括精益求精的工匠精神,也包括通过知行合一来保持自己的心性、促进企业的基业长青,这个"根"是我们一定要牢牢把握的。只要这个"根"存在,只要我们企业坚信通过知识的经营、复用,能够产生价值、能够改变命运,无论是开什么花,迟早都能够看到果实的。

1.3.6　知识管理的六维视角

葛新红认为"知识管理要实现增值",这是因为知识管理以问题为出发点,以创造价值为目标。我们要让自己成为企业中有价值的人,也要让知识管理岗位成为企业中有价值的岗位,让知识管理在企业中真正成为有价值的事情。

葛新红认为可以从六个视角来识别和实现知识管理在企业中的价值。

第一,从战略视角看知识管理。所有的管理体系都是服务于企业战略的,我们不能为知识管理而知识管理,脱离了企业战略而单纯谈管理是没有生命力的。我们要探求知识管理对企业战略的支撑是什么。比如企业的未来战略是业务扩张,需要招募很多新人,那么知识管理的任务就是如何加速新人的培养和融合,需要构建如新员工学习地图以及有效支撑人才培养体系;而一家建筑设计院的战略是要在高层建筑领域提升专业性,那么知识管理肯定要围绕高层建筑领域的核心知识去做一系列的工作,比如收集这个领域全球最顶尖的知识,挖掘提炼业内的最佳实践,可能要专门成立一个项目组来做高层建筑的知识产品;而像华为近年来希望在全球范围内进行成功经验的快速复制,那么项目知识收割就是华为知识管理工作的一个重点。

由此可见,我们需要根据战略需求来判断企业知识应用的重点和能力的短板在哪里,然后再在这个点上去发力。

第二,从业务视角看知识管理。这就是"流程管道,知识活水"。以研发型企业为例,这类知识密集型企业的员工主要都是知识型工作者,他们的工作流程就是知识产生和应用的过程。因此,他们就适宜将知识管理和流程管理融为一体,通过统一的知识管理系统来同时实现知识管理和流程管理。

而在很多制造型企业的业务流程中,它们的知识生产和知识应用环节是分离的,它们有集中的研发和设计部门,有专家去开发工作标准和产品设计,而知识应用环节主要由生产线上的工人来完成,他们在工作现场会有一些工艺改进和微创新,此外还有很多隐性知识。以宝钢为例,他们建立了技术资源知识管理平台,上面大部分是前端研发产生的专家知识,然后就是来自生产场景的过程改进知识和生产经验。怎么样把这些知识更好地显性化、结构化、体系化,方便生产线上的工人更好地获取和吸收,这就是知识管理需要做的工作。由此可见,不同企业的业务场景不同,也就需要相应的知识管理措施和手段。

第三,从人力资源的视角看知识管理。这个视角体现了知识管理以"人"为中心的思想。知识管理不仅要解决知识的问题,更要解决人的问题。从企业人力资源角度,我们首先要根据公司战略明确现在哪一类岗位是公司的核心关键岗位,他们的主要职责和核心工作任务是什么,这些关键岗位的能力缺口和知识需求在哪里。在此基础之上,设计学习资源库,打造全方位的学习资源环境。为了实现人才的可持续发展,我们还需要根据岗位职业发展路径,绘制学习地图,明确员工未来的发展路径和对应的能力要求、学习资源。

第四,从 IT 的视角看知识管理。有很多企业将实施知识管理单纯理解为上线知识管理 IT 系统,其实 IT 工具的选择是和企业发展战略和业务需求挂钩的。对有的企业来说,确实首先需要一套知识管理系统,因为很多企业头疼的问题是知识分散在很多员工个体的电脑里面,最好的办法就是建立一个统一的知识库,把大家的东西都分类归档然后共享起来;而对于有的企业比如华为,已经形成了强大的 IT 系统和知识积累,那么他们知识管理的侧重点就是如何快速地实现知识采集收割,然后去推广分享。

因此,IT 的价值在于如何将知识管理的想法和理念更好地实现。当前很多企业经过前期的知识管理系统建设,已经通过知识库把知识积累起来了,但是知识利用率不高。那么现阶段 IT 的任务就是实现让"合适的人、在合适的场景、获得合适的知识"。例如,宝钢在 2010 年上线了技术资源知识共享平台,他们下了非常大的功夫,在平台上存储了海量的知识。在移动端还没有兴起的时候,他们主要基于 Web 端进行岗位知识地图的构建和维护。知识积累起来之后,就要解决知识应用的问题,所以最近几年,他们主要就是利用 IT 技术更好地实现知识的推送。负责知识管理的人不一定要精通 IT 技术,但是一定要懂得新的 IT 应用场景和用户体验,知识管理人员和 IT 人员需要达成共识。

第五,从文化的视角看知识管理:我们看到很多企业的知识管理推动到最后,其实都是文化的问题。知识文化的核心在于"共享",我们之前写 AMT 的案例,就讲到"让共享成为企业的 DNA"。有了共享的文化和学习的氛围，就能真正地成为知识型组织。

有一些企业对于泄密的顾虑大于对共享的意愿，那么知识管理做起来就比较费劲，当你提出要共享时，他们会说这个是有保密要求的。不过我们现在欣喜地看到共享的文化正在成为主流，其实共享还有很多内涵，比如开放、包容、学习、改进，其本质是相通的，在不同企业的表述中，不一定非要用"共享"这个词，但是一定有类似的元素在里面。

在企业推行知识管理时，肯定会存在一些抵制的声音，这时就需要一些指导原则和文化导向，要给员工这种文化自信，让员工明确共享所带来的价值远大于风险。当然，相应的安全、保密等保障措施也要跟上。

知识管理作为核心的企业文化，不仅仅是写出来挂在墙上，而要融入所有的流程制度中去。知识贡献要纳入人才考评体系中，我们对于一个咨询顾问的衡量指标除要看他项目做得怎么样、口碑怎么样，还要看他的知识贡献度。知识贡献度包括了你在一定阶段内发表的著作和文章，你做导师、讲师进行的培训，总之要看你形成的知识成果。在宝钢，他们讲"内化于心、固化于制、外化于形、实化于行"，就是讲我们先有文化和理念，再由流程制度、IT 系统进行固化，慢慢地潜移默化，将文化贯彻在所有业务的细节，变成每个人自觉的行动。

第六，从变革的视角看知识管理：最后我们回到知识管理的价值，不要孤立地把知识管理作为单独的一个事情，永远要记住所有的管理工具都是服务于企业的战略和业务的，要以创造价值为目标，解决企业的实际问题。如果你做了半天，大家感受不到知识管理的价值，你的知识管理在企业肯定没有生命力。最后的建议是，企业在开展知识管理之初，一定先做好价值定位，要和不同层面的人去沟通，去寻找价值点和切入点。在实施知识管理的过程中，要对其效果和价值进行评估和测量，典型评估方法包括基于知识管理实施过程的评估、基于知识管理战略目标的评估、基于实践成本的价值评估等。

无论是知识管理还是流程管理，对客户来说都不是一蹴而就的事情，而是需要去持续推动，现在大部分的客户都希望通过咨询项目，培育出自己的专业人才和团队，所以知识管理咨询服务的核心就是帮助客户实现从战略规划到落地，以及持续帮助客户取得成功。

1.4　知识管理战略

1.4.1　知识管理目标

知识管理应把知识作为组织的战略资源，作为一种管理思想和方法体系，它以人为中心，以数据、信息为基础，以知识的创造、积累、共享及应用为目标。知识管理可以达成以下目标。

（1）实现组织的可持续发展。将组织中的产品研发、销售网络、专利技术、业务流程、专业技能等知识,作为核心资产进行管理、开发和保护;建立相应的管理体系,通过组织文化、知识库、信息通信技术等形式固化到组织中去,有助于实现组织的可持续发展。

（2）提高员工素质及工作效率。通过组织知识的共享与重用,可以提高员工的知识水平和创新能力,提高工作效率、研发水平、操作技能及服务能力。通过建立保障知识共享、创新的制度和措施,有利于员工之间开展知识交流与共享,可以促进员工的个人发展;还有利于提高员工的创新积极性,从而实现组织内和谐共处。

（3）增强用户满意度。通过为用户、社会提供更优质的产品、高效的服务,可以帮助提升组织的用户满意度、社会公众满意度。

（4）提升组织的运作绩效。通过将组织的知识运用于业务运作的各个环节,提高业务管理水平、产品研发能力、生产经营水平、市场开拓能力、产品附加值,提升客户服务水平,建立竞争优势。

1.4.2　知识管理原则

针对所有相关方的需求,实施并保持持续改进其业绩的知识管理,可使组织获得成功。实施知识管理宜遵循以下原则。

（1）领导作用。对领导者、管理者的培训和教育是取得知识管理成功的关键。领导者的支持和参与,是系统实施知识管理的前提和保障。

（2）战略导向。不同组织由于其行业环境、组织特点、战略选择和知识特征的不同,会导致该组织在知识管理战略选择上方向和路径的不同。因此,组织需要基于对自身经营战略、知识管理现状及其需求的分析,将知识管理战略融入组织的业务战略之中,以支撑组织战略目标。

（3）业务驱动。组织需要在不同的规划期间,以核心业务为向导,针对业务热点或主题来推荐知识管理,实现组织结构、业务流程和知识流程的有效衔接与互动。

（4）文化融合。知识管理涉及人员、文化、制度、行为模式等多方面的问题。实施时,应抛弃单纯从技术出发的观念,宜将知识管理思想、理念和方法与组织现有的文化和行为模式相融合。

（5）技术保障。组织应采用适宜的技术设施保障知识管理的实施,在业务或文化角度推进知识管理时,使知识管理的成果固化和持久。

（6）知识创新。组织应制定制度鼓励员工创新,将知识管理与创新的绩效挂钩,激发员工的创新自主性。鼓励员工勇于试错,并愿意承担员工创新的风险;在员工创新的过程中,阶段性的创新成果应通过知识管理来固定、分享和保护。

（7）知识保护。在组织创造、积累、分享和使用知识的同时,应注重组织内部知识的安全保密,维护好组织知识,保护知识产权,避免因人员的流动、合作伙伴、供应商等因素导致知识的流失与损失。

（8）持续改进。知识管理作为组织内一项日常管理工作，应定期检查评审，持续改进。

1.4.3 知识管理战略

知识管理战略是支持组织业务战略的重要组成部分，是组织在知识管理方向为实现组织核心业务战略而制定的目标和远景、实施策略，同时，应支持和保障组织的产品战略、技术战略、人才战略、IT 战略、财务战略、标准化战略、信息安全战略、营销战略等。

知识管理发展到今天，成败参半。决定成败的就是每个知识管理项目背后的原则。符合原则就可以成功，违背原则就会处于不利地位。

1. 知识管理实施需要以业务为中心，针对具体组织问题，符合组织整体战略

知识管理需要从组织战略开始，满足组织需求，关注各个层级的组织产出。知识管理与组织产出紧密联系至关重要，因为组织产出才是真正重要的东西。组织成员需要针对业务流程，获取需要的知识，他们需要寻找知识的简便方法，解决问题。他们需要更广阔的舞台来使用自己的知识。同样，也是要靠首席知识官来制定知识管理框架，使这些成为现实。

2. 哪里有关键知识，哪里决策能带来最大价值，就应该在哪里开展知识管理

哪些知识重要？哪些知识需要管理？哪些知识应当是管理各项活动的中心？不需要管理所有的知识，只有能够带来业务价值的领域，也就是关键知识所在的领域，才需要管理。关键知识就是对组织战略至关重要的知识，需要围绕这些关键知识来制定知识管理战略。

3. 应当把知识管理实施看作行为变革

知识管理会变革组织，而且也应当把它当作组织变革来看待。知识管理不是购买技术平台并推广，也不是给大家一个新玩具，更不是在项目当中增加一项任务。知识管理的关键在于改变大家的思维和意识，提升技能。改变个人和组织对事物重要性的排序，改变大家对待知识的方式。这是一个深刻的变革，把知识从个体所有变成集体所有。引入知识管理，需要高层支持，需要沟通战略，需要明确结果，需要循序渐进而不是一哄而上。上述种种行为和观念的变化不是渐变，而是跃变，是组织重整，彻底改变思维方式的过程。需要把它看成变革，并按照变革的方式来衡量。不要思维狭隘，只顾知识管理，眼中只见信息技术、实践社群，如果没有触及大家的心智思维和行为习惯，知识管理也走不远。实施知识管理必须步骤清晰，符合变革项目的原则，先试点，并由强有力的团队推动实施。

4．最终需要引入一套完整的知识管理框架

知识管理战略的最终目标是把知识管理框架引入组织的工作流程里来，可以先按照以下推进：第一阶段是信息管理和内容管理，第二阶段是人际互联和经验管理，第三阶段是集体知识管理。知识管理可以借鉴其他管理体系，形成完整框架，包含角色、流程、技术以及管控，并嵌入组织中去。知识管理需要有完整的框架，任何成功的知识管理都需要超越单一的工具或工具包，把整个框架当成追求目标。

5．知识管理框架需要嵌入组织结构

如果知识管理没有嵌入现有组织结构，以后很可能会退到开展知识管理之前的状态。很多知识管理的惨痛失败都是因为没有嵌入。知识管理要想长期成功，流程、角色、技术、管控都必须与日常管理结构相结合，充分扎根于组织的工作结构和管理框架中。不论这些管理结构是项目管理体系、质量管理体系，抑或是销售管理体系。

6．要想持续成功，框架必须包含管控

如果没有管控，就算把框架嵌入组织运作，也不会持续改变组织文化和组织行为。这里所说的管控是指保证某项资产能够得以有效、严格管理，并持续下去的组织要素。知识也是一种资产。

7．框架应该是正规的，而不是自发的

知识管理这个圈子可以分成两大阵营，基本理念却截然相反：一派认为知识管理应该是正规的，另一派认为知识管理应该是自发的。自发派的人认为，只要给大家提供工具，知识分享就会自然涌现。他们会举维基百科的例子，大众的智慧自发形成知识文档。他们还会举推特（Twitter）、领英（LinkedIn）以及很多全球社交媒体工具的例子。他们相信知识是活的，过多的管理会将其扼杀。正规派的人认为知识是组织资产，而资产不能任其自我管理。他们认为，如果某个领域的知识对组织很重要，就应该由一个实践社区看护这些知识，不是等待社区自发形成，而是鼓励社区成立。

自发派认为知识是活的，过多的控制会将其扼杀，但是正规并不一定导致扼杀，鲜活的东西也可以正规管理。例如，花园、菜园都是正规管理鲜活物体的经典例子。植物是有生命的，但种植是有秩序的。有园子的人都知道，真要把花、把菜种好，鲜活就意味着辛勤工作，时常管理。你不会让花园"自发生长"，因为那样只能得到杂草。如果你仅仅鼓励"百花齐放"，那么绝大多数花会是蒲公英，还有几个土豆。你需要创造条件，施肥、播种、除草、灭虫、灌溉么授粉，这样你的花才能成长，你的菜才能收成。如果知识是有生命的，那知识管理就跟管理花园一样，所有的正规管理一个也不能少。

知识管理战略应该是正规的，而不是自发的。找到组织的关键知识，引入框架和秩序，确保知识得到妥善管理。

8．知识管理实施应当阶段推进一系列的决策

知识管理实施不会随意而成，需要深思熟虑，或者准确地说，需要一系列决策，每个

决策点之后，都需要艰苦努力，才能到达下一个决策点。

阶段推进知识管理有两个好处。首先，这样决策比较明智，慎重。如果决策是由正确的人，按照正确的信息和标准决策，那您应该不至于在日后反复。每次决策都应该记录成文，而且发挥效果。不至于反复决策，反复证明。

9. 知识管理实施应当先试点

一般来说，知识管理实施有三种战略。首先，可以先规划一个框架，之后在整个组织全面推广。这种战略风险很高，因为框架是一次而成的，倘若考虑不周，造成的后果是持续的，并且由于推广之前组织内部也没有任何成功经历，变革管理非常困难。

其次，在整个组织分次分部分推行框架，最终把框架全部推广。这也是一种常见方式，而且很多人会从技术要素开始，后期才开始引入其他要素，如角色职能、流程、管控。这个战略风险很高。很少有哪个知识管理框架的要素能够独立的产生收益，只引入框架的一部分会降低整个知识管理的价值，因为最初引入的东西不能产生很多价值。经常会有人推广某种技术，如引入群体协作软件，社交媒体或企业搜索，但是发现知识分享和知识重用并没有自动出现。而到了这个时候，知识管理的名声已经毁了，很难再有机会。

最后，采取先试点再推广的方式。先在组织的某个局部逐一验证各个框架要素，确保框架与组织文化匹配，如果不匹配，就进行调整，直至匹配为止。在组织的某个局部试点完整框架，让整个框架为组织产生价值，如果没有产生价值，就一直努力，直到价值产生为止。然后把经过验证、充分试点的框架推广到整个组织。这条路径用时更长，但更容易成功。

关于这个原则，美国陆军的 Ed Guthrie 上校对知识管理的认识就是应当先试点。他说，如果要让一个团的人过河，你可以先拉一根绳索到对岸，然后用这根绳索把浮桥拉过河，然后剩下的人就可以上桥过河了。河对岸就是知识管理的终点，大家的行为都已改变，知识管理已经融入，充分应用，绳索就是试点。

先试点而不是一哄而上还有一个好处，就是能够给管理层展示一些初步成就。如果管理者过来问："知识管理现在做得怎么样了?"你可以说："我们正在跟某部门还有某社区顺利开展，有几个非常棒的成功故事可以给您汇报"。此外，你还可以用试点产生的成功故事来做内部营销，促进整体行为改变。

10. 组织管理实施应当由实施团队执行，向跨部门的领导汇报

在实施阶段，知识管理就是一个项目，目的是变革组织，让知识管理嵌入整个组织，成为大家开展工作的日常方式。既然知识管理是项目，那么就有一些角色职责与之成败密切相关，包括：知识管理领导者或者首席知识官、知识管理实施团队、知识管理项目赞助人、领导组。除上述角色外，知识管理项目还需要预算、计划、里程碑和目标。项目的终点就是充分实施，并且充分融入业务的知识管理框架，产生价值，有人管控，并且持续发展。

1.4.4 知识管理与组织文化

组织文化是组织成员在探索适应外部环境和整合内部资源的过程中形成的,得到组织全体成员普遍接受,包括价值观念、行为准则、团队意识、思维方式、工作作风、心理预期和团体归属感等。因一贯运行良好而被认为行之有效,并且被当作感知和思考的途径传递给组织新成员。

组织文化是知识管理成功与否的关键。知识管理的实施要根据具体的组织情境,采用不同的知识管理战略和工具去适应组织文化,进而在实践过程中渐进地营造基于知识的组织文化。在基于知识的组织文化中,强调通过学习来构建组织的持续竞争优势。与正式组织结构采用的行政命令方式相比,非正式组织结构更有助于知识在个体、团队和组织之间的传递与共享,更有助于创造新知识。

1.4.5 基于知识的组织文化特征

1. 信任

员工、团队、组织之间的信任是知识交流与共享的前提。在基于知识的组织文化中,信任是知识传递得以高效进行的重要基础,特别是在隐性知识的扩散过程中。信任包括以人际关系为基础的信任、以能力为基础的信任以及以制度为基础的信任等。没有相互信任,个体之间以及个体与组织之间都难以真正地交流和共享。

2. 共享

合作共赢、共同分享。正是组织成员之间的知识共享,使得组织能够将内部分散的知识契合在一起形成合力。知识嵌入在组织管理的各个层面,只有在知识共享的基础上,组织才能共享愿景、目标、价值观、经验、思想和洞察等。在知识型组织文化下,每个人都愿意和别人分享知识,组织充满活力与创造力。

3. 开放

开放的理念有利于组织知识的共享与积累。开放允许组织内的员工、团队访问所需的知识,并在正确的机制下,对知识进行相应的修订、补充、完善,以便于知识的更新和积累。

4. 容错

容许人们在创新过程中犯错误。知识创新的过程就是不断试错的过程,创新本身存在风险,如果不能容忍错误,人们就会畏手缩脚,不敢冒险无法创新。不仅要容错,还要正视错误,更要从错误中反思,汲取经验。

1.5　知识价值链及其流程

1.5.1　知识价值链

知识管理的流程依附于知识价值链。知识价值链分成知识获得与知识应用两个主要活动。知识工作者(knowledge worker)的主要任务是知识获得与知识发展,是决策制定者。主要任务则是应用知识得到较佳的决策与行动方案,以获得组织期待的结果。知识价值链共包括八个处理状态与七个转换步骤,整个知识价值链是从知识工作者与决策制定者互相分享彼此的认知开始,接着再借由获得数据、处理数据、分析信息、沟通知识、应用智能、制定行动方案、展开行动七个步骤完成。知识价值链(knowledge value chain)是一个包含知识输入端、知识活动面、价值输出端的整合模式,指知识以多元管道汇集,并收敛至单一窗口进入组织中,通过以知识螺旋为核心的各种知识活动运作后,再以发散式的多元价值贡献度输出。

1.5.2　知识价值链流程

一般来说,知识价值链流程主要包括以下方面。

1. 知识创造

组织所应用的知识应有其产生的来源,而且其来源应该是多元化的。除组织成员所贡献的专业意见和知识、理念、想法外,来自互联网的全球知识,外部组织能否共同贡献知识、分享知识,也是关键所在。因此,可以多加利用因特网(internet)、企业内部的局域网络(intranet)和企业与企业间的网络(extranet),让知识广泛而多元地进入组织,成为知识管理的核心源头。

2. 知识分类

组织机构在日常营运流程中会自然产生各种文件,不管是论文、操作手册、各类技术报告,或其他已经成为电子档案的文件。至于要采用何种文件分类方式,其实,应依组织机构的需要而定。因此,不论组织机构用何种方式对知识进行分类,例如依组织部门、核心竞争优势、项目计划类别、依人员或时间来做分类,都应以最高实用性为优先考量。也就是说,决策者需判断最广泛及最可能被组织成员搜寻的分类方法。所以,进行知识分类时,不一定要制定一个绝对依循的分类标准,只要层级不要太多或太深就可以。

3. 知识审计

知识分类的另一种方式也可以运用知识审计手法来完成。知识审计(knowledge

audit)是指经由有计划的流程设计与审视,针对组织内部的专业领域与组织外部的需求,进行系统式的调查与分析。知识审计的目的是希望借由知识审计的结果,完成知识文件分类与核心竞争优势调查,有系统地挖掘企业与个人的竞争优势,提供组织变革、流程改造、策略规划与任务指派时的引导和方向,并达成优势转型的目的。

组织进行知识审计可分为三步骤:第一,定义组织机构目前存在的重要知识,包括隐性知识与显性知识,并建立知识地图;第二,定义机构有哪些重要知识正在流失,评估其对组织目标的影响性及确认有谁需要那些正流失中的知识;第三,针对盘点结果所呈现的机构现状及可能改善的劣势,提出涵盖知识库、社群、最佳实务学习、知识管理网站等执行方向的建议,作为知识管理活动参考依据。

4. 知识储存

机构在进行知识管理时,可以将所有的文件档案如论文、专利手册、程序等利用知识管理平台储存起来。但是,组织的知识不仅有文件或程序,也有可能有许多图片档案、图像文件档案、多媒体的声音档案或影片、动画等,这些档案只要经过数字化,也都可以储存至知识库。

5. 知识分享

知识需要分享才能产生真正的价值,但有许多人不知道知识分享的优点,或没接收到知识分享带来的利益而不愿意分享。必须让组织成员了解:知识的分享就如同传真机理论,如果只有一个人拥有一台传真机,无法将任何信息传给他人;若有两个人各有一台传真机,至少可以对传,互相拥有对方的信息;如果有 100 个人都拥有传真机,则每个人的信息都可以传给另外的 99 个人,每个人都可以获得这 100 个人所拥有的信息,这就是分享机制的重要价值。只要愿意将知识分享出去,所分享回来的知识将会更多,如果每个人都隐藏自己的优势,到最后所有的优势都将变成劣势。

组织机构在进行知识分享时,需考虑分享的渠道能否分享过去的经验知识、已习得的未来新趋势、组织内部的知识、内隐的技术和经验、外显式的文件档案,以及能否与外界专家智慧交流及分享等。不论是过去或未来、组织内部或外部、个人的内隐或外显知识,都应该是进行知识分享时需要兼顾的机制及考量的流程。

6. 知识更新

现代的知识更新大多是借由科技学术来达成,利用科技与网络,依其需求配置各类系统平台。这些系统平台就是让组织内部知识能够随时更新的重要机制,包括文件管理系统、知识社群、智库、工作流程自动化、核心专长调查表等。

举例来说,核心专长调查表能将组织成员的学习经验、技术能力加以调查及记录,这样的调查记录是需要实时更新的。如果组织内部的人力资源部门或人事部门,每年或每两年才做一次调查及记录,很难应变快速发展的时代。因此,组织内部有必要建构核心专长的实时调查系统,让这个系统具有实时更新核心专长的机制。例如,由知识管理推动小组规划、信息部门统一制作网页格式,员工可自行维护更新自己的网页,内容可包含基本的学习经历、受过的训练、参与过的项目、发表过的文章等,当然,也必须设计保护员工个人资料的机制,避免个人隐私外泄。

知识如果能够实时更新,机构就能够随时掌握组织及个人的核心优势。当组织能掌握内部核心优势时,组织外部有任何机会、竞争优势,都可以在最短的时间内找出最适当的人,执行最新的任务。如果机构没有这样的机制,就没有办法掌握内部的成长过程,也就无法快速响应外部剧烈变化的环境。因此,知识的更新,除文件的更新之外,最重要的是要能实时更新组织及个人内隐的核心专长。

1.6　知识管理伦理

1.6.1　知识管理伦理决策过程及其伦理内涵

伦理是指"一套道德准则或价值观,引导个人或组织行为的原则、规章和行为准则"。知识管理伦理行为是指"符合社会所认同的原则、规章和知识管理行为标准的行为"。虽然在某些原则、规章和标准上存在分歧,但是,我们认为分歧毕竟只占少数。知识管理伦理是指知识管理过程中产生的各种伦理关系及其道德原则、道德规范和道德实践的总和。

图 1-5 展示了知识管理伦理决策过程。该过程包括 3 个基本步骤:伦理意识(辨识伦理困境的出现)、伦理判断(决定什么是正确的)和伦理行为(采取正确的行动)。这 3 个步骤受到两类因素的影响,即个人特征和组织特征。大多数的知识管理伦理较为关注个人决策,从哲学的角度帮助个人分析特定情况下的伦理问题,从而做出好的伦理决策(该过程的第 2 步)。也就是说,如果掌握了这些能够帮助做出良好的伦理决策的概念性工作,知识管理伦理行为就会得到改善。商业人士认为,对于正确事物的认识就是组织伦理的重要组成部分。我们赞同这种看法,我们还认为掌握一些决策工具只

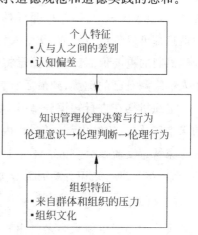

图 1-5　知识管理伦理决策过程

是改进伦理困境的一小步。有的时候,人们根本没有意识到自己面临的伦理困境,个人认知的局限性和个人偏见通常也会限制做出最优伦理的判断能力。而且,我们关注的是个人和组织管理自身和组织内其他人的知识管理行为方式。如图 1-5 所示,伦理行为受到了个人和组织特征的共同影响。

1.6.2　知识管理伦理决策步骤

第一步：收集事实。

哲学方法没有清晰地告诉我们要如何收集事实,但是它们好像假设我们会完成这重要的一步。如果你知道有多少人没有经过这一步就直接得出解决方案,你会感到震惊。问你自己：“这种情况为什么会发生？这里有没有我应当知道的历史事实？这里有我应当知道的关于目前情景的事实吗？”收集事实经常是说起来容易,做起来难。许多伦理选择之所以特别困难,就是因为有许多不确定性包含在其中。事实可能就是难以得到,认识到这些局限,在你决策之前,你就会尝试去收集你所能找到的事实。

第二步：确定知识管理伦理问题。

大多数人面对伦理困境时会有一种条件反射似的反应。他们会直接跳到解决方法上去,而没有真正地深入思考这个伦理问题以及做出这个反应的原因。在没有确定伦理问题或者困境中的主要价值冲突之前,不要跳向解决方案。伦理冲突可能会回到结果主义和道义主义的冲突上,例如,我们说了实话(与守信原则一致),坏的事情会发生(负面结果)。一个结果主义会从损害或者收益方面来考虑伦理问题。谁可能会受到损害？谁可能从特殊的决定或者行动中受益？美德伦理学方法会建议从团队行为标准的方面来考虑伦理问题。你相关的团队会认为某一种行为是错误的吗？为什么这样认为,或者为什么不这样认为？

通常,我们会喜欢停留在第一个出现在我们头脑中的伦理问题上。试着挑战一下自己,让自己去考虑尽可能多的问题。此外,与其他人讨论一下问题会有很多帮助。把这个困境与同事或者你尊重的朋友说一下,问一下他们,是否他们看到了其他你所遗漏掉的问题。

第三步：确定受影响的各方(利益相关者)。

结果主义者和道义主义者的思考都涉及界定出受决定影响各方的能力。结果主义者希望界定出所有的将获得益处或者受到损害的利益相关者。道义主义者希望知道涉及了谁的权利,谁有义务在这个情境中做出行动。利益相关者是指所有的那些在组织行为和运行中有利害关系的人。利益相关者可以包括企业所有者、管理人员、顾客、雇员、供应者、金融机构、社区、政府、自然环境,当然还有股东。在知识管理伦理决策的情境中,我们应该鉴别出受到影响的利益相关者,然后问他们是怎样受到影响的。在这里,要让你的思维更广阔一些。一旦利益相关者被确认完,角色扮演就能够帮助你从不同的利益相关者的视角来看待这个问题。在你的班上或者你的单位里,找些人来认真地扮演相关的角色,你可能会对在这种简单练习中观点的变化而感到惊奇。如果你是这个情景中的某个人,你会做出怎样的决定？这个步骤包含一个黄金法则：对待别人就像你希望别人对待你一样。在一个决策情境中,把你自己设想成每一个其他的角色,他们会做出什么样的决定,为什么?

第四步:确定结果。

在确定受影响的各方之后,考虑一下你的决策给他们带来的可能的后果。这一步骤显然是从结果主义的方法中提炼出来的,这并不是要求把每一种结果都确定,但是你应当把有很大的发生可能性以及有相当大负面影响的后果找出来。谁的利益会被一个特殊的决定或者行动损害?在知识管理伦理决策中,考虑眼前的和长远的后果是相当重要的。你有没有信心确保你的立场经过一段时间以后,甚至是环境和人都变化之后,还能是正确的?在知识管理伦理决策中,考虑行动潜在的象征性结果也是极其重要的。每一个决定和行动都传递着一种信息。一个特殊的决定和行动会传递什么信息呢?如果被误解了会导致什么结果?如果为了避免一些负面影响,一个决定是私下做出的,这就要考虑一下这个决定被公之于众时潜在的后果。

第五步:确定义务。

确定涉及的义务,并给出原因。当确定了各种义务之后,一定要陈述为什么需要承担这种责任和义务,从价值观、行为准则或者后果各方面来说。每个人确定出来的义务可能都会不同,这取决于涉及的人和他们所扮演的角色。

第六步:考虑诚实正直与你的个人品质。

在思考你在伦理困境中应当怎么做时,考虑一下你所在的团体会如何看待你的决定,他们认为一个正直的人在这种情境中应当做出什么决定,这可能会对你很有帮助。首先要确认相关的职业或者社会团体,然后确定团体成员会怎么评估你正在考虑的决定或者行动。记住公开原则,它要求你无论是否感到舒服,都要将你的活动透明地公开在公众视线里。当需要快速做出决策时,这种方法会特别有效。

第七步:有创造性地去思考你能采取的行动。

在做出决定之前,一定要记住你没有必要把你自己逼到某个角落里。你可以从备选方案中选择行动方案,也可以另辟蹊径,自己创造性地去寻找替代选择方案。总之,需要有创造性的思考能力,需要具备独立之精神、自由之思想,打破常规的束缚,能够全方位、多视角地审视行动环境及方案,从而结合自身情况,采取更有利的行动。

第八步:检验一下你的直觉

上述步骤所强调的都是高度理性的事实搜集和评估过程,但是也请不要忘记你自己的直觉。我们一直都在被灌输要考虑别人的感受,要追求公平。对他人的情感植入是一种重要的情感,它能够使你意识到别人可能会受到伤害。同时,直觉作为一种好的知识管理伦理决策来源也开始得到信任。我们虽然不能总是准确地说出为什么我们在这个情境中不舒服,但是多年的社会化已经使我们对那些不很确定是否正确的情境敏感了起来。关注你的直觉,但是也不要让它直接替你做出决定。一旦你知道了你正面临着一个伦理困境,则需要采用理性的决策工具来帮助你做决策。

1.6.3　知识管理伦理内容

知识管理是对企业适应知识经济的产生、知识在诸生产要素中的地位日益提高这一新形势的必然要求,并将随着知识经济的发展而发展,是现代管理学发展的必然趋势。知识管理是一种新的独特的管理形式,为了发挥知识在现代经济发展中的核心力量,首先要进行知识的开发和创新,这就必须提高企业员工的积极性和创造性,处理好知识产权和知识传递的关系、对内知识共享和对外知识保密的关系,实现知识的共享,让企业员工通过现代信息技术随时都能获取必要的知识,就必须改革传统的管理体制和方法。在这一过程中,提出了一系列知识管理伦理问题。

知识管理伦理建设,为提高知识管理水平,使组织或个人成为知识型的组织或个人提供了必要的伦理保障。其内容主要有:

(1) 贯彻尊重知识、尊重人才的原则,营造一种宽松、自主、自由的文化氛围。

(2) 维护知识产权,贯彻公正的分配原则,建立一定的制度奖励知识开发和知识创新。

(3) 培育团队精神,提高员工的道德素质,建立组织信用体系,实现知识共享。

(4) 建构平等、民主关系,改革与知识管理不相适应的管理体制和管理方法。

(5) 促进组织内或者个人之间公平、公开及彼此尊重文化传统的知识交流。

(6) 营造包容、自愿的知识管理氛围。鼓励人们积极参与知识管理活动,尊重他们自愿表达的权利和自由,并且尊重他们的想法,而不是强迫或者威逼利诱,这种包容性鼓励多向沟通,这对识别和解决知识管理伦理问题是很重要的。

(7) 成员的知识应能代表文化和视野的多样性,并对知识管理道德问题保持敏感。

(8) 知识共享。人们能够便捷地得到他们所需的有效知识,当他们需要的时候他们就能得到,而且知识朝着所有的方向流动(向上、向下),只要需要就能自由流动。需要注意的是,知识共享的文化更有可能在开放的组织中形成,在这里伦理问题能够得到识别和解决,不会被刻意抹杀。

(9) 不断鼓励所有成员全情投入以保持知识的新陈代谢,在对待不同成员知识的时候,需要保持客观性和公正性,要承认和尊重所有个体的尊严和个人价值。

案　例

🎯 本章小结

1. 推动知识管理,必须了解知识经济时代发展的趋势,这是一个动态变革的年代,在进行知识管理时,需规划短期、中期、长期计划以顺应趋势的发展。

2. 对知识内涵的研究,可以划分为四种知识观:知识本体论观(现实)、知识认识论观(科学)、知识价值观(产品)和知识社会建构观(互动),这四种知识观并不是互相排斥的,而是相辅相成的。知识人员和管理者需要意识到知识的不同类型的可行性,并且需要从一元化的认识论转为多元化的认识论。

3. 我们认为知识管理是通过人、技术、环境的协同交互,将个体或组织内外知识进行系统的收集、共享、学习、交流、融合、应用和创新等活动,从而提高生存能力和竞争优势。

4. 知识管理目标:知识管理应把知识作为组织的战略资源,作为一种管理思想和方法体系,它以人为中心,以数据、信息为基础,以知识的创造、积累、共享及应用为目标。

5. 知识管理战略是支持组织的业务战略的重要组成部分,是组织在知识管理方向为实现组织核心业务战略而制定的目标和愿景、实施策略,同时,应支持和保障组织的产品战略、技术战略、人才战略、IT战略、财务战略、标准化战略、信息安全战略、营销战略等。

即练即测

6. 知识价值链(knowledge value chain)是一个包含知识输入端、知识活动面、价值输出端的整合模式,指知识以多元管道汇集,并收敛至单一窗口进入组织中,通过以知识螺旋为核心的各种知识活动运作后,再以发散式的多元价值贡献度输出。

7. 知识管理伦理是指知识管理过程中产生的各种伦理关系及其道德原则、道德规范和道德实践的总和。

 回顾性问题

1. 知识是什么?从哪些方面可以对知识进行较为全面的认识?
2. 知识管理的内涵是什么?其目标包括什么?
3. 简述知识管理原则及知识管理战略。
4. 什么是知识价值链?知识价值链包括哪些流程?
5. 什么是知识管理伦理?

讨论性问题

1. 如何认识知识管理?如何识别知识管理?
2. 请结合本章内容和自己身边的例子,阐述一下知识管理的必要性和紧迫性。
3. 谈谈你对知识管理伦理的认识和理解。
4. 如何理解知识管理学派?
5. 如何理解知识价值链?
6. 如何理解四种知识观?
7. 谈谈你如何理解知识管理与组织文化的关联。

实践性问题

　　1. 请选择一家你熟悉的典型案例(包括网站、个人、家电、机械、微信、知乎、得到、豆瓣等),分析其知识管理现状,并分析其知识管理的特点。

　　2. 什么是企业知识管理? 选择一家你认为比较典型的知识型企业,分析其知识管理特色。

　　3. 你觉得在实际工作和学习中,如何更好地遵守知识管理伦理? 试着举例说明。

第 2 章

显 性 知 识

显性知识是在一定条件下，即特定的时间里具有特定能力的人，通过文字、公式、图形等表述或通过语言、行为表述并体现于纸、光盘、磁带、磁盘等客观存在的载体介质上的知识。它是客观存在的，不以个人意志为转移。

2.1 显性知识的定义

显性知识通常是指我们所熟知的正式的或者可编码的知识，以文档、公式、合同、流程图、说明书等形式呈现。没有个人经验作为背景，显性知识很可能是无用的。显性知识是以文字、符号、图形等方式表达的知识。

显性知识作为可以借助于言语表达的明确性知识，是从隐性知识中分离出来的系统性知识，其构造极具系统性和体系性，具有明确的方法和步骤，有助于人们更好地理解各类信息，它也是客观性的、社会性、组织化的知识，具有理性和逻辑性。显性知识也是数据知识，推动认识的知识，通过信息系统的不断完善，可以实现显性知识的转移、转换和再利用，还可以通过语言媒介实现共享和编辑。显性知识是客观的、有形的知识，是像语言、文字等一样有一定存在形式，并且表现为产品外观、文件、数据、说明书、公式和计算机程序等形式。

显性知识是通过语言和文字方式进行传播，可以表达、可以确知、可以编码输入计算机的知识。这些知识可以十分容易地被记录下来，能够被详尽地论述、严格地定义，可行诸文字，写成消息报道、学术论文等文字的东西，或形成图书，或载于报刊，或存入数据库、CD 等之中。显性知识是指那些能够以证实的语言明确表达的，表达方式可以是书面陈述、数字表达、列举、手册、报告等。这种知识能够正式地、方便地在人们之间传递和交流。

2.2 显性知识的业务化

2.2.1 显性知识转化为业务语言

显性知识业务化过程包括通过知识载体及业务网络等将相关人员联系起来、知识的访问和提取、知识的追溯和记录、知识的保留、形成和提供最佳实践推动创新。

　　不同行业和市场及不同人员可能会倾向于不同的要素,优先级也会根据环境和需要而改变,但是综合来看,以上要素最大程度地体现了人们对显性知识的认识和理解。

　　在具体使用过程中,可以在组织范围内,将显性知识转换为业务语言,便于知识有效运转和应用。在显性知识转换过程中,需要解决三类业务问题(协调、记录、学习)。

　　1. 协调方面:组织的不同部分需要能够协调行动,保持共同的目标,避免交接工作时出错,并明确如何在共同的任务中取得进步。这里的业务问题有以下几种。

　　(1) 协作。将来自组织不同部分的显性知识组合起来,利用已有但分散和孤立的显性知识制定更好的行为方式及业务流程。

　　(2) 移交和情景意识。确保团队或组织之间有效地进行显性知识的交流沟通,可以利用工作流、任务流、共享日历、共享知识库、标准模板,以及指导它们用法的流程和政策等。

　　(3) 文档和信息管理。无论组织的哪个部门产生了重要的共享文档和信息,确保需要它们的人可以轻松便捷地获取及访问。可以使用知识资产审计来确保分享高优先级信息,还可以采用分类和信息构架来确保它们很容易被找到。可能还需要调整知识分享和信息安全政策,确保这些信息实际上可供需要它们的人使用。

　　2. 记录方面:组织需要能够保持关键能力,例如,随着人员流动,他们的技能、利益相关者/合作伙伴关系、经验教训和专业知识需要保留下来,并了解组织的计划、决定、活动和承诺等方面。将这些方面的显性知识进行转换。

　　(1) 记录保管。确保人员的技能、经验、心得体会、感悟、专业知识可以记录在册,而且确保关键的决策、计划和活动记录在案,任何需要的人都能轻松访问,以便利用和参考这些显性知识。你可以采用记录管理的方法,同时利用标准模板,以可预知和易用的方式获取关键信息。

　　(2) 随着时间的推移保持能力。降低随着人员退休或者离职而失去关键知识和能力的风险,确保这些知识可以显性化,可以保留,并提供给其余人员和新进人员使用。

　　3. 学习方面:组织机构需要能够从外部环境的变化中学到知识,并顺利地适应外部环境。关于学习的业务问题有以下几种。

　　(1) 加快学习曲线。确保组织成员在新的工作中或者处理新的工作领域时候快速进入状态。对于需求成长、多元化或探索新领域的组织,或者员工流动快的组织,这点特别重要。这就需要将不同工作岗位员工的知识显性化,将工作业务流程化,这样就不会由于员工变动而造成知识的流失和工作交接等问题。

　　(2) 持续改进。确保你的项目和业务活动不重犯过去的错误。可以将之前的收获、经验记录下来,并且将学习植入组织的文化中,组织成员通过阅读记录经验教训的文本、观看经验教训的视频来进行知识的传承。

　　(3) 标准化。将组织中的业务、流程等进行标准化,有利于员工获取直接有效的显性知识,从而通过比较和学习来获得能力。这就需要对组织全部业务流程进行梳理和优化,并且将数据、文档等融合到业务流程梳理过程中去,从而可以看到组织业务流程中数据和信息是如何流入、处理、转化和流出的。

（4）产品和服务的开发。这也是知识业务化的问题，需要将所有相关人员的知识以及外部知识集合在一起，形成新的工作方式、新产品和新业务，而这种形成的过程也是显性知识重新部署、整合、融合、创新的过程。

2.2.2　企业显性知识的常态

企业在对知识管理的实践中，不可避免地要遇到两种不同形态的知识管理问题，即对显性知识的管理和对隐性知识的管理。企业的管理一般都是对显性知识的管理，因为，显性知识是最容易被人们认识及发现的一种知识。如表 2-1 所示，显性知识在企业的表现，主要有以下常态。

表 2-1　企业显性知识常态表

序号	形　态	细　　分	知识分类
1	经济师	宏观经济、微观经济知识	人格化知识
2	工程师	建筑工程、机电工程、信息工程知识	
3	注册会计师	会计准则、审计服务、税务代理、资产评估知识	
4	机器设备	动力装置、控制装置、支架	工具化知识
5	工序	任务、操作指南	
6	工具	规格、保护装置	
7	工艺	消耗品、配方、图示	
8	产品	零部件、设计图	成果化知识
9	专利	申请书、专利登记证	
10	产权	产权证明、许可、租赁合同	
11	战略管理制度	目标、任务、计划、部署	管理化知识
12	战术管理制度	工资薪酬管理、人力资源管理、生产管理、物流管理、财务管理、营销管理	

在企业范畴中，显性知识一是可以用语言来表达的，例如管理化知识所表现的战略管理制度和战术管理制度；二是可以用物器来表达的，例如人格化知识、工具化知识和成果化知识。可见，显性知识是外显的，能被人们所觉悟的知识。企业的知识管理的一个重点就是要将隐性知识通过企业的平台转换成显性知识。

2.3　显性知识的基本要素

2.3.1　显性知识四个动因

处理显性知识需要考虑角色、流程、技术和治理四个动因，这些动因能够推动显性知识的流动、传播和保存。角色和责任的要素,例如实践社区负责人、知识管理者、知识所有者;流程要素,例如事后回顾、工作业务流程化、知识资产创造等;技术要素包括论坛、公众号、社交网络、搜索引擎、知识管理系统等。知识管理的实践需要技术基础设施的支持。现代信息通信技术使得显性知识的获取、发布和查找越来越便捷。技术设施应致力于支持知识活动的不同环节,此类技术包括数据挖掘与知识发现、语义网、知识组织系统等。技术设施应满足功能需求,并且是易于使用的、恰当的、标准化的,这样知识管理才能得以真正地运作;治理要素包括显性知识期望和政策、测量指标和激励措施、知识分类、组织结构、治理体系等。

　　这些动因应该是相互支持和密切相关的,它们相互支持,例如,技术需要与其他动因,例如流程、角色和治理等的结合。通过动因的结合,在不同角色之间形成显性知识的交流和对话。对话过程需要重视知识参与者的表达能力,即将各种含蓄的价值体系用最简单的结构表现出来,需要重视中介传播能力,即包括调整能力和组合能力,还要重视视觉表现能力,也就是交流能力。

2.3.2　显性知识的要素

　　显性知识管理中涉及两个要素,需要将知识记录在案,从而进行知识的收集和组织;另外,需要通过显性知识的载体将不同人员连接起来,可以通过对话、讨论、论坛、社区等。

　　连接途径就是通过把不同的人连起来进行显性知识的交流、传播和共享,在连接过程中,可以通过面对面的讨论,还可以通过邮件、文本或者书面资料等方式。

　　收集途径就是把收集到的显性知识进行传递,在收集的过程中,通过文档、文本、图片、视频、存储器等形式记录、保存和分类,促进显性知识的传递。

　　连接和收集不是二选一的策略,它们是一个整体框架和策略,两者需要并行工作。任何完整的显性知识管理框架都需要实现、提倡、促进和支持对话与内容。组织中包括很多种类的关键性知识,有些需要作为内容来管理,还有些可以作为对话来管理。可以通过对话和内容分别进行有效和快速的知识传递。

　　管理对话,而没有知识显性化或者没有将知识记录保存下来,则难以留痕。在组织中,可以将知识嵌入或者融合到业务流程中,纳入企业流程中,这就可以形成知识的保存、传递和衔接了。

　　管理内容,没有对话,就会使得知识管理走向已经确定的内容管理和信息管理领域。关注没有对话的内容会导致为了传递知识而创建知识库、博客和维基网等,但是内容不会主动寻找到其需求者,也无法了解到需求,这就需要通过对话、沟通、交流等知道所需内容在哪里,从而找到所需的内容。

　　显性知识的业务化过程涉及知识工作者和知识参与者(角色)、业务流程(流程)、数据库和软件及论坛等(技术)、组织结构和治理机制(治理),围绕显性知识开展讨论、记录、整合、显性知识寻找和审核等步骤和环节,从而形成显性知识的业务活动框架。如表2-2 所示。知识工作者需要制定知识管理所需资源,充实知识管理企划案,设计并实施推广计划。知识管理者可以利用跨职能作业,推动通用的工作标准和协作流程标准,创建知识文档、分类和访问的通用流程,通过交流、培训、奖励等,解决显性知识管理的集体认同感。在技术方面,可以与组织知识工作者共同开发、实施并支持信息技术基础设施。根据组织显性知识的要求进行技术开发和支持,从而为最佳实践和显性知识共享行为的使用提供技术支持模型。

表 2-2　基于显性知识的业务活动框架

项目	讨论	记录	整合	寻找/审核
角色	实践领域专家 实践相关社区	专业支持律师	实践领域专家	专业支持律师
流程	在线讨论	事后审查 先例收集	先例库的创建和 更新	搜索
技术	讨论论坛	事后审查数据库	内部网	搜索
治理	实践领域 社区指南	对先例归档的期望质量 标准	分类、元数据、知识 架构	知识管理政策

组织中的显性知识还包括实际工作状态、语境等方面的相关信息和数据,也涉及知识拥有者和需求者之间形成的人与人的关系。显性知识还包括知识本身的意义和概括,尤其是显性知识的结构和载体。显性知识不仅包括各种知识资料,也包括这些资料之间的关系。

2.3.3　显性知识的资源

图 2-1 列示了显性知识的资源关联。

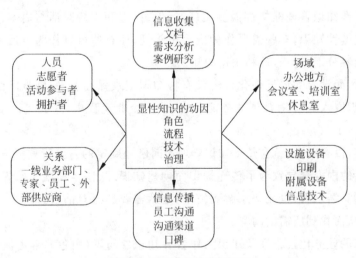

图 2-1　显性知识的资源关联

显性知识管理过程中可以利用上述资源关联,考虑下一阶段需要什么资源,在角色、技术、流程和治理的每一个智能领域需要什么资源,从信息收集显性知识的场域、所需的设施设备到信息传播、人员、关系,都可能需要资源,这就需要确定能提供这些资源和能力的合作伙伴。

2.4　显性知识特征

显性知识具有以下 4 个特征。

一是客观存在性。显性知识一旦表达出来就是脱离人脑的知识,它通过言传、身教或附于某种介质上的编码等方式表现出来,它不依赖于个人而客观存在。正是由于显性知识的这种特性,才有利于显性知识的保存、记录、交流和传播等。

二是静态存在性。它不随时间或环境的变化而变化,一旦表达出来就不再变化,是属于"彼时彼地"的知识。

三是可共享性。显性知识可以被传播并共享,而隐性知识不具有这个能力,因此要实现知识的传播和共享必须将隐性知识转化为显性知识。

四是显性知识直接来源于实践技能等这类隐性知识,但最终来源于个人的心智模式和源能力。

2.5　显性知识的生命周期

显性知识有自己的生命周期,一般包括孕育、成长、成熟和衰老 4 个阶段。在这个周期中,显性知识由生到衰可分为若干过程。需要注意的是,这里的生命周期指的是显性知识的生命周期,由于隐性知识不易表达和传播,它的生命周期具有很大的随意性,当隐性知识显性化之后,它的生命周期才有规律可循。

2.5.1　孕育期

孕育期是显性知识的开始,它是组织为了适应外部环境和整合内部要素,以争取生存和发展的必然要求,孕育期包括知识的辨识和构思。

(1) 知识辨识。根据组织的需求,确定组织需要发展的问题,然后分析这些问题需要哪些知识。知识辨识通常由组织的战略部门完成。

(2) 知识构思。对辨识后组织急需的知识进行构思,主要由组织的各个领域的专家、工程师、管理者来完成,有些构思也来自普通员工。

2.5.2 成长期

成长期是知识在企业中曲折发展的时期,一些适应组织发展的知识被保留下来,而另一些知识则被淘汰。保留的知识继续发展,以期给组织带来更高的收益。成长期包括知识的评价和确认、知识的选择和研究。

(1)知识评价和确认。构思后诞生的知识只是理论化的知识,还需要对其进行评价和确认,评价和确认的目的是去除对组织不重要和不需要的知识。

(2)知识选择和研究。根据评价和确认结果,选择价值高的知识进行试用,对组织的效益产生积极作用的知识将被保留并获得资助继续研究和发展,而对组织作用不大的知识则被弃用。

2.5.3 成熟期

成熟期是保留下来的知识在组织中不断发展壮大,为组织创造效益的时期,包括知识的运用和知识的标准化。

(1)知识运用。在组织中运用选择后的知识,在这个过程中组织要充分发挥知识的共享性,扩大知识的影响,提高组织的效益。

(2)知识标准化。对运用的技术、管理等知识进行标准化,提高知识运行的效率,进一步提高组织的效益。

2.5.4 衰退期

衰退期是组织知识在发展和运用到一定阶段后,不能很好地满足组织适应新环境的需要,最终从组织中转移或消失,包括知识的衰减和转移。

(1)知识衰减。随着内外环境的变化以及更有效率和效益的新知识出现,组织开始提高新知识的地位而减少旧有知识的运用,旧知识逐渐在组织中衰减。

(2)知识转移。衰减的旧知识一方面被转移到知识水平更差的组织,如发达国家的淘汰技术转移到第三世界国家,仍能创造效益;另一方面,成为组织新知识孕育和创新的基础。

组织知识的生命周期为组织提供了知识运营的方式,即组织知识是围绕着组织战略需要与增大组织效益和效率运营的。一旦组织战略发生变化或者有更能增进组织效益和效率的知识出现,知识的更替就不可避免。

案 例

密切关注新知识的发展和已有知识的生命周期,适时调整组织的知识战略,是组织发展的重要内容。

本章小结

1. 显性知识通常是指我们所熟知的正式的或者可编码的知识,以文档、公式、合同、流程图、说明书等形式呈现。显性知识是以文字、符号、图形等方式表达的知识。

2. 显性知识业务化过程包括通过知识载体及业务网络等将相关人员联系起来、知识的访问和提取、知识的追溯和记录、知识的保留、形成和提供最佳实践推动创新。

3. 处理显性知识需要考虑角色、流程、技术和治理四个动因。

4. 显性知识的特点包括:客观存在性;静态存在性;可共享性;来源于个人的心智模式和源能力。

5. 组织的每一种显性知识有自己的生命周期:孕育期、成长期、成熟期、衰退期。密切关注新知识的发展和已有知识的生命周期,适时调整组织的知识战略,是组织发展的重要内容。

即练即测

回顾性问题

1. 什么是显性知识?

2. 显性知识业务化的目的是什么?

3. 论述一下企业显性知识的常态?

4. 简述一下显性知识的基本要素?

5. 显性知识的特点有哪些?

6. 如何认识显性知识的生命周期?

讨论性问题

1. 如何认识显性知识? 谈谈您对显性知识的认识和理解?

2. 谈谈您如何理解显性知识的业务化?

3. 谈谈您对显性知识的特点的理解和认识?

4. 论述一下显性知识生命周期的独特性?

实践性问题

1. 请结合实践或者亲身经历，谈谈如何对显性知识进行业务化，如何有序地开展和实施。

2. 结合自己所学知识，谈谈如何在实际生活、学习和工作中，针对显性知识的特点更加有效和快速地掌握显性知识。

3. 结合身边的实例，请举例说明您对显性知识生命周期的认识和理解。

第 3 章

隐 性 知 识

3.1 隐性知识的定义

隐性知识是难以编码的知识,主要基于个人经验。在组织环境中,隐性知识由技术技能和个人观点、信念和心智模型等认知维度构成,隐性知识交流在很大程度上依赖于个人经验和认知。正如经验影响隐性知识的获取一样,认知部分与个人愿景和认知有关,诸如信念、观点及范式等,这会影响他们业务活动的看法及职业角色,从而影响他们交流隐性知识的意愿。知识交流的关键在于隐性知识的动员和转化。隐性知识具有高度个人化及难以明确化的特征,难以交流和分享,例如主观见解、直觉和预感等这一类的知识。此外,隐性知识深深扎根于个人的行动和经验,以及理想、价值观或情绪中,通过社会网络中成员的协同交互进行交流。隐性知识交流是通过知识主体(知识拥有者)与知识客体协同互动,以可接收、可理解、可消化的方式使知识客体(知识需求者)获得、吸收并且消化知识,形成隐性知识供应方与隐性知识需求方相匹配的过程。隐性知识作为智力资本,可以提高决策质量。

隐性知识通常是我们所熟知的非正式的或者不可编码的知识,与显性知识相反,是那些从个人经验中所知道并相信的知识。可以在员工与顾客的交流中找到它的踪迹。隐性知识很难被登记编目,由于其具有高度经验化的特点,难以形成文档,并且具有暂时性。隐性知识也是做出判断和明智行动的基础。

隐性知识是用于描述难以表述的想法、决策、认识、意义等术语,个体并非完全知晓自己拥有其他人需要的隐性知识。个人无法将隐性知识付诸文字或图像,以便传递知识。我们可以知晓事情的本质及需要采取的行动,但是不能阐明为何知道、为何存在及其本源。隐性知识交流可以形成理解和知晓,彼此的交流沟通可以传递和创造知识。知识始于隐性知识,知识的源头始于个人(无意识)向外的表述。这意味着在隐性层面中,隐性知识难以言明。

3.2 隐性知识的分类及特点

3.2.1 隐性知识的分类

Lubit(2001)将隐性知识分为四类：难以确定的技能、心智模式、解决问题的方法和组织惯例。

人们经常意识不到拥有隐性知识，也发现不了其拥有的隐性知识对别人的价值。按照隐性知识转化为显性知识的障碍，可以将隐性知识划分为：简单、中度及难度三个等级。难度隐性知识是指集体性的隐性知识，这种隐性知识难以显性化。中度隐性知识通过必要努力可以显性化。简单隐性知识更易于显性化。

Collins(2001)指出了五种形式的隐性知识已经确定：第一种是隐匿性知识，通常是只能意会不能言传。第二种是实证性知识，由于语言表达的复杂性，可以通过实践学习及理解。第三种是匹配性知识，例如 A 将知识传递给 B，B 以为其已经拥有了 A 传递的隐性知识，而实际上他并没有。第四种是未识别的知识，例如 A 掌握了某种隐性知识，且已经发挥了隐性知识的价值，但是 A 并没有意识到自己已经掌握了这种隐性知识。第五种是逻辑上要求的知识，这种知识在知识转移过程中物理距离变得尤其重要。

隐性知识包括直觉、经验法则、感知和技能，它包括两个维度：技术维度和认知维度。技术维度包括专业技能有关的信息和经验、非正式和难以确定的技能或手艺；认知维度包括心智模式、信念和价值模式、思维模式、信仰和观念。隐性知识具有个体化属性，其难以形式化，通过由专业技术(通常表现为专业技能)、认知维度，包括谋略、思想、心智模式、信念和观点展现。隐性知识是技术或认知，由心智模型、价值观、信念、看法、见解和设想组成。如图 3-1 所示。

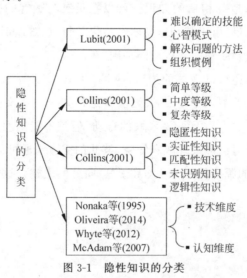

图 3-1 隐性知识的分类

3.2.2　隐性知识的特点

1. 非陈述性

隐性知识嵌入在个人的心智或者知觉中,难以明确阐述或编码。隐性知识通过人们的行为和语言来展现,但是难以明确地表述。隐性知识是难以言明的、无法阐述的专门技能、技巧及技术等。隐性知识的特征是难以形式化、写出来;隐性知识包括个人理解、技能、能力和经验,但是隐性知识难以定义和解释,难以评估和衡量。隐性知识往往难以阐明清楚,因为它需要判断采取何种正确方式去做事情,因此无法书面表达。隐性知识在本质上是内在的,编码和提取、陈述相对困难。隐性知识需要被发现、提取和捕获,它必须创造性地传播以共享,从而有效地扩充知识库。

2. 个体性

人类个体是隐性知识的主要载体,它内化于人类思想和头脑中,因此隐性知识难以交流。隐性知识为个人知识,来自个人经验且存储在拥有它的个人头脑中。隐性知识是个体知识,隐性知识具有认知维度,隐性知识由个体在某种情境下的心智模式构成,并深深地嵌入在个体中并被个体认为是理所当然的,这也造成隐性知识难以表述;隐性知识存在于个人的头脑中,并通过人与人的交互来转移。隐性知识描述为个人成果所需的努力,往往没有明确教导和描述。由于个体自身利益、兴趣爱好等方面的考虑,隐性知识拥有者不会将有价值的隐性知识轻易转移出去。

3. 实践性

隐性知识具有实践性,隐性知识暗含着实践过程,缺乏了实践过程很难领悟隐性知识及其价值。隐性知识是基于实践过程的,因为隐性知识的认知具有实践属性,缺少实践过程往往难以获得。隐性知识是实践性的、行为导向的知识,通过个人实践经验获得,类似于直觉性知识。隐性知识嵌入在组织的实践、流程及结构中。通常,隐性知识交流并非按规划或计划进行,其交流过程是非正式的缓慢积累的实践过程。

4. 情境性

隐性知识是基于情境的,一般隐性知识是在工作和其使用情境中获得的,隐性知识深深扎根于特殊情境中,包括个体职业、工作、技术及产品市场、团队活动。隐性知识是人们头脑中关于行动和实践力的系列脚本,包括情境扫描和适应环境改变。个体隐性知识存在于人头脑中,来自情境、动机、机遇和接触,然后通过特定情境中,经验和教训的反复尝试可以增强和扩充隐性知识。隐性知识需要嵌入特定的情境中,包括组织文化、结构、流程和日常中才可以发挥价值。隐性知识是基于情境的,其形成和消失与人、环境、思想和经验有关。隐性知识要求在学习过程中要有灵活度,以便适应不同情境的需求。隐性知识难以定义、把握和获取,其根植于个体的社会文化历史和经验、具体情境中。

5. 交互性

隐性知识通过个体交互过程可以获得,这些交互过程包括人与人之间的经历、反思、内化和个人才能的交流。因此,隐性知识不能以显性知识同样的方式进行管理,学徒制、直接交互、交流和行动学习、面对面社交互动以及实践经验等交互方式更适合隐性知识交流。隐性知识(能力、技能、经验、直觉等)是高度个体化且难以写明,面对面的交互往往是隐性知识转移的主要方法。隐性知识交流中人与人交互的关键是个人愿意且有能力分享其所知和所学的知识。隐性知识是知识的抽象表征,并通过语言、沟通等交互方式进行映像表示。隐性知识交流需要深入的社会交互关系和信任。开放、信任和组织成员之间良好的沟通交互可以促进隐性知识的交流。隐性知识具有非结构性、编码难及嵌入性的特征,因此,需要人与人之间的协同互动来实现隐性知识交流。

6. 非编码性

隐性知识不像显性知识那样可以通过技术工具实现编码化,隐性知识大部分都是非结构化知识,难以用数字、公式和科学规则等来表达,也难以用文字、语言来表达,交流与转化速度相对较慢、成本较高。

3.3   社会网络中隐性知识交流的障碍

3.3.1   障碍的研究现状

社会网络是由社会成员自然而然或者自发形成的人际关系网络集合,社会网络中的隐性知识的交流行为可以将社会网络中的人关联起来。柯林斯(2001)指出将显性知识视为常态,将隐性知识视为例外是值得商榷的。根据他的论述,显性是相对的,因为隐性知识以不同速度及不同程度转为显现知识,取决于隐性知识的明确及解释程度。将隐性知识转化为显性知识的过程称为显性化。知识的隐性部分是那些不能编码或显性化的部分,只能通过个人经验进行培训、感悟传播。

隐性知识存在障碍,除存储在个体头脑中之外,组织不能以明确的流程保存隐性知识,隐性知识难以交流,难以数字化。还有因为害怕失去权力和优势而不愿意分享隐性知识,即使知识产权也难以保护这一类型的知识。然而,组织面临的最严重且独特的问题是由于员工的流失而造成损失隐性知识的风险,正如 Boiral(2002)指出,人员的流动会造成隐性知识的损失,Hall 等(2003)也指出隐性知识的使用使得公司内部脆弱。

Cumberland 等(2010)确定了组织内隐性知识共享的五种障碍。第一种是信任障碍,因为成员分享知识是基于接受者是朋友还是敌人。Husted 等(2002)将其定义为知识共享敌对状态。第二种是成熟障碍,组织机构成长过程中进行知识共享,当进入成熟阶段就很少采取新的想法。第三种是沟通障碍,因为沟通的效果取决于个体根据他的意志来自由传播知识。第四种是竞争障碍,由于组织及团队、个人之间竞争的存在。第五种是文化障碍,个体拥有不同于其他人的信仰和实践。文化障碍会影响知识交流,社会网络文化之间的差异会影响隐性知识交流。

　　表述的障碍在于隐性知识交流是一种非语言的表述形式。对话的深度和广度影响隐性知识交流的质量。而参与交流的个体沟通表达能力、领悟能力、知识背景、语言环境等其他障碍也影响了隐性知识交流的效率及效果,影响了成员进行隐性知识交流的能力,这些障碍因素来自隐性知识自身原有的特征,并与参与隐性知识交流的各方有关。

3.3.2　障碍的具体类型

　　通过以上分析,可以发现社会网络中隐性知识交流的障碍包括以下方面。

　　1. 行为障碍

　　此类型障碍主要是社会网络成员的行为特征等形成的,包括其沟通能力、表达能力、领悟能力、学习能力等,还包括网络成员是否愿意沟通交流等。

　　2. 过程障碍

　　此类型障碍主要是社会网络成员交流的方式、特征及流程等产生的,包括交流过程中是采用面对面的方式、电话方式、视频方式还是其他方式等,还包括交流过程的情境以及环境因素等是否有益于社会网络成员进行沟通交流。

　　3. 结构障碍

　　此类型障碍是社会网络的结构特征造成的。社会网络的结构包括传递结构、同质性和异质性结构、密集型和松散型结构。传递结构意味着社会网络成员互为知识交流的传递节点。同质性结构是指社会网络成员的兴趣、爱好、信仰等趋于相同或者近似的社会网络。异质性结构是指社会网络成员的兴趣爱好、教育经历、知识背景等不同或有着显著差异,但是其知识结构可以形成互补的社会网络。密集型结构是指网络成员间的关系牢固,凝聚力强。松散型结构是指网络成员间的关系松散,或者是任务、需求、临时目标等导向的。

　　4. 文化障碍

　　主要是由于社会网络成员的信念、习惯、习俗、思维模式、文化符号的不同认知、语言环境的差异、价值观不同等造成的。如图 3-2 所示。

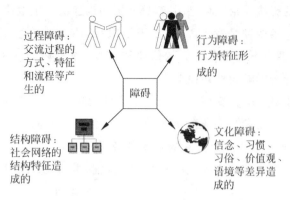

图 3-2   社会网络中隐性知识交流的障碍

3.4   基于社会网络的隐性知识交流模型

3.4.1   社会网络中隐性知识交流的要素

1. 知识拥有者

隐性知识的交流取决于三个要素：知识拥有者、知识需求者和实践环境，当然还包括交流方式。在知识拥有者方面，隐性知识是通过知识拥有者个体内在过程获取的，包括经验、思考、内化及个人天赋，这些特点使隐性知识成为获取持续竞争优势的来源，因为它不易存储和传递，从而使竞争对手难以发现、模仿和复制。在社会网络中，显性知识可以写出来，易于从个体和组织之间转移。因为它是书面形式的，非常容易被竞争对手复制，而隐性知识由于它存在于知识拥有者个体的头脑中，通过经验获取且难以阐明，隐性知识依赖于阐述、示范和其他更抽象方式来进行交流。

2. 知识需求者

在社会网络中，知识需求者需要通过不断尝试的迭代过程来获取隐性知识，然后依靠隐性知识进行环境监测、制定决策和采取行动。显性知识可以编码，而隐性知识难以阐明和编码，隐性知识也被定义为信仰体系内部的复杂关系，例如目标和期望，但是可以通过社会网络成员之间的交流进行传递与共享。虽然隐性知识不容易识别，使用合适的交谈技术可以作为隐性知识表达和记录的载体。通过交谈，隐性知识需求者可以将自身经验和经历融入其中，积极构建、完善和扩展自己的隐性知识。

3. 实践环境

在实践环境方面，Bock 等（2005）研究了外在激励因素、社会心理因素、氛围、行动意向对知识共享的影响。研究结果表明氛围是影响知识交流的重要因素。此外，Small 等

(2006)指出良好的社会关系和有利的文化可能促进知识交流行为的发生。

由于隐性知识的个体性和内隐性特征,通过人际互动这种直接的交流方式才能实现知识交流,因此,高质量的社会网络成为隐性知识交流的重要条件。一般而言,隐性知识交流是社会网络成员在开放、信任的环境中长期的磨合沟通、相互感知的结果。可信度有利于社会网络中隐性知识的交流。便捷性、随意性、开放性和社区性等特点的社会网络有利于隐性知识的交流。

3.4.2 社会网络中隐性知识交流方式

针对上文分析的社会网络中隐性知识交流障碍的具体类型,针对性地设计了以下交流方式。

1. 传导方式

传导方式是社会成员通过面对面方式直接接触进行交流隐性知识的过程,传导方式将隐性知识从其知识拥有者传递到知识需求者,即从隐性知识势能高的地方传到势能低的地方。一般而言,传导方式是单向的隐性知识交流,知识拥有者是主动的传播方,知识需求者是被动的接收方。例如:新手对专家进行直接观察,观察者通过在实践中观察可以发现哪些可以做、哪些不可以做。

2. 对流方式

对流方式是依靠视频、语音、社交网络、多媒体共享工具等实现隐性知识交流的方式,对流方式是双向的隐性知识交流。一般而言,这种方式是双向的过程,知识拥有者是主动方,知识接受者是被动方,但是既可被动接受,又可主动提问。例如:知识拥有者通过隐喻和讲解,隐性知识需求者利用亲身观察、模仿、听讲和提问等方法进行隐性知识交流,在隐性知识供需双方的互动过程中,隐性知识拥有者提升对隐性知识的把握程度,而隐性知识需求者获取所需隐性知识。

3. 辐射方式

辐射方式是知识拥有者借助社交媒介等方式,将隐性知识从自身通过社会网络传递给其他知识需求者的过程。一般而言,这种方式是 $1:N$ 的关系,1 是指知识拥有者,N 是指知识需求者。知识拥有者是主动方,知识需求者是被动方。例如:通过知识论坛等,论坛负责人将其掌握的隐性知识传递到需求者那里。

4. 蒸发方式

蒸发方式是指网络成员通过交流沟通,其各自的隐性知识升华的过程,参与交流沟通的主体增加了各自的隐性知识。一般而言,这种方式是 $N:M$ 的关系,N 和 M 分别指知识拥有者和知识需求者。在这一方式中,知识拥有者和知识需求者的角色是可以互换的,因此,知识拥有者和知识需求者分别在不同情况下处于被动和主动状态。例如:成员在执行任务的过程中通过观察彼此的活动来获取和提升隐性知识的含量及质量；通过模仿和对比，成员在不同环境中观察不同的人及对比不同的结果来交流隐性知识，成员通过共同努力来尝试解决某一问题等来交流隐性知识，如图 3-3 所示。

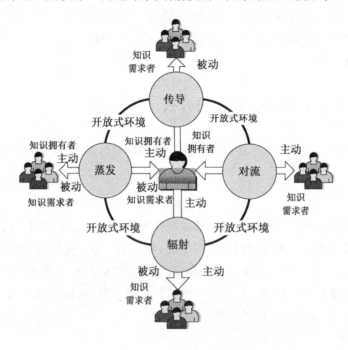

图 3-3　社会网络中隐性知识交流的方式

3.4.3　模型构建

为了便于隐性知识交流，需要构建高质量的社会网络环境，这就需要营造开放、信任、活跃、便捷、随意等的社会网络环境，便于网络成员可以突破个体及网络边际、社群、关系圈、非正式关系等的限制，为了突破限制，还可以引入实践网络社群，其是由非正式的社会网络成员自主选择的群体构成，网络社群中成员之间有共同关心的事情、问题或者对某一主题或话题感兴趣，在实践网络社群中，成员通过不同的交流方式来深化或升华对某一特定领域的隐性知识的领悟和理解。实践网络社群促进网络成员和专家之间社交性和非正式的沟通；有利于促进集体智能，提供有利于知识创新的头脑风暴平台；使个体隐性知识显性化；减少隐性知识交流的时间和精力。

在社会层面上，网络实践社群使网络成员能够遇到与自己兴趣及想法相近、价值观等相似的其他成员，这会为网络成员提供一种身份认同感、归宿感、信任及信心等，进而通过沟通交流、隐性知识的获取或增加等为成员提供不断优化的隐性知识交流平台。在个体层面上，实践网络社群可以直接帮助成员快速解决问题，发展成员的职业技能，传递最佳范例,开发个人潜能及兴趣爱好,通过成员的交流互动,还可以使得成员有助于对自身的实践活动进行反思,允许成员摆脱自身的现实角色去思考,从而突破自身的局限。

通过网络成员的互动交流将隐性知识嵌入实践网络社群中,不同成员的隐性知识都与其观念、经验和最佳实践有关,而这些隐性知识的拥有者通过或强或弱的社会关系联系在一起,而这些社会关联融入了隐性知识,并将隐性知识紧密融合起来,由于社会关系和认知结构的联系错综复杂,其他的竞争者难以模仿,这就形成了个体竞争优势的潜在来源,隐性知识比显性知识更具有价值,因为它难以被竞争对手模仿。隐性知识是独一无二的,它的价值取决于获得竞争优势而做的潜在贡献。隐性知识和记忆中概念之间的微妙关系,隐性知识的关联结构被定义为隐性知识是如何相互关联的,而通过采用不同专业技术,可以获取社会网络成员的隐性知识。社会网络包括不同的工具来促进隐性知识交流,这些工具包括博客、维基、播客、视频播放、社交网络、社会书签、多媒体共享工具、RSS 等。

通过以上分析社会网络中隐性知识交流的要素、交流的方式及实践网络社群等,设计了基于社会网络的隐性知识交流模型,如图 3-4 所示。

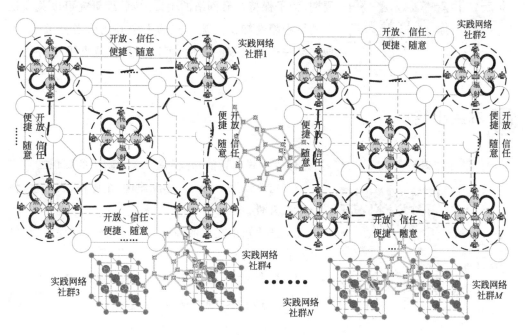

图 3-4　基于社会网络的隐性知识交流模型

在社会网络中,可以通过任务、事件或者话题导向将网络成员连接起来,在处理网络成员关系的时候,可以采用社群协调者的方式,协调网络成员中人与人之间的关系,增进开放、互信和便捷,促进沟通与交流,进而推动隐性知识的潜移默化。本书从隐性知识入手,以隐性知识的分类及特点基础,针对社会网络中隐性知识的障碍类型,设计隐性知识交流的方式,并构建了社会网络中隐性知识交流的模型。

此外,实践网络社群中边界是动态的,具有可渗透性,这是基于社群资源的选择,以便适应不同的动态环境,这是基于权变理论的视角。社会网络中实践网络社群的形成是以资源为基础的,通过网络边界及环境的变化可以促进网络中嵌入的隐性知识资源的配置优化,而隐性知识资源的配置优化又促进了实践网络社群的凝聚力和吸引力,以及社群边界的不断发展。

本模型绝不是一个涵盖了所有社会网络中隐性知识交流影响因素的复杂框架,这仅仅是在文献分析基础上,对隐性知识交流问题的进一步探索。另外,图3-4隐含的观点是:社会网络成员在社会网络中,由于其不受利益竞争、权力斗争、正式组织规则等的控制和影响,社会网络成员可以开诚布公地交流隐性知识。社会网络中隐性知识的交流可以作为个体形成竞争优势的来源之一,进而获得满足感、自我实现感或者身份认同感等。

案 例

需要指出的是,社会网络中的思想领袖、隐性知识的中坚力量、隐性知识交流的主体如果出现衰退或者迁徙,其所在的社会网络也就走向衰落。社会网络也具有生命周期,为了保持社会网络的生命力,后续研究可以关注社会网络中隐性知识交流节点的去中心化或者分散化,以便在某一中心出现问题后,可以由其他节点平稳替代或者补充。

🎯 本章小结

1. 隐性知识是未以文字、符号、图像等方式表达的,并存在于人大脑中的知识。

即练即测

2. 隐性知识的特点:非陈述性、个体性、实践性、情境性、交互性。

3. 隐性知识交流的障碍:行为障碍、过程障碍、结构障碍、文化障碍。

4. 社会网络中隐性知识交流障碍的具体类型:传导方式、对流方式、辐射方式、蒸发方式。

🍃 回顾性问题

1. 什么是隐性知识?请说明隐性知识和显性知识的区别?
2. 请论述隐性知识的类型和特点。
3. 请简述社会网络中隐性知识的障碍。
4. 请论述社会网络中隐性知识交流的要素和方式。

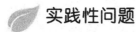 讨论性问题

1. 请举例说明你是如何了解显性知识和隐性知识的。
2. 请谈谈你如何理解隐性知识交流中存在的障碍以及如何消除这些障碍。
3. 请谈谈你对社会网络中隐性知识交流的认识和理解。

实践性问题

1. 请结合某一社会网络具体实例,分析如何进行隐性知识的交流。
2. 请针对隐性知识交流中的不同方式,寻找生活、学习中的实例进行验证和支持。

第 4 章

知识获取与收集

现今时代创新的要求使得企业更加注重知识获取与收集。企业面临的竞争环境已经发生了巨大的变化,客户需求的多样化和个性化,技术特别是信息技术、生物技术等突飞猛进,经济全球化的时代已经到来。为了赢得客户,满足客户多样化、个性化的需求,面对来自全球的激烈竞争,持续不断地推出新产品已经成为企业获取竞争优势的重要手段。这就要求企业必须持续不断地开发新产品,即进行产品创新、技术创新。因此,企业对创新资源的需求日益迫切。那些在全球竞争环境中获胜的公司,拥有快速产品创新和整合其内外部知识资源的管理能力。创新本身就是企业通过整合内部和外部的知识、技术资源而进行的知识创造。

知识是离散的、默会的,甚至具有专业性,这些特性决定了知识获取与收集是企业必然的组织行为,而且企业不仅仅是内部获取,还必须有外部获取。知识的这些特性决定了新产品开发需要通过各领域专家的共同协作和努力,而且需要他们以团队的形式合作共同参与新产品开发活动。然而,市场的快速变化,导致企业很难完全配置其发展所需要的各类专家和技术人员。企业必须通过与外部环境不断地沟通和交换才能获得生存与发展。企业可以通过建立有效的社会联系网络来帮助企业实现内部能力与外部知识资源的良性互动。对创新来说,外部知识资源常常是创新成败的关键,知识获取与收集越来越成为创新成功的关键。因此,企业创建这种环境的管理机制,就是整合内外职能,使其共同参与到新产品开发活动中来,促进知识获取与收集的发生。

4.1 知识获取与收集研究的理论基础

4.1.1 知识获取与收集研究理论

丁宝军认为,知识获取与收集研究的理论基础主要有企业知识理论和组织学习理论。

1. 企业知识理论

企业知识理论是近几年在探究企业竞争优势根源的过程中,逐渐发展起来的一种新的企业理论,是对资源基础理论和能力理论的发展。Rumelt、Wernerfelt 和 Barney 等共同建立了企业资源基础理论,他们认为企业是一系列资源组成的集合体,企业的竞争优势来自其所掌握的不同的资源和能力。然而,并非所有的资源都可以成为企业竞争优势的源泉,因为在竞争较为充分的市场上,资源是可以通过市场交易获得的。Priem 和 Bulter 也对资源基础理论提出质疑,因为静态资源如果离开了人这一要素,任何资源的有效组合是不可能形成实际生产力的。因此,企业竞争优势的深层原因是其资源背后的企业配置、开发和保护资源的能力,企业能力理论由此而生。能力理论认为决定企业竞争优势的是企业有机组合其所拥有的各种资源、技术和技能,企业中的人决定了物质资源发挥作用的程度。然而,究竟是什么决定了企业配置、开发和保护资源的能力? 研究表明,决定企业能力的是企业所掌握的知识,特别是隐性知识。企业能力本身就具有知识的专有性,企业形成的专业化就是一种组织能力和知识。企业的竞争优势源自知识的不对称性和由此导致的企业能力的差异,即企业在其经营生产过程中不断形成和积累的知识的差异性导致了企业的竞争优势。随着人们对企业知识重要性认识越来越清晰,企业知识理论逐渐发展起来。

首先,企业知识理论强调了知识是企业的核心资源,企业成长的过程是一个动态的知识积累和创新过程,在这个过程中,企业不断地获取、积累、应用知识并实现知识创新。企业知识理论认为企业是知识的储存所。企业将分散的个人知识整合为企业知识,然后将企业知识转化为产品或服务。企业通过不断获取外部知识来构建新的知识结构,并将内外部知识快速整合、应用、转化为组织能力,这种能力就是企业实现知识创新的能力。

企业知识理论认为揭示企业培育竞争优势的内在机理存在于企业获取和应用知识的方式上,例如:知识的获取是怎样发生的。在知识获取与收集方面,企业知识理论认为企业是一个开发系统,企业必须通过与外部环境不断地沟通和交换才能获得生存与发展。企业有效的社会联系有助于促进企业内部能力与外部能力的良性互动,即企业必须不断地吸收外部知识来培育并发展其竞争优势。对创新来说,外部知识资源常常是成败的关键。获取外部知识的能力是构成创新能力的关键因素之一。同时,从知识管理的流程来看,企业知识理论对知识的获取、保持、转移做出了准确阐述。对于知识获取,企业知识理论认为知识积累不仅能够增强获取新知识的能力,而且能增强利用知识的能力。在知识保持方面,企业知识理论认为企业新的经营机会既可能来自企业内部,也可能来自企业外部,企业必须实现技术知识的跨时间保持。知识的共享研究重点揭示了显性知识与隐性知识的转换。企业知识理论认为隐性知识是高度个人化的,而且根植于行动之中。学习者只有通过观察、模仿以及潜移默化的实践活动来学习。知识转移的研究强调了企业将其内部成功的做法通过"惯例化"转移到其他部门以此来增进知识在企业内的应用。为了有效实现这些,企业必须开发企业内部各职能部门的学习能力,培育职能间的密切关系以及系统地交流和理解知识就显得格外重要。

同时,企业知识理论从知识的特性出发,提出了企业必须培育促进知识共享和转移的环境。知识是离散分布的、默会的,甚至是专业化的,知识这些特性决定了企业的任务是在拥有不同专业领域知识的各类专家、工程师、专业人士等的共同协作、共同努力下完成的。而且,知识是天然依附于组织成员的,特别是隐性知识,企业的根本任务就成了协调各专业人员,并促进他们之间的互动与协作。这就要求企业必须创建并维护能够促进员工间知识交流、转移和共享的环境,使得不同专业知识背景的员工能够发挥各自的专业知识。

综上所述,企业知识理论将企业视作知识仓库,知识是企业获取竞争优势的核心资源,知识的获取和应用是企业培育竞争优势的关键。企业必须培育促进知识获取、共享的环境。通过知识获取和应用,企业不断地推出新产品。而且,在新产品开发过程中,不断地发生干中学和用中学,促进内外部知识的融合。

2. 组织学习理论

组织学习虽然很早就被 March 和 Simon 于 1958 年提出了,20 世纪 90 年代被我国学者引入,但是,由于研究视角不同,学者们对组织学习的概念界定不尽相同。归纳起来,可以大致区分为三类:系统行为观、信息(知识)加工观和社会互动观。

(1) 系统行为观把组织看作一个系统,认为组织学习就是组织对外部环境的反应。具有代表性的是阿吉利斯(Argyris)、熊恩(Schon),他们认为组织为了促进长期绩效和生存发展,在对外部环境变化做出反应的过程中,组织就会通过正式或非正式的人际互动来调整其价值观、行为和结构安排。因此,组织学习是组织诊断和改正错误的过程,在这一过程中包含了对组织规范、政策与目标的修正。这就要求组织要具有观察内部或外部环境、评估及产生行动的能力。在对外部环境观察的基础上,为了提高组织适应外部环境的能力,组织成员要积极主动地利用相关资源与信息来规划自身行为。因为外部环境的变迁,组织还会审视现有的组织行为,进而形成新的组织规范来指导组织行为,例如:从直接经验学习,从他人经验学习和向典范学习等。因此,组织学习也是组织对自身观念与行为的改善,而且改善离不开具体的组织环境。Slater 和 Narver 认为组织学习包括在环境条件下的调适性学习和质疑既有目标、客户、能力的产生性学习。基于创新,陈国权和马萌(2000)认为组织学习是组织的创新过程,在这个过程中,组织为适应不断变化的外部环境而不断努力改变或者重新设计自身。可见,系统行为观把组织学习看作组织的整体性行为,是组织对外部环境的反应(改善、提升),但是这些研究未能涉及组织内部微观的学习过程。

(2) 信息(知识)加工观认为组织学习是企业为保持竞争优势和创新能力,持续地进行内外部信息交流,并不断改变自己以适应外部环境变化的过程,其中最主要的活动是对知识和信息的获取、整合与应用。组织成员在执行任务过程中获取组织内部、外部的信息、知识并存储、传播、应用,融入组织原有的知识中去的一系列活动就构成了组织学习。组织对外部环境的适应性反应实际上就是组织对自身行为的改善与提升,而且这种改善、提升是建立在信息与知识的基础上的。组织学习是组织通过获得的知识和观念来修正其行为与行动的过程,而且这个过程带有反馈机制,这个过程最大的特点就是信息、知识共享。这就将组织学习与知识链接在一起了。基于知识流程视角,Hurber 指出组织学习是组织成员通过应用所获得的信息、知识从而导致其潜在行为发生变化的过程。当组织的任何一个组成部分获得了信息、知识,并且该信息、知识可以被组织成员利用时,就意味着组织学习发生了。因此,组织学习的过程包含知识获取、知识扩散、知识解释以及组织记忆四个部分。同样,Helleloid 和 Simonin 也将组织学习区分为知识获取、知识处理、知识存储和知识提取过程。基于能力视角,Nonaka 和 Takeuchi 认为组织学习可被看作一个企业促进知识创新或知识的获得并使之传播于全组织,体现在产品、服务和体系上的能力。Dodgson 的定义综合了上述观点,他认为组织学习是企业围绕自己的经营活动和企业文化,构建知识体系,补充知识技能及组织例行公事的一种方式,是组织通过广泛运用员工所掌握的各项技能,从而发展组织能力的一种方式。组织学习既包括直接的学习行为(如研发、正规的教育和培训),也包括组织获取、处理、共享和储存信息(知识)的方法。信息、知识加工观继承了组织学习的目的性,并进一步揭示了组织改善、提升组织行为的过程,这一过程就是对信息、知识的获取、共享与应用。

(3) 社会互动观强调了组织学习过程中组织成员之间的互动。因为人是学习的主体,只有通过个人的学习行为组织才能学习,虽然个人学习并不能保证整个组织也在学习,但是如果没有个人学习的话,组织学习将无从开始。组织成员在组织中不断扩展他们所需要的能力,不断培养新的思考方式、激发群体智慧。组织学习就是组织中个体间的正式或非正式的团体探索和实践过程,是组织中许多个体共同进行的集体学习现象。将个人学习上升到组织的层面,即知识在组织中传播并被其他组织成员分享时,就发生了组织学习。

整合了系统行为观、信息(知识)加工观、社会互动观,Kim 认为组织学习是环境、个人与组织相互作用和影响,促使个体知识向组织知识转化的过程。赵修卫指出组织学习是企业为了提高创新能力和竞争优势,将个人学习有机地结合为集体学习,使得个人知识融合为企业的共有知识,进而一体化为企业的整体知识和能力。于海波等在其组织学习整合模型中指出组织学习是组织为了实现自己的愿景或适应环境的变化,在个体、团队、组织层和组织间进行的、不断产生和获得新的知识和行为,并对其进行解释、整合和制度化的循环上升的互动过程;组织学习行为的发生都需要某些内部条件和管理实践活动来推动组织学习,促进组织学习;组织学习可以改善组织的共同观念和行为,进而提高组织的绩效。

虽然学者们的研究视角不同,但关于组织学习有以下共同点:第一,组织学习的目的在于适应不断变化的外部环境、改善组织绩效、增强组织的核心竞争力。第二,组织学习的内容是围绕组织发展所需获取的信息、知识和技能。第三,组织学习的主体不仅仅是个人,更是组织中的团队和整个组织。第四,组织学习是将个体知识向组织知识转化的过程。

4.1.2 知识获取与收集的研究视角

学者陈羽通过分析学者们对知识获取与收集的研究,发现学者们对知识获取与收集的研究视角存在很大差异,其中最主要的有对知识获取方式和途径的研究以及对获取到的知识内容的研究两个不同的侧重点。

1. 过程观下的知识获取与收集:基于获取方式和途径视角

基于过程视角,知识获取与收集是指以某种特定的形式获取知识的过程,其目标是研究能够促进知识获取与收集的路径机制和模式,即探讨在知识获取与收集过程中,需要采用何种方式和途径,促进知识获取与收集的可得性和可实现性,以及提高知识获取与收集的效率。知识获取与收集起源于计算机人工智能领域,就是研究知识流从外部知识源到计算机内部的转化过程,即如何将问题求解型知识从专家头脑或者其他知识源中提取出来,并以合适的表示方法转移传递到计算机中。

后续许多学者把上述定义移植到企业知识管理过程中,研究企业组织如何对内外部知识进行获取与收集,其研究发展脉络都是延续了对于获取过程的关注,一些学者对企业获取外部知识的方式和途径进行了研究。Zhao 提出可以通过跨组织合作、市场和价值链、企业内部几个途径获取技术知识。Souitaris 把组织获取外部环境知识的方式划分为两大类:第一类是扫描,例如通过使用互联网和科学出版物、专利数据库和技术报告、参加会议和展览及使用逆向工程等方式。第二类是通过建立与外部的合作从而获得知识。还有学者指出观察也是一种寻找知识创新来源的重要机制。李文元和梅强认为,外部知识获取与收集途径主要由消费者、竞争对手、关系网络和制度组成,这些各种来源的信息都需要经过企业严密监控,因此需要建立有效的企业信息情报系统,用以充分了解外部环境发展和趋势信息的各种来源与程序。而获取的方式除上面提到的实时监控外部环境之外,还有集中讨论或绩效考核等方式。同时他认为组织不仅要持续有意识有目标地搜集外部知识,也要对偶然获取的知识给予足够关注。

对已有的过程观的知识获取研究,其提高知识获取与收集效率的路径和机制主要有以下方面观点:第一,内部知识获取与收集和外部知识获取与收集存在很强的相互作用,组织需要同时收集内部和外部知识,两者同时进行和相互促进。第二,知识特性对知识获取与收集有重要影响,知识的显性和隐性直接影响到知识获取与收集的速度和效率,隐性知识转移的过程通常比显性知识需要花费更多的时间和人力物力成本,会遇到更多的障碍,因此知识获取与收集的难点在于隐性知识如何获取与收集。隐性知识通常被认为需要面对面的沟通和交流,采用共同的实践和象征隐喻等手段才能有效地获取与收集。第三,从组织学习和吸收能力的角度,探讨促进外部知识获取与收集的影响要素。对知识拥有者而言,他们所拥有的可转移知识流的总量首先非常重要,但是同样重要的是其知识转移的意愿和传送能力。许多学者从包括信任、关系、承诺等方面,去测量和研究如何提高知识获取与收集过程双方的合作意愿。对知识拥有者而言,需要通过适当的方式对知识进行编码,确保知识接受方能理解和接受需要进行转移的知识,这种能力构成了知识的传送能力。对知识接受方而言,是否具有相当的学习意图和吸收能力对知识获取非常重要。

总体而言,由于知识在很大程度上会呈现出内隐性,进行充分的知识获取与收集是非常困难的,因而知识获取与收集是一种需要经过周密规划、设计和执行的组织学习行为。李文元和梅强提出了要注意知识获取与收集的策略性,即为了提高组织学习的效果和效率,企业必须进行相应的策略调整,例如通过倡导学习的组织文化和制定明确的组织学习战略等途径。

2. 基于知识获取内容的知识获取与收集

关注知识获取内容的知识获取与收集研究,通常主要考察知识获取与收集的程度、知识获取与收集的数量、知识共享的质量等方面。例如 Lyles 和 Salk 的研究把知识获取与收集定义为从国外伙伴那里获取各种知识的程度,如获取到新技术知识、获取到新市场知识、获取到产品开发技能等。此外,还有许多学者关注知识获取与收集的技术实现方法,例如利用业务流程技术获取企业过程性知识的方法、获取组织知识的小组支持系统框架,以及解决知识获取瓶颈的集成化方法等。

4.2　知识获取与收集的含义、作用与模式

4.2.1　知识获取与收集的含义

1. 知识获取的定义

有学者将知识获取概念分为广义和狭义两种。广义的知识获取指企业从内部和外部两个途径获取知识。从外部获取知识指通过各种方式和途径如业务往来、合作项目、信息沟通等方式获得企业外部知识。从内部获取知识指企业通过自身研发、组织学习、员工培训等开发企业内部知识。企业内部知识获取与收集通常被称为内部"知识创造"或"知识生产"。狭义的知识获取通常仅指企业从外部获取知识,而不指从内部研发和创造知识。企业从外部获取所需要的知识,是企业通过与外部网络关系的互动,对有利于企业成长和发展的相关知识的有效取得、理解和应用。知识获取不是一个单一孤立的已完成动作,而是与知识的理解和应用紧密相连的一系列动态过程。

组织学习理论认为组织学习是企业获取、传播、应用知识的一种行为,其中外部知识获取和内部知识获取是两个重要的过程。由于今天的企业竞争,仅从内部获取知识已经不能适应市场快速变化的需要,获取外部知识引起了众多学者的注意。获取外部知识是企业从合作企业那里获得关于市场、技术和管理方面的知识,这些知识对企业来说是互

补的、异质的和有价值的。强调外部获取的学者们认为知识获取与收集意味着组织凭借过去的经验,不断监控外界变化,自外界引进技术以获取学习所需要的知识。Norman 从联盟、合作背景出发,提出知识获取使合作企业在合作期间获得相关知识和技能。王立生从制造业角度出发定义知识获取是制造型企业在与客户企业来往过程中对相关知识的获取、理解和应用。周玉泉、李垣提出获取外部知识主要是指企业通过外部学习从客户、供应商、竞争对手以及各种合作伙伴等外部关系中获取新的知识。朱桂龙和李汝航区分了三类获取外部知识的方式:直接的外部知识获取;与外部组织的合作;人才流动。

此外,一些研究从知识的流动过程,把内部的知识获取称为"内部知识共享"。李纲和刘益提出内部知识共享是企业内成员间通过各种沟通媒介和交流方式来相互转移知识的活动。丁宝军认为知识获取与知识共享两者的含义相当接近,都是指不同组织或个人通过外化、分享产生对组织更有价值的知识。Nonaka 和 Takeuchi 指出知识的获取是通过社会互动完成的,企业员工是这个过程中的主体,因此,不论是个体还是组织层面,个体是知识,特别是隐性知识的天然载体,员工(个体)也是组织内部创新的实施者,知识获取既可能发生在个体层面,也可能发生在个体之间、个体与组织之间或组织之间。

本书认同 GB/T23703 中对于知识获取的定义,知识获取是对组织内部已经存在的知识进行整理积累或从外部获取现有知识的过程。知识获取包括组织和个人的知识整理及获取活动,是组织或个人知识的来源。知识获取的本质在于知识量的积累。对组织来说,知识获取应该收集整理多方面的知识,并使沉淀下来的知识具有再利用的价值。同时,还可以通过兼并、收购、购买等方式直接在某个领域突破知识的原始积累获取所需要的知识,或有针对性地引入相应人才。

2. 知识收集定义

知识收集是指通过适当的方法、途径和工具,将知识聚集在一起的过程。例如,可以通过电脑、手机、知识管理软件等将知识收集起来,并且可以分类汇总。任何人都有收集知识的需求,例如,通过收集很多新闻事件、评论、分析报告,作为自己学习、工作和研讨的素材。为了让收集的资料有用,首先我们不能只是收集死资料,而要让自己参与到资料当中,这包含了:对资料做批注、划重点、整合相关数据、作目的性分类整理等。对知识工作者来说,知识收集不是偶尔为之,而是一个长期持续的习惯,这有助于面向未来性的需求,不断地收集、内化、整理自己的知识库,从而在遇到突发情况和问题时,能够立刻在自己的知识库中找出所需知识来完成行动。

3. 知识获取与收集的方法

知识获取与收集的方法分为主动式和被动式两大类。主动式知识获取与收集也称为知识的直接获取与收集,是知识处理系统根据该领域专家给出的数据与资料,利用诸如归纳程序之类的工具软件直接自动获取或产生知识并装入知识库。被动式知识获取与收集亦称为知识的间接获取,往往是间接通过一个中介人并采用知识编辑器之类的工具,把知识传授给知识处理系统。开展这一活动的方法包括知识搜索、知识购买、知识分类和编码(就是在对知识进行调研的基础上,采用各种分类法对知识进行分类,得到知识分类体系,在此基础上对知识进行编码,有时也可以开发相应的计算机辅助分类编码系统,用于知识交流和共享)、知识整理(是对组织内外部的知识进行整理)。知识获取与收集中的信息一般来源于书本中的已有知识、专家知识,或者是存在于某个领域、某个组织中的知识集合。知识获取与收集一般从确定目标开始,在知识管理专业人员和一个或多个领域专家的密切配合下完成知识获取与收集活动,最终形成满足组织需求的知识。

总之,知识获取与收集强调对存在于组织内部已有知识的整理和/或外部已有知识的获取与收集,其目标是对隐性知识和显性知识的学习、理解、认识、选择、整理、汇集、分类,满足组织业务对知识的需求。知识获取与收集的内容包括:对组织内部知识进行梳理、分类、汇总;从客户、竞争对手、供应商、合作伙伴、公开知识源获得知识;通过兼并、收购、购买等方式直接在某个领域获取所需要的知识,或有针对性地引入相应人才。

4.2.2　知识获取与收集的作用

在知识经济时代,知识和科学技术的发展明显加快,信息流动的量和速度显著加大,创新风险和创新成本大大增加。很多时候企业单单依靠自身的内部知识创造已经跟不上外部知识和技术的变化,尤其是新创企业的创业期资金占用较大,如果只靠企业内部开发知识,则企业创新投入和创新风险愈加增大。

企业知识获取与收集可以提高企业创新绩效。从外部引进知识可以形成创新,企业与外部关系网络互动,能够使企业快速感知新技术的发展趋势和新市场的需求趋势,把握外部新的信息流动,形成知识信息的"新组合",形成创新想法,引领新产品和新服务,提高创新效率。因而,有效地获取与收集知识对企业创新绩效有重要意义。现在,很多有实力的大型组织也意识到知识获取与收集的重要性,积极寻求有价值的知识资源,推进自身的创新。许多学者指出,对知识资源的利用是显著的全球性的趋势。尤其是对于新创企业更是如此。新创企业的内部资源薄弱,新进入的市场空间有限,此时更需要从获取知识资源,快速形成自身的技术和市场优势,特别是在关键技术、管理理念和企业文化等方面,新创企业往往落后成熟企业很多,若无法解决"合法性缺乏"和"新进入缺陷"等问题,则新创企业很难与较强实力的已成熟企业抗衡,甚至生存也会成为严重的问题。因此,获取知识资源是企业提高生存能力、摆脱资源瓶颈、实现创新发展的主要任务。很多企业在自身资源基础并不雄厚的条件下,卓有成效地实施知识资源获取的战略,使自身很快把握了市场的方向和需求,形成自身的核心竞争力,在与强大竞争对手的激烈竞争中取得了成功。

4.2.3　知识获取与收集的模式

1．外部知识来源角度

从外部知识的来源上分,知识获取与收集的模式可以分为内部模式、外部模式和准外部模式三类。内部模式包括人才招聘、培训、人力资本和研发;外部模式包括市场购买、技术扫描、技术援助等;准外部模式,是指通过企业间合作的方式进行知识的获取,兼具内部模式和外部模式,如产学研合作模式。

2．知识属性角度

从知识属性的角度分,知识获取与收集模式可以分为隐性知识获取模式和显性知识获取模式两类。隐性知识获取与收集模式通常有人际子模式、场子模式、螺旋迭代子模式。李景峰认为各种情景、媒介等"场",是企业知识网络拓扑结构的交换中心,场中的各知识主体互为服务器与客户机,每个知识主体都可成为知识的提供者和获取者。显性获取模式通过采用知识工程等显性化的手段,利用信息技术,从外部知识源中智能性识别和筛选所需要的显性化知识。

3．动力机制角度

从知识获取与收集的动力机制上可以分为"推动式"和"拉动式"两种知识获取模式。假如知识获取方在信息和技术等方面占有绝对的优势,知识提供方为了获得竞争优势,则会主动地分享企业内部的知识,即外部知识"推动式"获取。相反,若知识获取方作为技术守门员的角色出现,则会有目的和有选择地与某些知识提供方建立合作关系,从而实现对外部知识的"拉动式"获取。

知识获取与收集主体不仅要依据具体情景,同时也要根据具体知识内容、性质、类型、来源等选择恰当的知识获取模式。此外,单一的知识获取与收集模式难以全面准确获取外部知识,因此,在知识获取与收集过程中,需要将多种模式整合在一起系统性地进行知识获取与收集。

4.3　知识获取与收集的过程和步骤

4.3.1　知识获取与收集的过程

知识获取与收集是一个序贯过程,是企业从外部环境中寻求各种对企业有用的价值知识,通过对所发现的知识进行价值评估和辨析后有选择地接受某些特定知识,并结合企业原有知识进行创新的过程。

从知识转移的视角出发,知识获取是通过对外部知识源的识别,借助各种获取途径和方法,按照达到预设设定的知识需求匹配结果,最终获取目标知识的一种螺旋式上升的过程。因此,知识获取过程具有动态性,所吸收的知识在企业内部或企业间进行传递、共享及应用,引发新的知识获取活动的产生。

4.3.2　知识获取与收集的步骤

知识获取与收集过程是多个步骤相互连接、反复进行人机交互的过程。包括:(1)学习某个应用领域:包括应用中的预先知识和目标;(2)建立目标数据集:选择一个数据集或在多个数据集的子集上聚焦;(3)数据预处理:一般包括消除噪声、推导计算确值数据、消除重复记录,去除无关数据、考虑时间顺序和数据变化、完成数据类型转换等;(4)数据转换:削减数据维数或降维,从初始特征中找出真正有用的特征以减少数据开采时要考虑的特征或变量个数;用维变换或转换方法减少有效变量的数目或找到数据的不变式;(5)选定数据挖掘功能:决定数据挖掘目的;(6)选定数据挖掘算法:用 KDD 过程中的准则,选择某个特定数据挖掘算法(如汇总、分类、回归、聚类等)用于搜索数据中的模式;(7)数据挖掘:搜索或产生一个特定的感兴趣的模式或一个特定的数据集;(8)解释/评价:数据挖掘阶段发现出来的模式,经过用户或机器的评价,可能存在冗余或无关的模式,需要剔除;也有可能模式不满足用户的要求,需要退回到整个发现阶段之前,重新进行 KDD 过程;(9)发现知识:把这些知识结合到运行系统中,获得这些知识的作用或证明这些知识。用预先、可信的知识检查和解决知识中可能的矛盾。

4.4　知识获取与收集的途径

知识获取与收集分主动式和被动式两大类:主动式知识获取与收集是知识处理系统根据领域专家给出的数据与资料,利用诸如归纳程序之类软件工具直接自动获取或产生知识,并装入知识库中,所以也称知识的直接获取与收集。被动式知识获取与收集是间接通过一个中介人并采用知识编辑器之类的工具,把知识传授给知识处理系统,所以亦称知识的间接获取与收集。

按知识处理系统获取知识的工作方式,可以分成交互式和自主式两种。按知识获取的策略或机理,可分为死记硬背式获取、条件反射式知识获取、类比学习、教学式(或传授式)知识获取、指点传授学习与演绎式知识获取、归纳式知识获取、解释式知识获取、猜想证实式知识获取、反馈修正式知识获取、类比和联想式知识获取、外延式知识获取等。根据获取内容形式的不同,知识获取与收集可以分为显性知识获取与收集、隐性知识获取与收集和整体知识获取与收集。

本书依据获取内容形式的不同进行重点介绍。

4.4.1 显性知识获取与收集的途径

如前所述,显性知识是可以用语言、文字、图形等表现出来,能够写在纸上,可以编码、数据库化的知识。显性知识相对是容易获得、容易理解、能够交流的知识,是存在于组织内外的结构化信息资源。显性知识获取与收集就是针对待解决的问题寻找和识别与之相关的关键性信息,并将这些信息进行提取,以为形成解决方案或决策提供依据。

1. 个人显性知识获取与收集的途径

对个人来说,获取知识的过程就是学习的过程。个人获取知识与收集的途径如下。

其一,通过学校教育,可以系统地、完整地、正规地获取知识。教育是知识生产的产业,学校是个人获取知识最佳亦是最重要的场所。

其二,通过计算机网络获取知识。目前,全球网络已经成为史无前例的最大机器,数字化、网络化程度越来越强,各种专用数据库、特色数据库成千上万,其中囊括了各行各业形形色色的知识,并且大多数数据库都以网络化形式存在,全球网、局域网等应有尽有。利用这些数据库网络可以进行任何事物、任何主题知识的特定检索或专题检索。

其三,数据挖掘技术是知识获取的常用工具,这是从"大量不完全的、有噪声的、模糊的或随机的数据中提取人们事先不知道的但又是有用的信息和知识"。数据挖掘是知识发现的核心部分,是采用机器学习、统计等方法进行知识学习的阶段。

其四,通过成果转让获取知识。知识转化为科技成果之后,成果转让也是他人获取知识的常用方法。

其五,利用现代化传播手段,也是知识获得的途径之一。

其六,利用搜索引擎获取知识。搜索引擎能够提供知识存放方位,并且能根据用户提供的关键词进行模糊搜索,可以十分方便地获取所需知识。

其七,充分利用图书馆文献信息资源获取知识。

2. 企业显性知识获取与收集的途径

知识管理是企业的一项基本工作,可利用的主要方法有资料采购、数据访问、分布式搜索、智能代理、数据挖掘、许可协议、营销与销售协议等。

(1) 资料采购

图书资料、数据库的采购是获取显性知识最常用的方法。企业或企业部门大都建有图书馆或资料室,每年花一定数量的投资来购买相关图书资料和数据库。这些资料和数据库成为组织员工获取与收集显性知识最重要的来源。

(2) 数据访问

随着企业信息化水平的不断提高,许多组织十分重视电子资源的开发利用,购买了国内外一些商用数据库的使用权,员工可以通过内部网或授权访问这些数据。很多企业都建立了自己的门户网站,在这些门户网站上,企业可以提供一些自己开发的信息资源,比如操作流程、产品名录、员工通讯录等。通过访问组织内外的数据库资源,员工可以及时获取相关知识或信息。

（3）数据挖掘

数据挖掘是指从大量的、不完全的、模糊的、随机的数据中揭示出隐含的、先前未知的并有潜在价值的信息和知识的过程。数据挖掘技术可以通过对案例库中的实例进行学习,自动从实例中获取知识并将其存放于知识库中。它具有数据总结、数据分类、数据聚类、关联规则四种功能。通过数据挖掘工具,用户可以从凌乱的数据中获取有用的知识。这些知识包括以下几种：广义型知识,反映同类事物共同性质的知识；特征型知识,反映事物各方面的特征知识；差异型知识,反映不同事物之间属性差别的知识；关联型知识,反映事物之间依赖或关联的知识；预测型知识,根据历史的和当前的数据推测未来数据；偏离型知识,揭示事物偏离常规的异常现象。所有这些知识都可以在不同的概念层次上被发现,从微观到中观再到宏观,以满足不同用户、不同层次决策的需要。

（4）网络搜索

由于企业员工需要的知识不限于本组织所拥有的数据,而是更希望能够了解和收集国内外相关信息,这时员工可以利用互联网和分布式搜索工具来对网上信息进行开放式搜索,然后从中提取需要的知识。一方面,互联网上海量的信息为员工获取与收集相关显性知识提供了资源保障；另一方面,各种搜索工具的出现使网络搜索变得简单易行。

网络搜索引擎基本上可分为以下三类。

一是目录式搜索引擎,它是以人工方式搜集、编辑信息,形成信息摘要,并将信息置于事先确定的分类框架中。信息大多面向网站,提供目录浏览服务和直接检索服务。目录索引虽然有搜索功能,但在严格意义上算不上是真正的搜索引擎,仅仅是按目录分类的网站链接列表而已。用户完全可以不用进行关键词查询,仅靠分类目录也可找到需要的信息,最具代表性的是雅虎、搜狐、新浪、网易搜索等。

二是全文式搜索引擎,它是通过从互联网上提取的各个网站的信息而建立的数据库,由机器人程序以某种策略自动地在互联网中搜集和发现信息检索与用户查询条件匹配的相关记录,然后按一定的排列顺序将结果返回给用户。该类搜索引擎的优点是信息量大、更新及时、自动化程度较高,缺点是返回的无关信息过多。代表性的有谷歌、百度等。

三是元搜索引擎。它是对分布于网络的多种检索工具的全局控制机制,它通过一个统一的用户界面帮助用户在多个搜索引擎中选择和利用合适的(甚至是同时利用若干个)搜索引擎来实现检索操作。元搜索引擎不像常用的搜索引擎那样拥有自己独立的数据库,却更多地提供统一检索界面,或进一步地提供统一检索方式与结果整理,形成一个由分布的、具有独立功能的多个搜索引擎构成的虚拟逻辑整体,从而实现对这个虚拟整体中各独立搜索引擎数据库的查询与数据处理。这类搜索引擎的优点是返回结果的信息量更大、更全,缺点是不能够充分发挥所使用搜索引擎的功能,用户需要做更多的筛选。著名的元搜索引擎包括 Dogpile、MetaCrawler、搜星搜索引擎等。

3. 智能代理

智能代理是一种软件(系统),具有高度智能性和自主学习性,可以根据用户定义的准则,主动地通过智能化代理服务器为用户搜集最感兴趣的信息,然后利用代理通信协议把加工过的信息按时推送给用户,并能推测出用户的意图,自主制订、调整和执行工作计划。它往往由知识库、规则库、推理机、各代理之间的通信协议组成。这些代理包括知识发现代理、通信协作代理、规则库应用代理、监督代理、知识库管理代理、推送代理等。当用户发出信息请求后,通过通信协作代理传给知识库,根据用户信息库中用户特定的需求和近一段时间内的爱好兴趣为标准来筛选信息。监督代理在用户提出信息请求后检查知识库中用户以前是否有过相似的信息需求,若有就把知识库中用户以前的需求记录提取出来,通过推送代理发给用户;若知识库中没有用户的信息需求,经规则应用库代理理解生成一定的搜索规则,传送给知识发现代理进行相关信息搜索,搜索后的结果经信息过滤后存于信息数据库,再经过知识库的推理机制推断用户的潜在需求,作为用户需求历史记录下来,结果推送给用户。监督代理还根据一定规则实时动态地跟踪信息数据库中历史记录在因特网上的变化,一旦发现代理收集到相关内容和更新内容,监督代理就通知规则应用库生成新的检索规则或应用,并通知和提醒用户有新的信息内容,还可以利用电子邮件把特定的更新内容以推送方式提交给用户。检索完成后允许用户对结果进行满意度和相关度的评价并反馈给知识库,一方面了解用户的新的兴趣需求,另一方面完善用户所需信息相关度的匹配规则,为用户的未来信息检索提供可靠的保障。

4. 许可协议

许可协议帮助企业或个人为某个指定目的和在指定期间使用某种产品或服务。最常见的许可协议是软件的购买和使用。当某人购买某个软件时,他是在购买一种在预先指定范围内使用某种技术的许可。这种许可协议使购买者可以访问那些已编码化的外部知识。许可协议很少允许访问知识源、软件程序设计器,但允许有权使用知识产品——软件。因此,许可协议最适合于某些企业的知识需求,这些企业仅需以整套解决方案应用这些知识而无须关注领域知识。特别是当知识需求只代表企业的非核心业务时,许可协议是非常适合的。

5. 营销与销售协议

营销与销售协议处理公司外销的商品和服务。一旦公司确定其产品和服务,就需要把它们推销给客户。这要求公司向客户宣传、介绍与推广产品。在企业需要访问知识源和控制知识服务时,营销与销售协议是极好的选择。例如,企业可以与物流公司规定具体的交货时间、运送时间、产品包装问题等。除这些物理控制条款外,企业还可对知识施加控制。例如,企业可以询问一些在信息报告、知识共享机制、培训、知识转移机制等方面的细节。作为零售商巨头的沃尔玛很成功地使供应商与其本身之间的知识流简化并更有效率,任何一个欲向沃尔玛提供产品的公司须严格履行知识共享的角色,这种信息与知识的卓越管理帮助沃尔玛显著改进了业务操作。

营销与销售协议还可帮助企业使用市场知识。营销公司通过外购有关产品的客户偏好、定价偏好、爱好等研究成果,可以帮助企业使用客户知识。另外,营销公司还可使用大量人口统计客户信息。利用营销与销售协议,企业有可能了解其卖主方面的政府与行业信息。

4.4.2　隐性知识获取与收集的途径

由于隐性知识通常是只能意会不能(或难以)言传的知识,因此,其获取与收集比显性知识要困难得多。获取隐性知识的形式多样,比如,邀请嘉宾(或专家)演讲时可以获得专家的一部分经验与认识;举行一个头脑风暴法会议可以就某个主题(或问题)融集体智慧于一体;通过观察专家或师傅的操作可以识别其专长。更重要的隐性知识获取方式主要是结构式访谈、行动学习标杆学习、分析学习、经验学习、综合学习、交互学习等。

1. 结构式访谈

主题领域专家的结构式访谈是把个人隐性知识转化为明显格式内容的常用技术。在许多组织中,结构式访谈的对象主要是高层管理者、专家和将要退休的人员。利用内容管理系统,组织可以把他们多年积累的经验、教训和最佳实践记载、保存与出版。结构式访谈需要掌握高超的沟通与概念化技能。采访者需要深入了解正在进行的主题,以便在访谈过程中可得到一些与焦点问题有关的说明性专有数据。结构式访谈也可用来澄清或提炼非结构化访谈最初引出的知识。采访者应该略述知识获取过程中的专门目标和问题,被采访者应该得知会谈目标和提问样本,而不是将要回答的专门问题。

在访谈中常使用两类问题:开放式问题和封闭式问题。开放式问题倾向于广义的,对专家很少有约束。它们并不是选择性的,而是鼓励自由作答。这种类型的问题允许采访者观察专家对关键词汇、概念和参照的使用,专家也可提供一些没有专门问到的信息。封闭式问题对专家将提供的信息类型、水平、数量都有限制,常常给出多种取舍的选择。一般的封闭式问题类似于"哪一种征兆使您得出……"更强的封闭式问题往往只能回答"是"或"不是"。

结构式访谈过程主要以人为中心,那些促进交互的技术有助于获得访谈的成功结果。在话语具有多重含义的情况下,反思式倾听很有帮助。被采访者会有不同的心智模式、个人特征,如背景、态度、经历,以及对组织中的现有职位的满意程度,这些都可影响与专家交流知识的方式。用于反思式倾听的四种主要技术包括复述、澄清、总结和情感反应。

"复述"是用自己的言语重新叙述说话者言语中的感知含义。目标是检查所传递和理解的信息的准确性。比如,"我相信您说的是……""如果我没听错的话,您的意思是……""换句话说,……"

"澄清"让专家知道信息不是直接可理解的。这些反应鼓励专家详细说明或者阐明最初的信息以便采访者更好地理解其旨意。采访者应该聚焦于信息而非专家的交流能力,也应该尽可能使用开放式问题鼓励专家进行详细说明或解释。比如,"我不了解……""您可以解释一下……""请重述最后的部分……""您可以就……给我举一个例子吗?"

"总结"帮助采访者编辑离散的信息和使会谈成为一个有意义的整体。它也有助于确认所听到的和所理解的专家信息。总结应以采访者的语言来表达。例如,"总结您所说的……""到目前为止我听到您说……""我相信我们在……方面是一致的"。

"情感反应"反映出说话者似乎已经交流的情感。焦点是情绪、态度和反应,而不是内容本身。目的是清除某些情感反应的气氛或信息的消极影响。比如,"您似乎对……很失望""我似乎感受到您在现场的……""我感觉到您不满意于……"

分析采访记录可以发现一些关键概念、共同主题和所提及的主要方法或技术。如果为相同的程序或者主题需要采访多位专家,那么就要进行协调。通常有可能不止一次采访某一个人以便采访者证实他们对所得出知识的理解,补充任何缺失的信息,更好地概念化内容。通过许多采访和追踪访谈,采访者将能够识别关键主题并形成某种框架来组织这些主题。不像初始访谈产生和获取新内容,跟踪访谈更集中于更详细的信息。

2. 行动学习

行动学习(action learning)是一种把任务作为学习工具进行组织人员开发的方法。它建立在"如果没有行动就不存在学习和没有学习就不存在深思熟虑的合适行动"的基础之上。行动学习是"干中学""从反思中学习"以及"在学习中学会学习"的有机结合。行动学习一般要经过以下四个步骤。

(1)组成学习团队。由团队成员直接提出在自己的实际工作中需要解决的难题。每一位参与者都应该事先在自己的头脑中提出如下几个问题:我真正要做的是什么?我做这件事的阻力是什么?我应该怎样去改进它?之后是在外部专家的引导下逐步发现问题,最终找到的问题应是团队成员共同思考的结果。

(2)设计解决方案。在确认问题后,开始设计解决方案,这时需要回答如下问题:我们要达到什么目标?我们所需的资源有哪些?方案的可行性如何?这时需要吸收团队成员的合理建议与观点。

(3)确定与实施方案。各团队再将自己的行动方案与其成员研讨,最后选择一个满意的方案并付诸实施。

(4)总结与评价。实施结束后,要对方案进行总结与评价,以发现问题和探索规律。在这种行动学习中,员工围绕某个问题,在外部专家的指导或团队成员之间的相互帮助下,通过主动学习、不断质疑、分享经验,最终获取解决问题的知识。通用电气公司向全世界宣布行动学习是公司转变为"全球思想、快速转变组织"的主要策略。没有引入行动学习前,通用电气公司的国际性业务占 18%,实施行动学习后,这个数字是 40%~50%。

3. 标杆学习

标杆学习(benchmarking learning)是以行业内外一流企业的最佳实践为基准,将本企业经营的各方面状况和环节与之进行对比分析,找出本企业存在的差距,针对差距采取改进措施,以达到提高企业竞争力或赶超竞争对手目的的一种学习方法。标杆学习就是常说的"向榜样学习",只不过"榜样"不一定是人,更多情况下是一流企业。标杆学习常发生在组织内部、竞争对手、行业或跨行业之间。内部标杆学习有助于新员工或技能较低的员工向内部老员工和专家学习,使他们快速掌握生产或管理技能;外部竞争对手标杆学习有助于本企业懂得竞争对手先进的技术与流程、高质的产品与服务;外部行业内或跨行业间的标杆学习有助于企业获取本行业或跨行业最优秀企业的最佳实践。在三星电子公司的发展历程中,公司于 20 世纪 90 年代就成功运用标杆学习将公司生产线再造为柔性制造系统(FMS)。当时韩国企业对 FMS 完全是外行,做得最出色的日本企业将 FMS 视为自己的竞争优势而不愿与人分享成功的秘诀。尽管三星电子公司的经理中有一半以上的人在美国、日本或欧洲接受过高等教育,但是公司要求所有经理尽可能阅读一切与 FMS 有关的媒体报道及学术文章,同时派部分经理出国学习外国企业的制造系统。在初步了解之后,三星电子公司得出一个简单的结论:应该专心学习美国的理论与日本的实务,并积极采取多种手段来促进标杆学习,包括以下方面。

(1) 成立合资企业。三星电子公司与几家以 FMS 闻名的日本及美国企业进行战略联盟,成立合资企业。通过合作方式学习 FMS 技术,比如用动态芯片(DRAM)交换东芝的 FMS 知识。

(2) 找到中小企业结成战略联盟。三星电子公司采取迂回战术,避开那些拒绝分享制造技术的大型日本企业,转而与规模较小但同样具有相关技术的日本企业(如 DNS、Thine 和 TOWA)进行战略联盟,因为它们对于与他人分享技术抵触较少,尤其是当它们遇到财务困难时。

(3) 吸引专家前来献计献策。三星电子公司凭借战略联盟以及强大的购买能力,促使日本企业的主管、工程师和顾问前来分析公司的试制品。同时,该公司还聘请了许多外籍技术专家(主要是美国和日本的退休经理与工程师)共同协助计划的实施。

4. 分析学习

分析学习(analytical learning)是广泛与系统地收集公司内外信息,通过分析操作与扫描环境来发现关键问题与机会。在决策时,高层管理者及其计划分析师评估各种可供选择的方案,做出使一个或两个目标达到最大化的选择,这些目标常常与利润或增长有关。最终,通过详细检查和使用绩效反馈来调整战术或战略,由此开始另一轮学习。所收集的信息大多数是定量的,并可由规范化的管理系统实施监控。重点是高情报数据、演绎逻辑、数值计算和优化。大多数分析学习仅选择性地传播给下一级组织。虽然学习结果可以包含在详细的计划、方案和例程中,但是低级别员工可能不知道其内在的逻辑。分析学习可用来进行市场竞争分析、开发与监控战略营销计划和新产品战略,制定差异化的获取决策。分析学习能使管理者更好地知晓自身环境中必须对待的临界力,也可识别需要改进的生产实践与领域。最重要的是这种学习可以帮助管理者审慎思考有关市场、实践和成功因素的假设。

5. 经验学习

经验学习(experimental learning)是指公司由尝试新构思及试验新产品与新流程来达到学习目的的方式。它也是一种通过经验转化创造知识的过程。经验学习旨在系统地收集和解释那些可以改进组织行为技能的信息,聚焦于管理者如何获取与转化新经验和使这些经验产生更大的满意度、动力或发展。经验学习有四个阶段,从“具体经验”到此经验的“反思性观察”,接着经“抽象概念化”建立原理,最后经“主动验证”测试该原理并由此产生新的“具体经验”,从而形成一个持续的循环。通过此循环,公司可以逐步获取存在于组织内外的隐性知识。采用此种学习方式的公司,其新意的创造主要依靠公司员工的各种尝试与实验、对顾客需求的了解等来开发出全新的技术、产品、流程乃至经营管理方式。经验学习具有以下优势:降低了风险,减少了高层管理者的认知负担,可以利用组织上下存在的学习能力。然而,它常常导致知识是局部的、片断的,以至于比其他方式获得的知识更难综合起来。3M公司是经验学习的典范。自1902年至今的100多年,该公司已成功发明并创造出6万多种产品,平均每年有600种产品问世。3M的成功主要归功于公司鼓励员工将各种奇思妙想大胆付诸实践。公司按照创意、筛选、保留三个步骤来开发新产品。公司从众多想法中筛选出符合人类需要的创新构思。即使有一些构思看起来很荒唐,它们也都受到同样的重视,因为公司里每个人都明白“荒唐”也可能成大事的道理。早在1925年,3M公司就在自己的技术操作手册中写道:“应该将机会赋予每个创意,以此来证明其价值。因为如果这是个好主意,我们就会将之付诸实践;如果不是好创意,当我们证明它不具可行性后,也可以安心了。”“试试看,说干就干”或“让员工尝试新创意”成为3M公司具有指导意义的价值观。

6. 综合学习

综合学习(synthetic learning)是一种把不同小块知识组合起来揭示新型关系或方式以便产生整体大于部分之和的效用的方法。它需要重新设置这些观念来显示协调性、一致性和适应性,可通过识别焦点主题、重要关系、压力点或系统属性来展现新型关系。真正的综合学习要求拥有一种创造力来查明在别人看来仅是一堆要素的系统与结构。综合通常源于个人的创新思维。虽然个人可以突然得到某种灵感,但是更多的情况是只有管理者长期扎实地掌握了那些零乱的议题、问题与机会,才能产生综合。因此,从综合学习中得到的大多数深刻见解存在于一些管理者之间。组合与系统思考是综合的两种常见现象。组合可揭示问题、战略甚至组织的各部分是如何相互关联的。这有助于管理者发现核心竞争力或关键资源，或者识别竞争优势。系统思考有助于员工(特别是经理)视其组织为动态发展中的机构，使他们了解各部分是如何适配在一起的，感受系统的动态变化，并让他们知道因果关系网络，辨明复杂问题关系、恶性循环、新机会和各种转变。

7. 交互学习

交互学习(interactive learning)是指两个或两个以上的组织或不同组织的员工通过面对面的相互接触、切磋而进行的互动学习。交互学习是获取隐性知识的一种有效的途径。不同组织的人员通过面对面的交流与学习，实现经验与知识的扩散，并形成对组织内外竞争对手和伙伴的动机、决心和资源的评价。在交互学习中，学习者可以充分理解他们发现某些自由领域和机会所面临的压力，可以找出那些足够好的措施来不断提高工作效率，然后根据反馈快速重新评估和调整他们的行动。整个过程基本上是"摸着石头过河"。交互学习的优点在于允许某人与其他人交流大量信息，由此促进更现实的合作，而且可简化组织适应性，使之分解为本地协议和具体措施。丰田公司为了获取供应商知识，建立了与供应商之间的交互学习机制。它主要包括如下方面。

(1) 成立供应商协会。该协会旨在加强供应商之间的联系，通过供应商联合大会会议(两月一次)和主题委员会会议(每月或两月一次)为交互学习提供一个平台，以分享有关供应链的计划、政策、市场趋势、成本、质量、安全和社会活动等方面的知识。(2)组建咨询与解决问题的团体，旨在获取、储存和传播有价值的知识，增加供应商对公司的认同感，提高公司与供应商交互学习的效率。(3)组织自愿学习团队。学习团队是一个能熟练获取、传递和创造知识，同时也善于修正自己的行为以适应所学的知识和见解的团队，如工厂建设活动(PDA)团队。这种交互学习机制帮助丰田公司分享供应商知识和增强供应链的整体竞争力。

在隐性知识获取的过程中，要特别重视做记录的重要性。原始笔录、录音和参考材料必须在知识获取数据库中得到精心组织。每条关键知识源必须仔细记录好以供日后参考。同时也应该系统化地获取关键调查结果。这时常常利用模板来实现知识获取流程的结构化和标准化。

4.4.3　整体知识获取与收集的途径

整体知识获取与收集是指在获取显性知识的同时，也可获取隐性知识。这种整体知识获取与收集的途径主要包括战略联盟、收购和兼并。

1. 战略联盟

所谓企业战略联盟，是指两个或两个以上的企业为了实现资源共享、风险或成本共担、优势互补等特定战略目标,在保持自身独立性的同时通过股权参与或契约联结的方式建立较为稳固的合作关系,并在某些领域采取协作行动,从而取得"双赢"效果。它包括了公司之间通过许可证协议、特许专营协议、单方控股、互相持股及合资办厂等多种形式在研究、开发、生产、技术及市场方面进行协同合作。

（1）影响战略联盟知识获取的因素

战略联盟的知识获取受如下六种因素的影响。

第一,联盟伙伴是否高度保护他们的知识。在伙伴之间存在高度竞争的情况下,由于担心公司知识溢出到伙伴公司,公司一般都不情愿共享知识。如果联盟伙伴是竞争对手或潜在竞争者,公司对知识共享的激励将是有限的。在有高度竞争性重叠的联盟中,公司会积极地阻止知识泄露给其他合作者。例如,在某个日美合资公司中,日方坚持合资领导办公室设在与工厂有一段距离的分开的房屋中,而且这个办公室里的人员,包括指派到合资公司的许多美国伙伴,被禁止进入工厂。为了阻止美国伙伴的知识获取与收集,日方甚至坚持公司总经理应该从外部聘用而不能来自美方。日本公司采取保护措施的理由是日方伙伴是工厂的运营者,涉及的技术是专有的。毫不奇怪,美方伙伴几乎没有学到日方的技能,而且仅过了几年在日方掌握合资业务后,这个合资就终止了。

第二,联盟伙伴之间的信任氛围。增强联盟伙伴之间的信任可以减轻伙伴的知识保护,因为信任反映一种对伙伴履行其职责或诺言的信心,信任氛围有助于伙伴之间知识的自由交流。联盟价值创造过程中的破坏经常是由于合作者之间缺乏信任。缺乏信任会导致伙伴之间的竞争秩序混乱,而相互信任的氛围有助于伙伴之间信息的自由交换,因为决策者感到他们无须保护自己的其他机会行为。没有信任,交换的信息在准确性、可理解性、及时性上就会降低,因为伙伴不愿意承担因共享更有价值的信息而带来的风险。当新联盟形成时,合作者在知识共享上会犹豫不决,尤其是在之前并没有合作过的情况下。如果联盟能够度过关键的"蜜月期",合作者之间就会形成更深的关系。因此,在关系和交互方式形成后,伙伴公司将会降低对知识溢出的警惕,随着信任的增强和双方合作的发展,联盟知识将会越来越容易获取与收集。

第三,联盟知识的隐性属性。由于隐性知识很难形式化,也不易看见,因此很难与他人交流或共享。联盟伙伴想要获取的知识的隐性越强,知识获取就越困难。当然,知识越隐性化,可能就越有价值。在日美公司联盟中,许多美国公司的学习集中在显性知识上,当它们想向日本合作者学习时,学习目标考虑的是日方知道些什么,而非日方"如何"以及"为什么"知道它们所知道的。美国企业倾向于关注那些可以通过分析技能和具体的口头与视觉表达的显性知识。

第四,联盟知识的相关性。伙伴公司之间的知识差异越大,知识获取与收集的可能价值就越大。公司与联盟的关联越紧密,公司的学习能力就越强,就可获得更多的伙伴知识。

第五,联盟伙伴过去的共事经历。当新的联盟形成,尤其联盟各方以前从来没有合作关系时,合作者对于联盟未来的合作前景就不会有充分的信心。如果公司以前一起合作过,对彼此的技能和能力有一个初步的了解,就将为进一步的学习提供动力。

第六,公司与联盟之间的知识联结。不同于大多数资产,当组织知识得到共享时,实质上可以实现本身的增长。为了使联盟内的知识迁移到母公司,在联盟与母公司之间就必须存在知识联结,它包括四种方式:联盟与母公司之间的人事调动、技术共享、联盟与母公司的交互、母公司与联盟战略的联结。虽然人事调动与显性知识是相关联的,但也是一种最有效的获取隐性知识的方法。在通用汽车公司(GM)与丰田汽车公司的合资协议中,GM 被允许指派 16 名经理到新联合汽车公司(NUMMI)工作两年,然后再返回到GM。技术共享是一种主要提供访问显性知识的机制。联盟与母公司的交互以及母公司与联盟战略的联结可以为获取显性知识和隐性知识建立一种可能性。例如,GM 在新联合汽车公司专门建立了技术联络办公室以协调 GM 员工的参观。这种类型的交互使GM 可以得到显性生产知识以及与人力资源管理和质量控制相关的更加隐性的见解。这四种方法为经理与他人交流联盟经验建立了多种联结,并为知识综合成为集体知识奠定了基础。当个人通过不同联结进行相互作用时,这些交互会随着组织内参与者的增多在规模上越来越大,在速度上越来越快。

(2) 战略联盟知识获取方式

虽然签订"许可协议"和"营销或销售协议"可以获取联盟知识,但是这些知识主要是联盟伙伴的显性知识而非更具战略价值的隐性知识。除此之外,战略联盟知识获取方式还有产品和开发协议、少数股权投资、合资。

第一,产品和开发协议。当企业加入产品和开发协议时,必须检查其签订协议的原因,关键问题是弄清楚是否是为了获取能力或知识。在公司拥有必不可少的设计产品知识但缺少适当的基础设施和资源来把合理的设计转化为物质产品或服务时,对能力或知识的依赖就是一个重要问题。产品和开发协议要求公司把专门的设计需求传递给外部实体,这个外部组织可以利用知识创造产品和服务。通过这种知识交流,公司可以校正产品,因为企业知道公司不可能拥有开发产品所需的所有知识,因而必须使用外部参与者。企业签订产品和开发协议是为了从供应商、业务伙伴、大学甚至客户那里获取知识,但必须处理责任问题。不同于前面两种协议,产品和开发协议更加关注组织的责任。只有在物质与知识资源上经过有效的整合,产品和开发协议才能获得成功。另外,组织环境、竞争和业务变化将引发现有产品和开发协议的变动。随着时间的推移,如果企业发现某个业务伙伴不能提供高质量的产品,就有必要更换合作伙伴。然而,如果供应商合作得格外好,那就可以向供应商索取其他产品需求。在某些特殊情况下,当企业发现供应商知识的价值在持续增长,以至于成为产品差异化成功实施的根基时,就可以采取合并供应商的方式来实现这种知识的内部化。

第二,少数股权投资。少数股权投资(MEIs)是最简单的股权型联盟方式,通常被视为更复杂股权型合作关系(如合资、合并、收购)的基石,常常被企业广泛用来连接与使用新兴知识源。它同样为企业提供了一种在加入更复杂协议前分析投资潜力的测试基础。在 MEIs 中,企业只能有限使用和控制知识源,但仍可维持与知识源的连接和监控知识的增长和开发。英特尔(Intel)是一个成功使用 MEIs 来使用新兴知识的企业。英特尔在 2001 年至 2004 年,在研发上投资了 130 亿美元,其中大部分用来资助新兴公司。例如,2004 年英特尔的投资对象包括那些创建网络化家庭以便人们访问数字内容的技术开发公司;2003 年英特尔投资于动态随机存取存储器(DRAM)生产商,如美光科技有限公司(Micron Technology Inc.)和尔必达存储器有限公司(Elpida Memory Inc.)。英特尔认识到只有一少部分知识需求存在于公司内部,而成功的创新可能来自外部实体,企业最好建立某种程序识别它们和对它们进行系统化投资。英特尔每年主办两次开发者论坛,向供应商和创新者介绍公司需求,并鼓励创新工作。

第三,合资。合资是两个或两个以上企业决定共享资源,创立一个拥有公司身份、资源和结构的新型实体。参与合资可以帮助企业分担风险和成本、有效雇用外部资源。合资的成功与母公司如何分享其资源并把这些资源并入综合实体密切相关。当公司寻找进入新市场的机会或要承担高风险的研发项目时,合资是常用的方式。一方面,合资可帮助企业通过与当地公司的合作把产品和服务引入国外市场;另一方面,合资可帮助企业与业务伙伴分担研究风险。而且,建立合资企业后,双方的母公司可以把传统业务与相关风险隔离开来。合资在竞争对手之间也是常见的。例如,在汽车行业,美国和日本汽车生产商之间存在许多合资成功案例,如日本铃木公司与美国通用公司的合资企业——凯米汽车制造。铃木公司通过利用通用公司的经销网络进入北美市场,而通用公司利用铃木公司的知识生产高效低价的汽车。合资企业创造的知识对于双方的母公司都有益。

2. 并购

知识溢出普遍存在于企业之间,企业可以利用收购和兼并来获取外部显性知识与隐性知识。并购为外部知识的企业"内部化"转移提供了良好的制度安排。并购双方的知识资本差距越大,互补性越强,潜在的知识获取与收集(学习)机会就越大。并购不仅可以分享双方企业员工的管理经验、企业家能力,实现知识转移,而且可以获取更高水平的技术诀窍、专利、产品研发与创新能力。然而,在并购过程中,收购者必须要有能力来综合被兼并企业的知识;企业也需要处理并购后员工缩减、重复流程等问题引发的知识流失问题。摩根大通(JPMorgan)与芝加哥第一银行(Bank One of Chicago)合并的动机十分明显——"合则立,分则垮"。虽然摩根大通和芝加哥第一银行是在美国分列第二、第六的大银行,但是谁也没有拥有足够的资产与行业领先者——花旗集团(Citigroup)竞争。摩根大通和芝加哥第一银行合并后就拥有了与花旗集团竞争的位势。并非所有的合并都出现在股权与大小相等的公司之间,更多的是一家较大的公司收购一家较小的公司,特别是当小型公司能够在大型公司支持下更好地发挥其独特能力的时候。最常见的情况是大公司可以获取小公司的研发能力。电子商务支付服务领域的领头羊美国第一资讯公同(Fist Data Corporation)收购自动出纳机交易领先者——Concord EFS 公司之后,美国第一资讯公司现在通过接纳 Concord EFS 公司的客户并为这些客户提供更深更广的产品和服务扩展了市场份额。

在获取了知识之后,为保证知识能够充分利用,对企业来说,还应该进行如下工作:其一,建立企业知识库。它由以下知识组成,即企业基本信息、企业组织结构信息、产品服务信息、基本流程信息、顾客信息等,通过知识清点展示公司内外的所有信息资源,便于员工获取知识。其二,建立知识网络。这包括企业内部知识网络和企业外部知识网络,例如供应商网络、用户网络、专家网络、与相关政府部门的网络等,企业可以充分利用这些网络获取知识。其三,绘制知识地图。知识地图起到一个向导的作用,它本身并不是知识。知识地图的特点是指出拥有知识的人,并告诉组织中的人们,当他们需要专门知识时到哪里去找。这是一种智能化的向导代理,引导检索人员找到目标,指引用户系统阅读各种资料。企业拥有一幅好的知识地图,员工们就可以方便地找到知识源。

案　例

🎯 本章小结

1. 知识获取是对组织内部已经存在的知识进行整理积累或从外部获取现有知识的过程。知识收集是指通过适当的方法、途径和工具,将知识聚集在一起的过程。

2. 知识获取与收集主体不仅要依据具体情景,同时也要根据具体知识内容、性质、类型、来源等选择恰当的知识获取模式。在知识获取与收集过程中,需要将多种模式整合在一起系统性地进行知识获取与收集。

3. 知识获取与收集是一个序贯过程,是企业从外部环境中寻求各种对企业有用的知识,通过对所发现的知识进行价值评估和辨析后有选择地接受某些特定知识,并结合企业原有知识进行创新的过程。

4. 知识获取与收集研究的理论基础主要有企业知识理论和组织学习理论。

案　例

回顾性问题

1. 什么是知识获取? 什么是知识收集?

2. 如何理解知识获取与收集的作用?

3. 简述知识获取与收集的过程及步骤。

4. 探讨知识获取与收集的途径。

讨论性问题

1. 谈谈知识获取与知识收集的联系和区别。

2. 请讨论一下知识获取与收集的模式。

3. 谈谈你对显性知识与隐性知识获取与收集途径的认识和理解。

实践性问题

1. 请举例说明你在日常生活或者工作中,是如何进行知识获取与知识收集的。

2. 请谈谈目前你在知识获取与知识收集过程中采用什么工具和方法。

第5章

知识组织与存储

5.1 知识组织与存储的背景

自美国心理学家亚伯拉罕·马斯洛(Abraham Maslow)在《人类激励理论》一文中阐明"需求层次理论"以来,便在管理领域掀起了一场关于组织行为和管理激励的革命风暴。该理论是从人的需求层次由低级向高级不断发展的角度出发,研究人的心理活动和行为,继而探索人的激励方式。因为该理论在很大程度上可以反映出人类心理和行为的普遍规律,所以需求层次理论对管理者如何更好地调动组织成员的积极性具有很大的启发作用。

多半个世纪以来,马斯洛需求层次理论随着社会的不断发展,展现出了新的发展和应用。在理论上,众多研究者从不同角度出发,将该理论同各个具体学科相结合,形成具有各学科特色的研究成果,给各具体学科的发展注入了新鲜的血液。例如:将需求层次理论与教育学相结合,探索出合适的激励学习机制;与马克思主义学相结合,探讨其与马克思主义唯物史观的内在必然联系;与临床医学相结合,探索出一些对病人实施护理的方案。在实践中,不同行业的实践者通过灵活运用该理论,使得组织获益匪浅。例如:运用于现代企业管理中,可以更好地找出吸引人才、留住人才、运用人才等措施;运用于市场营销中,可以提出优化产品设计方案,提高顾客忠诚度,继而提高品牌效应;运用于房地产经济中,可以最大限度地满足当前住户对住房附加值的追求。另外在市场经济中,运用马斯洛需求层次理论可以发现一些新的商机,例如:随着人口老龄化时代的到来,研究如何更好地满足老年人这一特殊群体的需求,将会开辟出一个新的"朝阳行业"。

知识是以绝对的、客观的、相互联系的状态存在,但是作为认知主体的人却不能直观、准确地发现知识,不能准确地把握住知识之间的关联,这就很难达到获取知识、利用知识的目的,更不用说运用现存的知识对未来情况进行科学分析和预测。尤其随着当今信息和知识爆炸式地增长,传统的文献组织方法(如分类法和主题法)和信息组织方法(如文件方式、数据库方式、主题树方式和超媒体方式)已不能解决人们对信息极度渴望的问题。基于此,人们发现知识组织的目标不应该再停留在简单地对知识进行存储、整理,而应该是通过融合分析、归纳、推理等方式来实现知识表示、组织和知识挖掘过程。

知识的分类无论是在传统文献组织阶段,还是在知识、情报组织阶段都具有重要的基础性作用。从一个科学、合理的角度对知识进行分类,发现客观知识之间的关联性,不仅能够有效地组织信息(知识)资源,还可以在此基础上进一步对知识组织进行研究。(领域)知识库的构建是建立在知识组织的基础上,运用知识自身相关性原理,准确地表达出概念(知识)之间的联系,形成"领域知识库"和知识地图,继而为后期的知识系统(CIS)打下一个坚实的基础,它们之间的关系如图 5-1 所示。

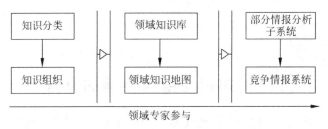

图 5-1　知识分类—知识库—知识系统

5.2　知识层次理论

5.2.1　知识层次分类

由于知识具有动态性、复杂性、多样性的特点,需要从不同的角度和层次对知识进行划分和比较,总结出一些知识普遍性的规律和特点,这不仅有利于我们更深刻地认识知识,更灵活、有效地利用知识,而且从学科发展的角度讲,也有利于知识管理科学的长远发展。关于知识的分类,研究者从不同角度和理论出发,产生了一些关于知识分类的成果。这些知识分类理论和方法在知识管理的发展中具有重要作用。

陈洪澜将知识分类方式总结为:"按照知识效用分类、按照研究对象分类、按照知识属性分类、按照知识形态分类、按照事物运动形式分类、按照思维特征分类、按照自然现象和社会现象分类、按照知识研究方法分类、按照知识内在联系分类、按照学科发展趋势分类"十类。另外还有几种具有代表意义的知识分类:如英国哲学家、科学家波兰尼将知识分为显性知识(explicit knowledge)和隐性知识(tacit knowledge)两类;按照知识载体来源的不同,知识可以分为个人知识和组织知识。美国知识管理专家艾莉在对知识分类方法进行研究时,从知识的复杂程度出发提出了"知识原型"的概念,即知识原型是数据、信息、知识、含义、原理、智能的联合体。她认为,知识具有"波粒二相性",即作为实体的知识和作为过程的知识。

知识分类是进行知识组织的一个重要前提,不同的知识分类角度会产生不同的知识组织方法。从主体对知识需求的层次划分知识,在不同的知识层次中运用不同研究者的知识分类方法,对知识分类的认识会更好。

5.2.2　知识层次理论

从主体需求知识的层次角度出发,将知识分为四个层次:基于生存方面的知识(生存知识)、基于技能方面的知识(技能知识)、基于消遣需求方面的知识(精神知识)、基于实现自我追求方面的知识(自我实现知识)。如图 5-2 所示。

该层次的划分需要注意两个原则:

第一,对大多数主体而言,已经掌握的知识不再是推动知识学习的动力,取而代之的是追求学习较高层次知识。

第二,作为主体的人,都潜藏着四种层次的知识追求(乐于不断学习)。

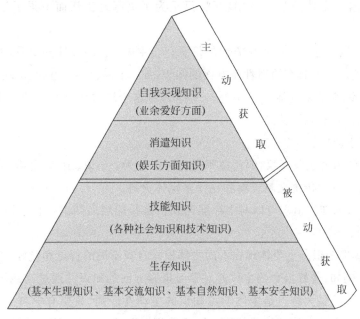

图 5-2　知识层次理论模型

对每个主体来说,都是先学习最低层次的生存方面知识后,再学习一些技能知识,继而追求消遣知识和自我实现方面的知识。这四个层次的知识不是一蹴而就的,需要根据主体的成长历程不断学习,并且学习过程中对四个层次知识的追求是不断循环、相互补充的过程。具体说明如下。

1. 生存知识。作为主体的人出生后,需要通过其他已经具有知识的主体(成年人)的传授及观察、模仿等方式学习一些基本的知识,主要包括基本生理知识(人的吃穿住行等)、基本交流知识(听说读写知识和喜怒哀乐等)、基本自然知识(四季更替、风雨雷电等)和基本安全知识(好坏对错等)。由于人的生存是基本前提,只有了解有关自然界最基本的知识后,才能遵照其规律安排生产生活。所以这几个基本层面的最低层次的知识,是主体首先要学习的知识类型。

2. 技能知识。这个层次主要学习的知识类型分为社会知识和技术知识。此层次的学习是建立在第一个层次的基础上,从时间概念来讲,是发生在学习了生存知识之后的,但也只是在首次学习中。一旦主体学习到了此层次,还是可以再学习生存知识层面的知识,继续增强其生存的能力。学生在校期间学习的各种知识都属于此层次,例如:从简单算术到高等数学、从古代史到现代史、从医学知识到建筑知识。这个层次的知识具有以下特点。

(1)专业性。知识的内容涉及主体现在或将来的发展,如社会知识可以涉及人际交往、沟通技巧、高级的思维方式等,这就需要主体专注学习某一领域的知识。

(2)选择性。知识的结构比较复杂,主体仅学习其中部分知识。

(3)强迫性。主体的学习欲望不强,只是为了更好地生活而不得不学习一些技能知识。

3. 消遣知识。主要包括娱乐方面的信息。当主体掌握了技能知识后,可以较好地生存下来时,会追求一些具有消遣性质方面的知识,如:小说、杂志、电影、游戏等,其目的在于缓解技能知识所带来的压力与不适。主体学习这个层次的知识具有较强的主动性。这个层次的知识具有以下特点。

(1)具有主动性。

(2)包含的内容包罗万象,但是按照类型可以分为:小说、杂志、电影、游戏等;按照知识的载体可以分为传统文献资料和现代多媒体资料。

(3)该层次的知识追求可以与生存层面知识及技能层面知识交替学习,但是学习的目的是不同的。

4. 自我实现知识。主要体现在不同主体根据自身不同的特点和爱好,主动学习一些方面的知识。例如,爱好摄影的主体通过学习摄影方面的知识并通过实践满足自己的爱好追求。该层次的最大特点是主体学习知识的主动性最强,只要有学习条件,就会主动获取相关知识。有些主体可能对其他三层的某些知识具有浓厚兴趣,则其学习这些特定方面知识的效果与效率都会相对较好。这些知识此时也可以归类到自我实现知识层次。

将知识按照此模型分类具有重要意义。它可以帮助图书馆工作者从一个新颖的角度考虑图书资源的开发和利用。根据不同的地理区域,具体分析当地读者的需求层次,制定出科学、合适的图书资源规划,不仅可以最大限度地满足读者的需求,也可以降低相关成本。

主体对知识的需求具有动态性、差异性和层次性。从主体需求知识的层次角度出发,将知识分为四个层次:生存知识、技能知识、精神知识、自我实现知识。

5.3　知识组织与存储的层次模型

5.3.1　有关知识的组织

知识组织是以知识为对象的诸如整理、加工、表示、控制等一系列组织化的过程及其方法。其实质是以满足人类的客观知识主观化的需要为目的、针对客观知识的无序化状态所实施的一系列有序化组织活动。知识存储是指在组织中建立知识库,将知识存储于组织内部。知识库中应该包括显性知识和存储于人们头脑中的隐性知识。此外,知识也可以存储在组织的活动程序中。

知识组织的前提是研究如何对客观知识进行最大化的发现,这也是进行一切知识管理活动的最基本前提。知识是指经过人脑加工过的信息,依附于不同类型的载体而存在,如文献、数据库、电子介质及人脑等,需要特定的主体(如图书馆馆员)去发现和组织。知识存在、知识发现、知识组织三者的关系如图 5-3 所示。

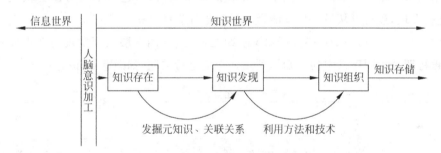

图 5-3　知识存在、知识发现和知识组织关系

图 5-3 在表达信息世界和知识世界关系的基础上展示了三者之间的关系。知识存在不是孤立的,而是呈现出体系性、结构性等特点,因此知识发现的重要内容是对知识结构的发现。知识结构发现是指通过特定的方法和技术对客观知识进行科学、合理的归纳,使其具有关联性。知识的结构呈现为一种网状结构,它是由众多节点(知识因子)和节点联系(知识关联)构成的。在这里将知识因子称为元知识,将表达元知识之间关联关系的结构称为知识链。元知识是组成知识网络(体系)的最基本单位,每个单独存在的元知识通过知识链关联起来,这种知识体系是客观存在的,不会因为主体是否认识到而改变,这是知识体系的客观存在性。另外元知识还具有逐渐增加性和不可消失性,即指其体系根据时代、环境的变化而不断扩张。知识只会增加,不会消亡,这也是由知识本身特点决定的。不断发现新的元知识,不断将元知识间的关联表达出来,是开展知识管理的其他活动的起点和开端。

主体发现元知识及关联关系(认识客观知识)是一个循序渐进的过程,要根据具体的客观环境进行知识组织。知识发现的最优程度可以表达为"没有最全,只有更全",因为作为知识发现主体的人不可能在具体环境、具体条件下发现当前潜在的所有元知识,知识发现的直接目的是运用当前知识组织的方法和技术最大程度地发现知识(元知识)。随着当今信息技术的发展,人类在这方面有了巨大的进步。人们将发现的元知识通过知识表示、知识重组、知识聚类、知识存储、知识编辑、知识布局和知识监控等方法,最终达到提高知识的有序化程度,增强知识集中性的目的,这是知识组织的主要内容和本质工作,也是决定知识组织能否达到最优的关键环节。本章正是从这一目的出发,提出"知识组织层次模型"这一概念。

5.3.2 知识组织层次模型

知识组织的首要任务是将客观知识的元知识关系表示出来,以便人们识别、理解和学习知识。知识结构要想全面完整地表现出来,除运用不同的知识组织方法外,另一个重要的思想是在运用一些方法之前,先对知识的结构进行细分,得出合理的层次,例如"知识组织层次模型",继而在该层次上开展知识组织活动,这样不仅可以更快地对知识内容进行发现,还可以从另一角度清晰地反映出知识的结构。

该模型的主要思想是:在进行知识组织之前,按照四个层次把发现的知识体系进行划分,再将四个不同体系中的元知识利用知识链进行关联,如图5-4所示。

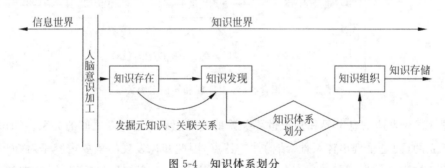

图 5-4　知识体系划分

知识体系划分的优点在于:

(1) 公共知识结构与个体知识结构可以最大限度地吻合。

(2) 将一个大的知识体系进行细分,有利于知识组织活动的开展。

按照知识层次理论将知识划分成生存知识体系、技能知识体系、消遣知识体系和自我(实现)知识体系,如图5-5所示。

关于知识组织层次模型的说明如下。

(1) 横坐标表示知识的总量,含义有两层:其一,整个人类社会知识的总量不断增加;其二,作为主体的个人的知识汲取总量也不断增加。

(2) 纵坐标表示知识的四个层次,由此形成了知识的四层体系。在每层知识体系中,

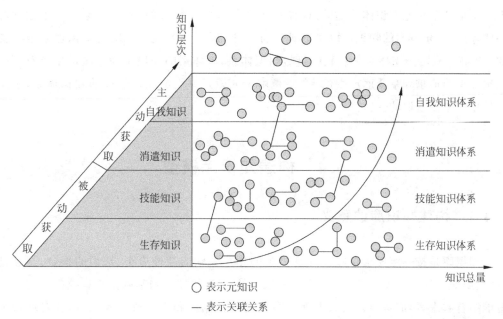

图 5-5　知识组织层次模型

客观分布着众多的元知识,元知识之间的关系由知识链相联系,连接成众多知识聚类。知识聚类可以按照不同的标准分为学科聚类、主题聚类、人物聚类、用途聚类、时空聚类等,不同的知识聚类之间的关联性是体系形成的前提。

(3) 尽管知识可以分为四个层次,但是这四个层次之间并不是相互独立的,而是具有很强的关联。将四个知识体系再按照知识组织的思想和方法进行关联,则会形成理想的知识地图——人类知识地图(包含了以人为主体的所有内容)。

(4) 将知识以相关性原理与概念体系相结合可以形成特定领域内的知识地图。

(5) 处于知识地图中的元知识存在两种状态:显性知识和隐性知识。

(6) 在被动获取知识体系阶段(生存知识体系和技能知识体系),主体学习知识的过程是相对缓慢的,如果到了主动获取知识体系阶段(消遣知识体系和自我实现知识体系),则主体学习知识的效果相对比较明显,掌握的效果也相对较好。

(7) "徘徊"在四个体系之外的知识包含两方面:其一,指主体未发现的知识;其二,指对主体来说暂时没有用的知识。

知识组织层次模型是在"知识层次理论"基础上形成的。它是将整个人类知识体系进行细分,其主要目的是提高知识组织的活动的可行性与可操作性。其主要目标是在该模型下建立相关领域知识库,继而可以提高知识搜索的效果和质量。

生存知识体系中的知识属于最底层知识,起着基础性作用,这是作为主体的社会人为了确保最基本的生存而学习后形成的知识体系,主体的社会人往往是基于生存的需要而被迫地学习;技能知识体系中的知识具有专业性、选择性和强迫性的特点,主体的社会人通过学习(被迫性)该体系的知识,可以获得较好的社会生存环境与生活状态;消遣知识体系是基于技能知识体系上的,即作为主体的人为了缓解各种压力,通过自主地学习一些休闲、娱乐方面的知识可以更好地生存下去,所以学习这个层次的知识也是很必要的;最高层次的知识体系是自我(实现)知识体系,该体系的知识是为了满足主体对更高层次知识的追求和享受而产生的,主要是由个人爱好方面的知识组成的知识体系,主体也是乐于主动获取的。

5.4　构建知识库模型

5.4.1　构建知识库的意义

知识库是按一定要求存储在计算机中的相互关联的某种事实、知识的集合,是经过分类、组织和序化的知识集合,是构造专家系统(ES)的核心和基础。它将数据库与人工智能结合起来,形成智能化的数据库。在传统的数据库和人工智能领域,都各自取得了突出成就并获得了广泛应用。然而,目前两者的结合还存在突出问题:第一,尽管现有的检索技术可以对上万条基于规则的元知识进行搜索和推理,但是缺乏高效检索访问事实库和管理大量数据与规则的能力;第二,尽管现有的数据库发展到可以处理海量数据和大量商业事务的水平,但缺乏表达和处理智能系统中基本的规则与元知识的能力,所以需要提高数据库的演绎、推理水平的能力。

数据库结合不同的领域知识已经得到了广泛的应用,产生了一些基本的、简单的领域知识库。知识库研究的进展直接关系到具体领域知识库的发展,从实践角度来看,对知识库构建的研究具有重要的意义。另外,知识库构建不仅能够动态反映以信息、知识和情报三个基本对象为基础的情报学中一些基本概念的关系,更重要的是可以为信息检索系统和知识系统等问题的研究提供理论基础和保障。

5.4.2　知识库构建模型

知识由最初分散的、孤立的元知识到具有较强关系知识库(领域知识库)的建立,需要经过一系列复杂的过程,其中包括最初的知识发现,到对发现的知识进行组织,再到最终知识库的构建。

影响知识库构建的因素主要包括知识发现、知识组织、构建知识库三方面。其中知识发现是指对客观存在的元知识进行认识,形成对特定主体具有一定意义的状态,这是知识库构建的前提;知识组织是在知识发现的基础上对客观知识的无序化状态所实施的一系列有序化组织活动;构建知识库则是进一步在前两者的基础上运用相关性原理、概念体系等方法和模型,形成特定领域内的概念(知识)体系,其关系如图5-6所示。

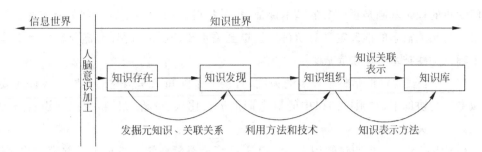

图 5-6　知识存在、知识发现、知识组织和构建知识库关系

　　下面分别从知识库构建的内容、知识库构建的过程以及知识库构建原则的角度进行分析,最终形成基于知识组织层次模型的知识库构建模型。

5.4.3　知识库构建方法

　　知识库的构建不是一蹴而就的。从实现步骤看,包括定位目标知识库、抽取概念词汇、关联概念词汇、组织元数据、存储知识库五个环节,如图 5-7 所示。

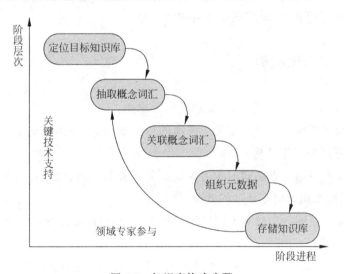

图 5-7　知识库构建步骤

　　其中的具体含义如下。

　　(1) 定位目标知识库是指确定要构建的知识库所属的知识体系。例如要建立技能知识库,首先确定了其属于技能知识体系。

　　(2) 抽取概念词汇是指对相关领域的元知识进行概念词抽取。一个具体学科体系是由概念体系支撑起来的,也是由这些概念及其体系解释说明的。具体来说包括基本概念、重要概念、相关概念和一般概念。基本概念是科学体系大厦根据一定学术规范加以严格界定,并予以准确定义的第一批基石。基本概念的研究是否深入、定义是否准确,是一门学科的理论基础是否坚实的基本保证,也是检验一门学科是否成熟的首要标准;重要概念与相关概念的准确定义对学科建设也至关重要。所以,此环节需要在领域专家指导下辅以一些技术方法来完成。

(3) 关联概念词汇是整个环节的关键,直接关系到知识库构建的成败。关联主要在领域专家的协助下,对领域知识中的概念词汇进行比较、分析、归纳,按照知识自身的客观联系进行关联。

(4) 组织元知识也叫作知识表示。其不是简单对领域知识进行汇总并表示出来,而是使用人造体系(如数学)对客观世界的运动规律进行概括和抽象。该表示方法具有逻辑推理、智能判断的特点。知识表示方法主要包括:说明性的知识表示、直接式的知识表示、过程式的知识表示、可视化的知识表示和综合性的知识表示。

(5) 存储知识库是知识库建立的最后一个环节。其存储的是事实、规则和概念等,其中事实是对基本知识的描述,是短期的;规则是从领域专家们的经验中抽出来的知识,具有长期性。

通过以上五个环节,完成了一个知识库的建立,形成了特定知识体系下的知识子库。如此反复,可以构建出该知识体系下的其他知识子库。另外按照知识子库的关联关系,对这些知识子库进行关联,形成该体系内的知识地图。

5.4.4　知识库构建原则

为了保证知识库构建的质量,需要遵循以下原则。

(1) 自顶而下原则。需要先定义知识库的总框架结构,在此基础上层层分解其总结构,形成二层、三层知识库结构。

(2) 由外而内原则。确定知识库边界是十分重要的,不仅可以保证知识库的相对独立性,也可以保证知识库建立活动的效率。

(3) 专家参与原则。要建立不同领域的知识库,必须在相关领域专家的帮助下完成,保证知识库的质量。

(4) 高内聚、低耦合原则。一个总的知识库包含若干个子知识库,每个子知识库内部的元知识必须要具有很强的相关性,即高内聚;各个子知识库之间的相关度不宜过高,这样可以保证后期知识库更新和知识检索的效率。

(5) 定期更新原则。知识发现和知识组织是动态发展的过程,知识库的内容也要依据新的知识结构不断更新。

5.4.5　知识库构建步骤

组织知识库的建设,一般包括以下步骤。

（1）分析构建目标。根据所构建知识库的目标,分析实现该目标所需的知识类型、知识形态和存储情况,确定知识库的规模、类型,明确知识库要解决的问题,使组织的知识库具有针对性、结构合理、规模适度等特性,同时应考虑经济效益,既不铺张浪费,又不影响发挥知识库的应有作用。

（2）构建知识库框架。构建知识库的目的是实现知识共享,促进知识创新。因此,首先根据构建目标设计知识库的结构、检索界面和模型。根据目标需要选择什么样的数据模型,如层次型、网状型、关系型、面向对象型、面向主题型等,针对不同用户设计界面友好、功能全面、不同风格和用途的检索系统。用户界面主要提供产品知识、组织形象、服务内容等,而内部人员使用界面以查询生产过程及项目有关的知识为主。

（3）净化数据、知识去冗。是将无序有噪音的数据进行净化处理,对与目标不相干的知识进行去冗处理。组织内部的知识多种多样、层出不穷,把组织内部的所有知识都存入知识库是没有必要和不经济的,应根据构建目标收集相关知识,对选取知识进行检索,除去异类或缺值数据、去除重复知识,使得知识库中的知识更加精炼,针对性更强、更可靠。

（4）知识整序。经清理、去冗后的知识,通过知识的分类、聚类等方法,按构建目标进行重新组合,并对重新组合后的知识进行整序,对知识单元进行结构化处理。为了充分利用知识库中的知识、便于发现新知识,对相互关联的知识用多种形式将它们联系起来。这种联系可以按项目流程,也可以按知识的内在关联性,还可以按部门或工作流程连接,以便从不同角度查询不同类型的知识。

（5）实施和联网。将去冗净化、整序后的知识按构建的框架结构组织起来,形成有机整体,对各字段建立索引,并将数字化、有序化的知识存入数据库,接入互联网,在相应的软件支持下为用户(包括组织内部员工和外界用户)提供概念、事实规则等知识。

5.4.6　知识库模型

上文讨论了领域知识库构建方法和原则。根据这些方法和原则,再结合知识组织层次模型,就可以形成一个知识库构建模型,如图 5-8 所示。其核心思想是按照知识组织层次划分体系,在不同的体系结构(生存知识体系、技能知识体系、精神知识体系、自我知识体系)中构建相关领域知识库(子库 1、子库 2、……、子库 N),综合四个体系的相关领域知识库形成的。

有关领域知识库构建模型的说明:

（1）生存知识体系、技能知识体系、精神知识体系和自我知识体系四个知识体系分别对应生存知识库、技能知识库、精神知识库和自我(实现)知识库。

（2）图中元知识分为已组织的元知识和待组织的元知识,这两种状态的元数据都是以知识发现为前提,即它们都是已经发现的元知识。已组织的元知识是以有序的、关联

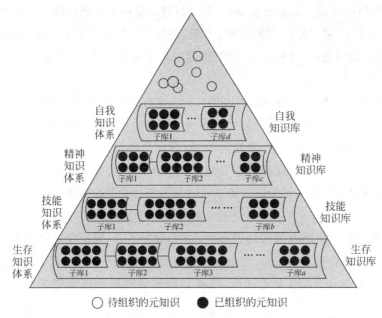

○ 待组织的元知识 ● 已组织的元知识

图 5-8 知识库构建模型

的状态存储在各个体系的子知识库中；未组织的元知识暂时还没有被组织到相关体系中，需要知识组织主体的不断认知与关联。

（3）不同体系的子知识库数量是不相同的，这是由不同层次的知识总量不同而决定的。在一个体系中的子知识库中的元知识量也是不同的，这是由具体领域（学科）知识决定的。

（4）在每一层知识体系中，存在 N 个子知识库，如生存知识库包括总数为 a 的子知识库，技能知识库包含着总数为 b 的子知识库；精神知识库包含着总数为 c 的子知识库；自我（实现）知识库包含着总数为 d 的子知识库。其中 a,b,c,d 的关系是：$a>b>c>d$。这些子知识库之间具有关联关系，进一步详细表示就可以编制出该知识体系的知识地图。

（5）宏观层次上看，整个图所表达的是人类知识的总和。微观层次上，将人类知识集划分为四个层次的知识库，但四个层次的知识库不是相互独立的，而是具有较强的关联性。每个体系下的知识库都可以编制出隶属于该体系的知识地图，如果将四个层次的知识地图按照知识本身的相关性特点，就可以编制出总的人类知识地图。

（6）构建完成的每个子知识库不是一成不变的。这包含两层含义：第一层含义是指子知识库中的内容（元知识）会随着知识发现和知识组织的发展而不断变化。第二层含义是指各个子知识库构成的"体系知识地图"会随着子知识库的数量变化而变化，会随着子知识库之间的关联关系变化而变化。

知识组织与存储的直接目的是满足人类主观的知识需要，实现这一目的必须解决客观知识与主观需求不匹配的矛盾。由于主观知识需求是比较明确的，则矛盾的焦点集中在解决客观知识的无序性。本章从搭建新的知识层次出发,提出"知识组织层次模型",目的在于探索出一种知识有序化的新方法。本章从一个新的视角讨论领域知识库建立的思路,提出知识库构建的模型。这将对未来领域知识库的构建提供一个新的模式。

5.5　国内知识库的最新发展

基于以上定义以及机构知识库的实践,可以概括出机构知识库的基本特征和主要功能。机构知识库的基本特征包括:①主体是机构;②客体是学术性的资源,包括期刊论文、学位论文、会议论文、教学视频、工作报告等;③资源的增长性和长期性,所保存的资源将是动态增长和能够被长期保存的;④资源的开放性,大部分保存的资源都是可以开放获取的。

机构知识库的主要功能包括:①存储和保存学术资源;②提供学术资源的检索和开放获取;③促进知识管理和学术交流;④促进教育和科研;⑤提高机构声望和体现社会价值。

机构知识库依托于机构,通过保存和展示机构成员的学术成果来管理数字化信息资源,可以促进学术交流,提高学者和机构的影响力和社会地位,对加强知识管理、促进科学进步和文化繁荣有着深远的意义。

截至 2015 年 11 月 19 日,在 OpenDOAR 上注册的开放获取典藏库 2989 个,其中机构知识库 2518 个,中国大陆注册的机构知识库有 40 个,中国香港地区有 2 个,中国台湾地区有 58 个。在 ROAR 上注册的开放获取典藏库共 4122 个,其中机构知识库超过 3100 个,中国大陆注册的机构知识库有 86 个,中国香港为 5 个,中国台湾为 68 个。机构知识库在全球的数量增长很快,受到了越来越广泛的关注,正在成为保存学术成果、加强学术交流、促进知识管理的重要支撑力量。

5.5.1　国内机构知识库的最新发展

在 21 世纪初,机构知识库被引进了中国,厦门大学图书馆、香港科技大学图书馆等是最早构建机构知识库的先行者。由初期的少数几个机构知识库到今天在 ROAR 上注册的 80 多家机构,机构知识库在中国已经取得了较快的发展。但由于文化和体制不同于西方国家,我国的机构知识库有些异化为"典藏库",即成为机构公开本部门科研人员已发表成果的地方,有的则已办成展示本机构优势学科或独有典藏的特色数据库,其中有些机构知识库随着时间的流逝,由于各种原因而变成了"睡眠库"。

针对这种情况,我国的机构知识库迫切需要转型,由原来的"成果典藏库"变为"知识服务平台"。张晓林认为:机构知识库是机构管理科研成果、传播学术知识、支持全社会创新的重要机制,日益成为知识基础设施的重要部分,成为支持数字科研和数字教育的重要工具。支持非文本信息存储、支持教育科研活动、支持机构战略性知识管理是我国机构知识库未来发展的趋势。

我国现在发展较好的机构知识库主要有中国科学院机构知识库、厦门大学学术典藏库、台湾学术机构典藏库以及香港机构知识库等。

1. 中国科学院机构知识库

中国科学院于 2007 年度启动机构知识库项目,经过几年时间的发展,目前已经形成国内最大的机构知识库联盟——中国科学院机构知识库(CAS IR GRid)。该机构知识库以发展机构知识共享能力和知识管理能力为目标,快速实现对本机构知识资产的收集、长期保存、合理传播利用,积极建设对知识内容进行捕获、转化、传播、利用和审计的能力,逐步建设包括知识内容分析、关系分析和能力审计在内的知识服务能力,开展综合知识管理。

目前,中国科学院机构知识库网格共集成 101 个机构知识库的数据,截至 2015 年 11 月 19 日,数据总量达到 677041 条。其中,全文总量 50 多万条,比例高达 75%,篇均下载 19.8 次。内容类型包括期刊论文、学位论文、会议论文、专利等多种形式。该库提供所有成员单位科研成果的一站式检索和知识发现服务,成为国内最大规模的机构知识库群和最有影响力的机构知识库网格,为我国自然科学学术资源的开放共享提供了一个良好的平台。

2. 厦门大学学术典藏库

厦门大学学术典藏库(Xiamen University Institutional Repository,XMUIR)创建于 2006 年,是中国大陆高校中最早建立起来的机构知识库。

厦门大学学术典藏库主要用来长期存储和展示厦门大学师生具有较高学术价值的学术著作、期刊论文、工作文稿、会议论文、科研数据资料,以及重要学术活动的演示文稿等。

该库提供了社群、发布日期、作者、题名、主题 5 种浏览方式,还有 RSS 订阅功能。收集的成果按照作者、主题、发布日期进行了分面聚类并按收集数量降序排列。大部分没有特殊权限规定的成果都可以供浏览打开并下载全文。截至 2015 年 11 月 19 日,该库检索结果为 89795 条。

3. 台湾学术机构典藏库

台湾学术机构典藏(Taiwan Academic Institutional Repository,TAIR)是台湾大学图书馆于 2006 年受台湾地区教育主管部门委托而建设的台湾学术成果入口网站。参与的学术机构有 137 所,成果总数达到了 189 万条。

为了方便用户整合查询和浏览台湾整体学术研究产出,TAIR 汇集各参与机构研究成果编辑了书目资料,展示了各机构的研究成果,通过书目资料网址链接到原始学术机构典藏系统可以获取全文资料。

4. 香港机构知识库

香港机构知识库集成了香港 8 所政府资助大学的元数据资源,提供这些大学部分或全部资源的开放获取。目前,收集的元数据结果为 365764 条,包括期刊论文(已经出版的和预印本)、会议论文、图书、学术报告、专利、视频等,系统由香港科技大学图书馆开发和维护。

香港机构知识库涵盖的 8 所大学是香港大学(The University of Hong Kong)、香港中文大学(Chinese University of Hong Kong)、香港科技大学(The Hong Kong University of Science and Technology)、香港教育学院(The Hong Kong Institute of Education)、香港理工大学(The Hong Kong Polytechnic University)、香港城市大学(City University of Hong Kong)、香港浸会大学(Hong Kong Baptist University)、香港岭南大学(Lingnan University)。

香港大学图书馆 T. Palmer 曾指出香港大学机构知识库不仅是图书馆的一套系统,而且已经成为整个大学的知识资产管理平台,有助于大学管理层对科研信息的有效管理。

5. 中国高校机构知识库联盟

2011 年 8 月,由北京大学图书馆牵头启动的 CALIS 三期机构知识库建设及推广项目旨在揭示和推广我国高校的学术成果,帮助高校发布、共享和保护已形成的知识、科学和文化遗产的数字资源,建立"分散部署、集中揭示"的全国高校机构知识库(China Academic Institutional Repository,CHAIR)。

项目首创和建立"示范馆+参建馆(1+4 或 1+5)机制",由 5 家示范馆(北京大学图书馆、清华大学图书馆、厦门大学图书馆、北京理工大学图书馆和重庆大学图书馆)协作开发全国机构知识库平台,通过任务分工、管理协调推广中国高校范围内的机构知识库建设。每个示范馆在建设完成本校机构知识库平台之后,负责本小组各参建馆的机构知识库的搭建、技术支持、规范制定和业务咨询等。

2015 年 10 月,中国高校机构知识库联盟正式成立。

5.5.2　我国机构知识库的发展障碍及解决对策

由于发展时间较短,我国机构知识库还存在很多问题及发展障碍,有很多专家都做出了详细的分析,概括起来问题有以下几个方面:①政策(包括国家宏观政策和机构微观政策)支持问题;②资金来源问题;③版权许可等法律问题;④内容质量控制问题;⑤元数据存储、互操作等技术问题;⑥提交人员观念上的问题等。

为解决这些问题,克服发展障碍,目前我国国家层面和组织机构层面都做出了许多努力和尝试,也取得了一些效果,但还存在一些问题需要进一步的改进和完善,具体有以下几个方面。

1. 政府政策和资金上的支持

英国研究理事会(RCUK)开放存取政策于 2013 年 4 月 1 日起正式实施,要求资助的研究项目成果必须以开放存取期刊或自存档的形式实现开放存取。2013 年 2 月,美国白宫科技政策办公室(OSTP)要求所有研发资助年度经费超过 1 亿美元的联邦机构都要将资助项目发表的论文存储到机构或领域知识库,在发表后 12 个月内开放获取。爱尔兰、印度等国家政府也制定了相应的开放获取政策。

我国政府在文化"走出去"战略的指引下也开始重视对开放获取的政策和资金支持。在全球研究理事会 2014 年北京大会的开幕式上,李克强总理致辞:"知识是天下公器,打造更加开放的平台,才能让每一个人都能分享科学知识的营养,实现普惠发展、包容发展"。同时也代表中央政府表明了国家对开放获取的支持态度:"支持建立公共财政资助的科学知识开放获取机制,促进中国和世界科学事业共同发展"。

2. 开放存取过程中的相关政策制定和完善

尚新丽、马云飞通过对清华大学、北京大学和厦门大学的机构知识库进行比较,分析了这 3 所高校机构知识库开放存取政策的 9 个具体方面:①政策在机构知识库网页上的显示方式;②出版社、教育科研机构等相关机构在开放存取上的政策规定;③收录的作品类型和人员范围;④提交政策;⑤使用政策;⑥格式和版本要求;⑦法律依据;⑧退出政策;⑨隐私政策。该文总结了 9 个政策中值得其他高校借鉴和学习之处,同时也提出了改进和完善的建议。

由于机构知识库在发达国家最先发展和成熟起来,所以我们可以向美国、英国和德国等机构知识库发展较好的国家学习借鉴其先进经验和有关政策规定,为我国机构知识库的发展搭建一个有法可依、有章可循的科学、正规、放心的学术交流平台。

3. 技术上的支持

(1) 存储软件的开发和应用

在机构知识库建设中采用最多的存储软件是 DSpace 和 EPrint。在 ROAR 中使用 DSpace 的开放存取库共 1609 个,占比 39%;其次是 EPrints 有 578 家,占比 14%;使用 Bepress 的有 383 家,占比为 9%;使用 Fedora 软件的有 58 家,占比为 1.4%。

由于这些软件都是在国外研发的,中国引进来之后就存在版本兼容汉化的问题。中国科学院文献情报中心在 DSpace 的基础上进行汉化,推出汉化版 CSpace4.0 软件用于机构知识库的建设。此外,国内一些公司也在开发商业存储软件用于机构知识库的建设。

(2) 互操作技术和协议的完善

传统意义的互操作是指不同平台或编程语言之间交换和共享数据的能力,包括硬件、网络、操作系统、数据库系统、数据格式和数据语义等不同层次的互操作。机构知识库需要解决的互操作问题,包括不同信息系统之间的互操作、不同开源软件之间的互操作、不支持 OAI 协议的机构知识库与支持 OAI 协议的机构知识库之间的互操作、机构知识库与搜索引擎工具之间的互操作等。这些都是在创建机构知识库期间都要考虑到的技术问题,只有这样才能确保数据在收割、保存、迁移和仿真等过程中顺利运行,防止不兼容、不能读取或者乱码等情况出现。

梁娜和张晓林从知识管理、知识服务和科研教育 3 个不同的角度分析了机构知识库的应用环境,针对技术互操作、语义互操作、管理互操作和多个利益方需求构建了相应的互操作应用需求框架,为互操作标准、规范和相关协议的制定和完善进行了有意义的探索研究。

由于实现互操作的技术难度较大,在具体操作时需要专业技术水平较高的工作人员来完成,因而其规范的制定应该征询相关专业技术人员的意见和建议。

4. 集体的力量和优势的发挥

在 2014 中国机构知识库学术研讨会上,北京大学图书馆朱强馆长呼吁高校的 IR 建设能形成合作机制,在机制下面形成不同主题的工作组,如关于政策、技术、内容建设方面等。

由北京大学图书馆牵头的 CALIS 三期机构知识库建设及推广项目旨在发挥集体的优势和力量,在全国高校范围内开展宣传、推广和创建机构知识库联盟的运动,使得开放获取理念深入人心,调动全国高校图书馆界、科研界人士的积极性,发挥示范馆的带头作用,使得机构知识库的建设在全国高校范围内全面展开,为机构长期保存数字化资源、促进学术交流、加强知识管理和服务教学科研提供一个良好的契机和平台。

中国机构知识库推进工作组(China IR Implementation Group)也于 2012 年首届中国开放获取推介周(China OA Week)期间宣布成立,成员单位包括:中国科学院文献情报中心、清华大学图书馆、北京大学图书馆、厦门大学图书馆、上海交通大学图书馆、解放军医学图书馆、中国科学技术信息研究所、中国地质图书馆、中国社会科学院文献信息中心、中国农业科学院农业信息研究所、中国医学科学院医学信息研究所、中国科学院高能物理研究所信息中心、中国科学院力学研究所信息网络中心、中国科学院武汉水生生物研究所图书馆共 14 家单位。中国机构知识库推进工作组致力于机构知识库的内容存储、技术操作、管理政策、人才培养等方面的推进,动员成员及其他单位积极开展国内国际合作,积极组织关于开放获取和机构知识库的宣传,在中国机构知识库的发展中发挥着举足轻重的作用。从成立之日起,该工作组即坚持举办每年一度的年度研讨会,旨在征求各方意见和前沿思想,推动全国机构知识库的发展。

除加强全国高校、科研院所之间的合作外,各个机构内部各相关部门(图书馆、科研处与各科研院所等)之间的合作也非常重要,各部门的合作可以促进交流、加大宣传力度以及更好地制定标准规范和遵守标准规范,避免了以前图书馆成为"信息孤岛"和各部门各自为政的现象。

5. 后期维护和宣传

在我国,由于传统出版模式和机构科研成果认定制度等因素的限制,个人不容易接受将自己的所有成果公之于众、开放获取,更不太愿意将研究成果在网上以预印本的形式发表,即使发表成果,也没有激励的动力机制促使其及时上传到机构知识库,而那些灰色文献和学位论文更是需要加强对版权和传播方面的制度规范建设。因此,促进个人观念上的转变,激励个人将成果定时发送到机构知识库是机构知识库发展中的一个重要问题。

此外,对后期的维护工作也应该做长远规划和考虑,包括数据的长期保存、上传数据的批量查重、数据的定期评价和审查、技术过时的处理措施、与时俱进的制度规范等。

在经历十几年的发展后,机构知识库正日趋成熟和完善。但是,在国内推进的过程中还有很多的困难和障碍,比如科研人员在提交成果时的顾虑以及科研成果管理制度的问题。因而,机构知识库以及全面的开放获取在我国的推广还需要假以时日,这需要我们首先在观念上进行引导,调动科研人员对机构知识库的认识和自存储的积极性;其次

案　例

必须加强和完善存储和获取过程中的技术和法律保障,以保护作者的合法权益;此外,还需要扩大宣传力度,发挥集体力量,争取政策和资金支持。目前,我国机构知识库的发展已经受到了政府、科研机构以及图书馆界的普遍重视,未来必将成为促进科技信息开放获取、资源共享、提升机构知识管理和利用的重要力量。

本章小结

1. 从主体需求知识的层次角度出发,将知识分为四个层次:基于生存方面的知识(生存知识)、基于技能方面的知识(技能知识)、基于消遣需求方面的知识(精神知识)、基于实现自我追求方面的知识(自我实现知识)。

2. 知识组织是以知识为对象的诸如整理、加工、表示、控制等一系列组织化的过程及其方法。其实质是以满足人类的客观知识主观化的需要为目的、针对客观知识的无序化状态所实施的一系列有序化组织活动。

3. 知识存储是指在组织中建立知识库,将知识存储于组织内部。知识库中应该包括显性知识和存储于人们头脑中的隐性知识。此外,知识也可以存储在组织的活动程序中。

即练即测

4. 知识库构建原则包括:自顶而下原则;由外而内原则;专家参与原则;高内聚、低耦合原则;定期更新原则。

回顾性问题

1. 什么是知识组织？什么是知识存储？
2. 如何对知识进行分类？
3. 构建知识库的意义是什么？
4. 知识库构建的原则有哪些？
5. 知识库构建一般包括哪些步骤？

 讨论性问题

1. 谈谈你对知识组织和知识存储的认识和理解。
2. 谈谈知识库在知识组织和知识存储中的价值和意义。
3. 如何理解知识层次？
4. 谈谈我国机构知识库发展情况。

 实践性问题

1. 举例说明您是如何进行知识组织和知识存储的？有什么好的经验可以和大家分享一下。
2. 构建知识库能带来哪些方面的好处？试举例说明。
3. 请结合具体实例，谈谈你是如何理解和利用知识库的。

第 6 章

知识交流与共享

6.1 知识交流

6.1.1 国外知识交流研究现状解析

知识交流是新近发明的术语,鼓励大学或者科研机构重新致力于构建科研和企业活动的能力,相对于传统的以知识产品为目标而言,现在知识交流的重点发生了改变,其更加鼓励大学部门参与到知识的应用活动中。知识转移是使现有知识的开发和应用能够为组织的目标服务。知识转移为决策者提供相关信息,并且可以在实践、计划和决策制定中提供应用的过程。它不仅发生在过程、项目或者研究的最后,并且会持续下去。知识交流是指知识生产者和知识接受者或使用者之间的双向对话和交流,并且贯穿于整个项目或科研之中。实际上,这两种活动均有助于科研。知识交流与知识转移相比,更加强调双向互动过程。知识转移暗含着知识从知识拥有者向知识需求者转移的单向过程。本章将系统地论述知识交流的概念,并对知识交流涉及的范围、知识交流的概念等进行论述,揭示知识交流的特征,同时对知识交流的内涵进行重新归纳。在此基础上,对知识交流的机制、知识交流模型进行研究。

6.1.2 知识交流研究领域与范围

本节以"knowledge exchange"为检索词,以提名、主题、标题为检索入口,选择文献语种为英文,并且选取的是国外作者的文献,检索了 ACM Digital Library、IEEE Journals、Emerald Journals 等数据库,统计出下表知识交流期刊文献统计。

表 6-1　知识交流期刊文献统计(2000—2010 年)

期刊数据库名	检 索 项	时 间 范 围	文章数
ACM Digital Library	Title: knowledge exchange Published As: periodical	2000—2010 年	2

续表

期刊数据库名	检　索　项	时　间　范　围	文章数
WorldSciNet	Article Title：knowledge exchange	2000—2010 年	2
JSTOR Article	Item title：knowledge exchange Language：English	2000—2010 年	2
IEEE Journals	Document Title：knowledge exchange You refined by：Publisher：IEEE	2000—2010 年	3
Wiley Nescience Journals	Article Titles：knowledge exchange	2000—2010 年	10
Emerald Journals	knowledge exchange in Phrase using Article title	2000—2010 年	10
ISI Web of Knowledge 引文数据库：Science Citation Index Expanded	主题：knowledge exchange 标题：knowledge exchange	2000—2010 年	12
Springer 期刊文章	标题：knowledge exchange	2000/1/1—2010/10/1	13
EBSCOhost Academic Journal	TI Title：knowledge exchange TX All Text：knowledge exchange	2000—2010 年	21
Science Direct Journals	Title：knowledge exchange	2000—2010 年	28
Engineering Village Journal	Title：knowledge exchange	2000—2010 年	30
文章总数			133

按照表 6-1 检索的关于知识交流的期刊文献内容，在 ACM Digital Library 数据库中，关于知识交流的文章涉及电子商务方面；WorldSciNet 关于知识管理的文章涉及知识交流协议和咨询行业；JSTOR Article 关于知识交流的文章涉及医疗保健政策、管理科学；IEEE Journals 关于知识交流的文章中，研究领域集中于软件市场、商业实体；Wiley Nescience Journals 关于知识交流的文章中，研究领域涉及精神病护理、产品创新管理、美国人类学、生物科研教育、教育学习、创新与创造管理、计算机与系统、知识与过程管理；Emerald Journals 关于知识交流的文章集中于全面质量管理、航空工程与航空技术、知识管理、市场情报与计划、教育培训、银行业、社会网络、卫生保健质量、工业管理与数据系统；ISI Web of Knowledge 关于知识交流的文章的研究范围包括计量学与测量系统、失语症学、技术管理、环境研究和公共卫生、食物生态学与营养、环境科学、应用科学、健康服务研究、农业与人类价值、信息技术、公共卫生、计算机科学；Springer 期刊文献中知识交流的文章涉及计算机科学、人文社科和法律、行为科学、商业和经济、数学和统计学、精神健康和成瘾服务；EBSCOhost Academic Journal 中知识交流的文章内容包括管理科学、营销管理、服务业、人力资源开发、技术分析与战略管理、管理与组织、人力资源管理、人群组织、创新与新技术、通信管理、营销原理、人事部门、信息技术、区域研究、社会科学、欧洲营销、信息管理、战略组织、组织研究等范围；Science Direct Journals 中知识交流的文章涉及临床流行病学、战略信息系统、国际商业、机器人及计算机集成制造、城市经济、专家系统应用、合资企业、教学与师范教育、信息与管理、运营管理、计算机与教育、科研政策、自动化建设、工业中的计算机应用、卫生政策、农村研究、放射疗法与

肿瘤、妇产科、癌症研究、物理疗法与康复、信息管理、预测、心胸外科、信息处理与管理、生态模型等方面；Engineering Village Journal 中关于知识交流的文章涵盖信息与通信技术、计量学与测量系统、技术管理、产品创新管理、机器人及计算机集成制造、计算机与教育、专家系统应用、高新技术管理研究、交通运输研究、化工、战略信息系统、网络与虚拟组织、设计可持续性、机械设计、信息技术与管理、信息交流与知识、远程教育技术、林业、IT 业、远距离医疗与在线保健、工业管理与数据系统、社会网络、航空航天、计算机系统、系统科学、工业中的计算机应用、信息学、人工智能、战略管理、集成制造系统、技术创新、银行业、科学与技术等领域。按照以上的统计分析，按照公益性、商业性和其他等维度对知识交流范围进行划分，如图 6-1 所示。

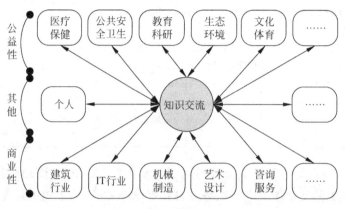

图 6-1   知识交流的领域与范围

在知识交流过程中，参与者跨度很大，呈现多样性。大学部门、企业机构、团体及个人等参与到知识交流中，并且成立专门的知识交流中心或者知识交流机构，并且在基于科研成果的基础上，协作性地满足客户需求。企业机构及团体和大学部门、科研单位之间建立学习、知识传播、知识交流的平台或网络。在知识交流中心或者机构会定期举办知识交流公共活动，由政府机构或者企业部门提供知识交流的基金。知识交流集中在特定的知识领域或者垂直行业，例如医疗保健、建筑、教育科研、卫生服务、科技设施、自然环境、公共管理等领域。

6.1.3   知识交流的概念解析

知识交流是指知识载体进行知识的互动交流。知识交流是结构化信息的交流过程，在此过程中，知识生产者以易于理解和吸收的方式，有步骤地、系统地、详尽地讲解知识，而知识使用者以关注的方式，系统地或者有侧重点地吸纳或者消化接收到的知识。知识使用者指出知识交流的主要障碍是信息可获取性的稀缺。发现知识生产者和知识使用者相匹配的研究内容是知识交流有效性的主要组成部分。

知识交流是知识生产者与知识使用者之间互动的、迭代的过程,从而实现知识使用者可以获得所需的形式简洁、内容适用的知识,知识生产者可以获得关于知识使用者需求的信息,用知识为社会做贡献。知识研究、教授、交流与应用的目的是为商业或者公共服务带来新的或改进的产品和服务。知识交流对企业的现有政策和战略而言,是相对较新的领域,这意味着许多不同行业的人员对于决策信息具有强烈的需求。

由于知识交流过程中涉及不同的知识生产者与知识使用者,而知识生产者与知识使用者所处的国家或者区域、行业背景或者领域不同,因此各个机构或者组织对知识交流的定义或者解释也有所侧重。

加拿大安大略省卫生保健信息交流平台(eHealthOntario.ca)设有阿尔茨海默氏病和痴呆相关症知识交流社区(AKE),旨在为阿尔茨海默氏病和痴呆相关症领域的研究人员、教育工作者、保健人员、政策制定者和利益相关者之间提供知识交流的平台。英国联合信息系统委员会(JISC)在 2005 年 9 月成立知识交流办公室,其知识交流的目的是促进四个合作组织——英国联合信息系统委员会(JISC)、丹麦电子研究图书馆(DEFF)、德国研究基金会(DFG)和荷兰 SURF 基金会之间的交流协作,以便为知识交流和知识传播提供新的、显著的方法。

美国绿色建筑委员会(USGBC)的知识交流旨在连接专业人员和绿色建筑教育资源,以便持续建立或推进《绿色建筑评估体系》(LEED),以及增加专业人员的绿色建筑知识。丹麦图书馆与公共管理与顾问机构(DALM)在哥本哈根设立了知识交流办公室,旨在联合合作组织的优势,用同一声音说话,提升知识共享度以及合作的可能性,提升学习、教学、科研质量。英国北安普顿大学知识交流(KE)的任务是在有关科研和知识交流的全部活动中,为其大学及合作伙伴提供学术领导力和支持力,作为大学的所有公共、私营部门以及第三方组织纵向或横向访问技术、经验和资源的主要渠道,促进大学内外部门的伙伴关系,改善大学科研与知识交流的环境,加强大学知识产权的保护与开发。发展、促进和确保成果卓越的持续性,需要在整个机构中确保良好的道德操守。

从以上论述,可以发现知识交流具有如下特征。

(1) 知识交流具有针对性。由于知识交流具有行业性,而且不同行业内部,知识交流会因知识主体(知识拥有者)和知识客体(知识需求者)的不同而形成差异性,并且由于知识需求发生的时间、选择的资源以及需求的侧重点不同,因此知识交流具有针对性。

(2) 知识交流具有(社会)协同性。知识交流涉及不同的国家、区域、行业或者多个部门,需要进行跨(国家、区域、行业)组织的多个部门人员同时进行协调与配合。

(3) 知识交流具有创新性。知识交流鼓励以创新性的方式实施交换、创新性地使用知识,并且需要跨部门进行资源整合。

(4) 知识交流具有临时性。知识交流实施过程中,需要不同行业、不同部门的人员或者资源进行整合,并且需要彼此的合作与配合,知识交流结束后原则上这些人员或者资源需要回到原有职能组织或者部门。

（5）知识交流具有开放性。参与知识交流的组织、部门或者个人等往往有多个,他们通过网络、媒介为手段,采取合同、协议或者其他的社会关系形式联系在一起。知识交流组织、形式、内容等没有严格的边界或者规范。

（6）知识交流具有动态性。知识交流过程中知识主体和知识客体在不同的时间可以相互转换、变换角色,例如科研机构、大学部门可以把科研成果转移到企业的实际运营活动中,加强企业的竞争力和创新能力。科研机构或者大学部门可以指派人员去参与企业的实际运营,并且指导科研成果的实施过程。反过来,企业将科研成果在实施过程中的情况、实践经验、调整转化情况如实地反馈到科研机构或者大学部门,指导教育与研究、促进科研人员素质的提升、改进教育科研的质量。

综上所述,知识交流是为了使知识客体(知识需求者)能够以可接收、可理解、可消化的方式获得、吸收并且运用知识,知识主体(知识拥有者)与知识客体进行互动,从而达到知识主体的知识与知识需求进行匹配的目的。在知识交流过程中,采用交流媒介为手段,例如会议、课程、视频、网络、信息通信技术等。知识主体(知识拥有者)和知识客体(知识需求者)包括大学部门、商业机构、公共部门、社会团体以及文化组织以及个人等,在不同的时间或者不同的知识需求情况下,知识主体和知识客体会相互转换角色,从而呈现知识需求的针对性和动态性。

6.1.4　知识交流机制

知识交流支持经济发展,并且鼓励企业参与知识交流以及其举办的公共活动。通过知识交流实现研究的合作以及技术、经验、知识的转移,满足中小企业在区域商业中的需求。知识交流提供商务咨询服务,支持企业发展。知识交流为创业项目设立奖金,扩大参与度,通过诸如开放式课程、财政资助、同行评审等的创新活动,吸引非传统背景的参与者,提升参与者的价值。

知识交流允许参与者可以自由访问知识库,有权使用大学的设备设施用于会议活动等,有权参加大学部门、科研机构、知识交流中心设立的课程学习或者培训项目,举办公共性的会议例如产品博览会,并且可以公开地访问大学、企业的数据库。参与者自由地参与知识交流,并可以获取实践经验,例如参加实践课程。知识交流涉及协作性研究项目,并以知识需求为导向的活动。参与者需要利用知识交流过程中的团队顾问,在交流过程中,团队顾问需要积极地参与到参与者的战略制定中,并且给予指导。知识交流中心为参与者提供奖励、奖金等,鼓励社会参与,并且提升参与者的实践水平和能力。

成功的知识交流是依靠商业界、学术界、公共部门、第三方服务与政策的多层面的、积极的互动。为了促进这些关系,专业知识是必需的,例如知识产权法、知识交流机构或者高等教育机构需要培训、培养、教育或者招聘专门的知识交流人员。合作研究在充满活力的知识交流部门起着重要的作用。合作研究涉及大学部门、公共资金提供者、第三方部门等。在知识交流过程中，为了实现共同目标，大学部门、企业机构及其合作伙伴等彼此之间需要交换设备设施、交流经验、交流知识、交换人员，并且建立完善的管理措施以便于管理。

6.1.5 知识交流模型

上述探讨了知识交流的范围，包括公益性行业、商业性行业、其他三种类型，以此作为知识主体和知识客体的领域，分析了知识交流的特征和机制，即进行合作性研究、为参与者提供开放式访问、为参与者提供资金奖项、制定或者举办公益性或者商业性知识交流项目和活动、支持经济科研及参与者素质、竞争力的提升、形成商业界、学术界、公共部门等之间的等层面互动模式，在此基础上，构建了如图 6-2 所示的知识交流模型。

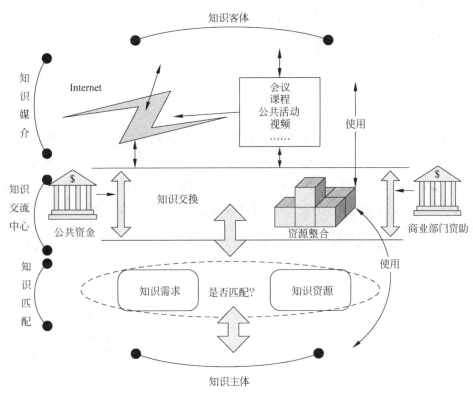

图 6-2 知识交流模型

图 6-2 从知识客体、知识媒介、知识交流中心、知识主体四个方面展示了知识交流的过程。知识客体在明确本身的知识需求之后，通过知识交流媒介（会议、课程、公关活动等）进行知识交流或者提出需求。知识在知识主体和知识客体之间进行交流，在交换过程中，知识主体和知识客体以协作方式解决问题。

随着技术的发展,基于互联网的知识交流平台越发普及,基于互联网的知识交流平台可以方便地进行知识沟通、信息交流、资料共享等。通过网络视频可以实行实时对话,或者通过电子邮件等实现异步沟通交流。互联网的应用使知识交流中心的组织结构趋向扁平化,便于管理。互联网的运用使知识交流直接化,处于网络终端的知识主体与知识客体直接联系。互联网是面向全球范围的,知识主体或者知识客体通过网络可以彼此进行各种沟通、交流或者协作性地解决问题,消除了空间和时间的限制。利用互联网,可以实时地收集知识需求、处理知识需求和进行相应的业务处理,提高了知识客体获取、吸收、消化知识的速度,节省了知识交流的时间。

知识交流中心通过公共资金或者商业部门的资助维持日常运转,并且为企业设定奖项,鼓励支持参与者的多样化。知识主体把自身拥有的知识结构、知识内容等与知识客体的知识需求进行匹配,假如匹配成功,那么会形成有效的知识交流。知识交流的成果要进行反馈或者监督,从而促进知识主体的知识扩展或者知识丰富。知识交流中心对其所能掌握的资源进行整合,并且为知识主体、知识客体提供服务。在某项知识交流活动结束后,各种资源回归各自的职能部门。

6.2 知 识 共 享

"知识共享"从1984年开始出现相关研究,2009年达到最热,至今共有7376篇相关论文,如图6-3所示。随着研究的不断深入,出现了越来越多与"知识共享"相关的研究点,形成了庞大的研究网络,主要研究相关点有知识管理、隐性知识、显性知识、知识创新、知识经济时代、影响因素、企业文化、激励机制、虚拟社区、知识库等。可见,知识共享是当前研究热点。

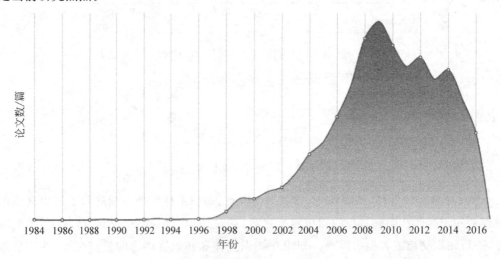

图 6-3 知识共享研究热度走势

6.2.1　知识共享概念解析

1. 知识共享内涵

关于知识共享的内涵,国内外学者基于不同的角度,提出了多种看法。李菁楠等根据研究的出发点,将其大致概括为四类视角,分别是信息沟通/信息流动角度、组织学习角度、市场角度和系统角度。

(1) 信息沟通/信息流动角度

从信息沟通角度,有效率的知识共享可以视为一种团体间综合效率的产生。这种综合效率被定义为人与人之间的互相了解与尊重。"知识"是一种"流量",可以在拥有者和接受者之间相互交流。据此,知识共享是一种沟通的过程,知识不像商品可以自由传送,向他人学习知识的时候,自己也必须有一个知识重构行为,必须具有知识去学习、共享他人的知识。共享知识简而言之就是沟通,但为了达到沟通的目的,两者间必须有联系,因此,知识共享就是人与人之间的联系与沟通,这种沟通有不同的程度和规模,如个体、工作小组、企业等。知识共享定义为知识从一个个体、群体或组织向另一个个体、群体或组织转移或传播的行为,同时知识共享是员工们在组织间传播相关信息的行为,员工互相交流知识时,使知识由个体扩散到组织层面。在知识共享时,还需要注意知识环境。知识环境是在受控环境中实现知识从拥有者到接受者的传播,从而缩小人类个体或组织之间的差距并促进人类共同发展的过程。

因此,从信息沟通/流动角度来说,知识共享就是知识在人与人之间传递的过程,也就是人与人之间进行沟通的过程。

(2) 组织学习角度

知识共享不仅仅是一方将信息传给另一方,还包含愿意帮助另一方了解信息的内涵并从中学习,进而转化为另一方的信息内容,并发展个体的行动能力。共享就是使人"知晓",将知识分享给他人,与对方共有这种知识,直到整个组织都"知晓"此知识。组织的员工或内外部团队在组织内部或跨组织之间,彼此通过各种渠道进行知识交换和讨论,其目的在于通过知识的交流,扩大知识的利用价值并产生知识的效应。因此,基于组织学习的角度,知识共享可以理解为知识在组织成员之间传递,以达到组织对个人知识的共同拥有。

(3) 市场角度

共享行为是一种交换行为,若通过有效率的沟通,最后这种相互了解将会促成组织目标的达成。知识共享过程被看作企业内部的知识参与知识市场的过程,正如其他商品与服务,知识市场也有买方、卖方,市场的参与者都相信可以从中获得好处。

知识交易是形成知识共享的基础。交易的客体(知识)主要有两类,即关于技术的知识(包括隐性知识、经验、技能等)和关于属性的知识,并将组织内部的知识交易划分为管理不参与交易、管理直接交易和管理参与交易 3 种形式。影响交易的主要因素有：交易成本的高低、知识拥有者交易时承担风险的高低和知识的本地化特性。

知识共享就是组织内知识的流量，知识流量越大越能够促进知识的转换和知识的创造，为组织增强核心竞争力。知识只要生产一次就可以进行无限次低成本的复制，使知识的边际使用成本趋向于零。所以促进知识共享行为就是促进知识的利用与增加知识的边际效应。从扩展知识价值的角度来看，知识共享是把实践证明有效的知识或技能应用到不同的环境中，以提高知识的产出和扩大应用规模的过程。由此，从市场角度来看，知识共享可以看作有价值的商品，参与知识市场的交易，提高知识产出。

（4）系统角度

除上述三大类外，还有学者从系统角度提出了自己的观点。从系统角度提出，企业知识共享是一个系统的工程，是多种因素综合作用的结果。知识转移是知识共享的过程，组织学习是知识共享的手段，知识创造是知识共享的目的。

知识沟通/流动的观点主要强调了知识在个体之间的流动，过程的观点强调了人通过知识产生的互动，组织学习的观点强调了知识在组织学习中的获取和共享，而市场角度则强调了知识共享的经济意义。各家之言都有一定道理，只是侧重的角度不同。但是，这些观点存在一个缺陷，即都没有把知识共享当作一个系统工程来看待。实际上，知识共享是一个内涵丰富的概念，不仅包含知识的流动，也包含着人与人之间的互动，不仅发生在知识市场上，也发生在组织、团队、个人的身上，不仅需要技术和制度的支撑，也需要一定的激励。因而，从系统的观点来理解知识共享，无疑更为合适。总之，知识共享是知识在组织中转移、传递和交流的过程。通过知识共享将个人或者部门的知识扩散到组织系统。知识共享方式可在组织内人员或部门之间通过查询、培训、研讨或者其他方式获得。

2. **知识共享要素**

对知识共享活动的全面认识必须考虑以下 3 个要素。

共享对象——知识的内容（显性知识和隐性知识）。共享是知识增长最迅速、最便捷的方式，在共享过程中，经过员工的共同讨论、分析和修正，原有知识得以扩大和创新，知识的质量和数量不断提高和增加，最终成为企业不断增长的知识财富，同时并实现其价值。知识在产生之后，若不能加以扩散，知识的应用范围就会受到限制，其作用就会下降，也不利于知识的更新。

共享主体——人、团队和组织。主体拥有知识存量的多少固然重要，但更重要的是有多少人、哪些人在何时知道并能及时利用这些知识。知识管理鼓励各种形式的知识交流与共享，其目标就是使关键的知识能在关键的时候被关键的员工掌握和应用，以实现最佳决策和最佳实践。

共享手段——知识网络、会议和团队学习等。手段的先进性取决于检索、传播和扩散知识的质量和速度。现代信息技术为知识共享提供了前所未有的先进手段，许多抽象的知识以技术等形式被确定下来,成为可充分共享的智力资本。同时,也丝毫不能忽视那些传统的共享手段在知识共享特别是许多隐性知识的共享方面所具有的独特生命力,比如面对面的沟通实践等。研究表明,经理们 2/3 的信息和知识来自面议或电话中的交谈,只有 1/3 的信息来自文件。组织中的大多数人,当他们在某一问题上需要专家意见时,大多是去向一些有知识的人咨询。

3．知识共享模式和策略

在知识共享的三要素中,人和技术是两个主要维度,无论强化哪个维度的作用,都能够促进知识共享的过程,推动知识螺旋式运动的发展。但是,人和技术在知识螺旋式运动中的各个阶段所起的作用是不尽相同的。对特定的组织来说,在选择哪个维度作为重点,或是两个维度同时兼顾时,常常面临着两难的选择。通过对国外著名咨询公司的研究,可归纳出两种知识共享的模式和策略——编码化和人格化。

(1) 编码化管理是指单从技术维度来管理知识的模式,也叫法典编辑策略。它使知识与知识开发者相剥离,以达到知识独立于特定个体或组织的目的;而后知识再经仔细提取进而汇编成法典并存储于数据库中,以供人们随时反复调用。编码化管理主要适宜于那些提供标准化成熟产品或服务的公司,如设计院、传统制造企业等。这类企业的生产和经营活动主要依靠显性知识,利用原有知识进行重复性生产或经营,较少依靠员工头脑中的隐性知识。因此,快速获取知识是这类企业制胜的关键,而编码化管理正好可满足这一要求。该方法使许多人可以搜寻和提取经过编辑的知识,而无须与最初开发者接触,这就促进了知识共享和反复应用。

(2) 人格化管理是指单从人的维度来管理企业知识的模式和策略。它将知识与其开发者紧密联结在一起,知识主要通过面对面的接触来进行共享;知识管理更多的是集中注意力于个体间的对话,而不是数据库中的知识客体;知识并未被编成法典,而是在运用头脑风暴法的研讨中和一对一的交谈中发生转移的;咨询员通过对所要解决的问题反复探究,从而使集体获得更深的领悟;计算机、局域网等的主要目的是帮助人们更好地沟通知识,而不单是储存知识。

人格化知识管理主要适用于以创新产品(或服务)而不是成熟产品(或服务)获取市场价值、更多地生产定制化而不是标准化产品或服务的知识型企业,如咨询公司、维修公司和餐饮公司等。这类企业的生产经营活动主要依靠隐性知识,而不是显性知识。为了让人格化管理行之有效,像 Bain 这样的公司都重金注资建立人员网络系统,在公司中,知识不仅通过面对面的方式,还通过电话、电子邮件和视频会议等形式进行共享。而麦肯锡公司则通过多种方式,如办事处之间的人员调动、支持咨询员立即给同事回电话的文化、创建专家目录以及使用咨询督导员等方法,来培育网络系统,以协助项目团队达成知识共享和应用。

6.2.2　知识共享研究的基础理论

（1）社会认知理论：强调指出个体、行为和环境之间一直进行着持续的相互作用，在讨论知识共享者和接受者间的交互方面有很好的解释力，因而成为该领域的热门理论之一。

（2）社会资本理论：社会资本是指嵌入于个体或社会单位所拥有的关系网络中潜在或现有资源的总和。社会资本理论指出社会资本能提供人们所需的物质支持和情感支持。知识从本质上来说属于信息资源的范畴，其获取途径很大程度上依赖于个体的社会网络关系，社会资本理论能为知识共享的研究带来新的视角。

（3）社会交换理论：社会交换理论指出社会交换是人际互动的基础，目的是获得有价值的资源。知识共享在某种程度上体现了以知识为客体的人际间的交换互动。在实践中不难发现，此类交换行为往往会伴随着资源、价值等置换，使得知识共享者丧失其特有价值。因此，从另一方面对其予以补偿才是高效、可持续发展的知识共享。用社会交换理论能够很好地解释知识共享，尤其是个体持续性的知识共享行为。

（4）动机理论：用来解释个体采取某一特定行为的驱动力。在知识共享的交互过程中，无论是知识共享者还是知识接受者若非有一定的驱动力均不会参与其中，此驱动力可以是内部驱动也可以是外部驱动。

（5）计划行为理论：个体的理性意愿不能完全决定个体行为，还会受到行为控制影响，在此基础上提出了计划行为理论。计划行为理论指出人的行为是经过深思熟虑的计划的结果。知识共享必须在充分地理解个体行为决策过程，充分权衡知识共享者和知识接收者双方的利益下，营造一个积极可持续的共享环境。

6.2.3　知识共享研究体系

知识共享的过程，一般应包括主体、客体、本体和载体四个方面的内容。本书所提主体、客体分别指共享和吸收知识的人或组织，载体指承载知识共享的平台或空间。前人基于不同学科背景、不同视角对上述内容予以分析，形成了该领域的知识体系。

1. 知识共享研究主体方面

知识共享是人际间知识交流和共享的过程，一直以来对知识共享主体属性的深入探讨都是学者们重点关注的研究要点之一。

在知识共享主体部分，动机的研究受到了普遍关注，主要从内部和外部动机视角探究了其内在机制。外部动机是指个体通过知识共享希望获得他人回报，内部动机是个体通过知识共享希望获得自身的心理满足感。

在内部动机中，声誉和互惠是研究较多的两个因素。其中，声誉是对个体的总体评估,即能使个体获取和维持组织中的地位。互惠是指抱有对方未来会给予自身无形回报的期望。在外部动机中,自我效能和利他主义是研究较多的两个因素。其中,自我效能是指个体对自身能够顺利完成某项任务的主观评判。利他主义是指个体为了他人利益愿意牺牲自身利益并感到满足的心理。利他主义可以正向促进组织中的知识共享。利他主义和自我效能均能促进团队的知识共享意愿。自我效能和利他主义积极影响网络健康社区的公共健康知识共享和个人健康知识共享。

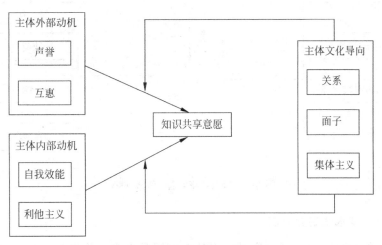

图 6-4　知识共享主体的研究框架

此外,关注中国特定文化情境形成的主体文化导向,如关系、面子和集体主义等也成为近年来研究的热点。儒家文化的熏陶促使知识共享主体希望建立、维持和应用自身的人际关系为双方带来情感或物质利益。关系能促进知识共享的意愿和行为,面子心理是中国文化情境下比较独特的现象。面子意识能积极影响个体的通用性知识共享,消极影响特殊性知识共享,集体主义心理促使人们将集体利益置于自身利益之上从而愿意对其他成员施以援助。关系和集体主义心理能积极影响高知识共享意愿,而面子心理会抑制知识共享意愿。知识共享主体研究具体如图 6-4 所示。

2. 知识共享研究客体方面

在知识共享客体部分,目前较少从知识接受者的视角来探究知识共享行为。众所周知,知识共享是双向互动的过程,为保证知识共享的成功实施,了解知识接收者需求、行为和经历,随后采用不同手段以支持接收者是很有必要的。通过分析总结已有文献,将知识共享客体的研究框架归纳如图 6-5 所示。

动机、机会和能力是影响个体实施某种特定行为的重要因素。知识接收者的吸收能力能显著提升知识共享绩效。当个体具有知识共享能力但不具备知识共享意愿时会在很大程度上降低知识共享的有效性。知识接收者的信息获取动机、吸收能力以及记忆能力均能积极促进线上线下的知识共享意愿,进而提高个体工作绩效。使用知识管理系统及其他相关系统能有效降低知识共享过程中的时间成本和空间成本。此外,地位也是知识接收的一大助力,组织地位较高的个体往往有更多机会获取知识。

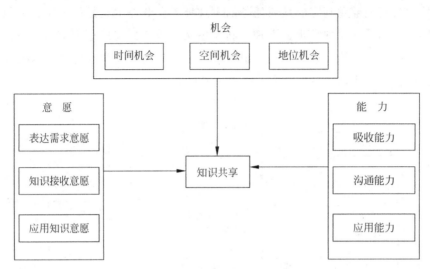

图 6-5　知识共享客体的研究框架

3. 知识共享本体研究方面

在知识共享本体部分,现有文献大多从三个视角探究知识属性。其一,按照知识是否易编码将其分成隐性和显性知识;其二,按照信息含量给出了知识模糊性和复杂性等概念;其三,按照情境的可复制性给出了知识完整性和系统嵌入性等概念。在上述几类研究中,尤以隐性知识和显性知识的属性划分对学术界的影响最为深远。通过分析总结已有文献,将知识共享本体的研究框架归纳如图 6-6 所示。

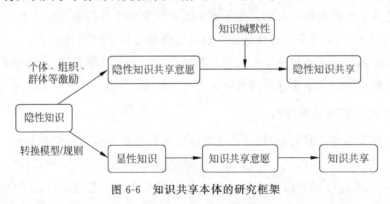

图 6-6　知识共享本体的研究框架

如今对于显性知识的研究已经相对成熟,近年来学者们对此内容的关注度相对较低。而隐性知识因其不易编码的特性使其在共享过程中存在巨大的障碍。因此,如何将隐性知识显性化以及如何提高用户的隐性知识共享意愿成为当前研究中颇受关注的两个重要问题。在隐性知识共享意愿方面,知识缄默性能负向调节虚拟企业知识共享意愿和知识共享行为间的影响效应。

4.知识共享载体研究方面

社会认知理论指出个体、环境、行为会持续地发生交互作用。因此,知识共享载体对于主体和客体间的共享行为会产生重要影响,良好的知识共享氛围能极大地促进知识共享者积极分享知识。通过分析总结已有文献,将知识共享载体的研究框架归纳如图 6-7 所示。

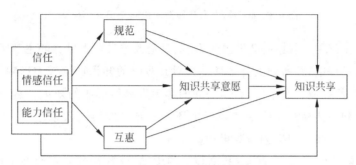

图 6-7　知识共享载体的研究框架

信任、规范和互惠是目前知识共享载体中最受关注的 3 个研究因素。信任涵盖了能力、情感两种信任,且前者的作用效果强于后者。对知识价值流失的担忧会影响个体在组织中的知识共享行为,而构建充满信任的群体氛围有助于建立个体对合作成员的正面预期,从而减少其感知风险并提高知识共享意愿。成员间在互惠的基础上建立起信任关系,而组织通过推动更大程度的互惠,可增强成员之间的信任。李卫东和刘洪研究表明信任会以间接或直接的方式显著作用于知识共享意愿,且互惠部分介于两者之间的关系。互惠关系和主观规范均是影响知识共享态度的直接因素。信任对知识共享的主观规范有直接的显著影响,且主观规范会进一步影响知识共享意愿。

6.2.4　知识共享模式研究

知识共享是新时期科技创新的必要保障,是全民学习的组织基础,还是个体不断完善自身知识结构的有力途径。在 Web2.0 到来的社会大环境之下,知识共享模式跨越了空间的局限性,为社会发展带来了巨大的动力。从协同环境下知识共享的知识编码属性和社会属性的作用出发,结合国内外相关科研成果对知识共享模式进行探讨,探索知识共享模式下的协同绩效产出过程,为社会组织提升知识协同共享绩效与知识创新提供理论支持。

1.面向知识内在属性的协同知识共享模式

面向知识内在属性的协同知识共享模式主要包括情境嵌入性、路径依赖性和知识模块化三个方面,具体如图 6-8 所示。

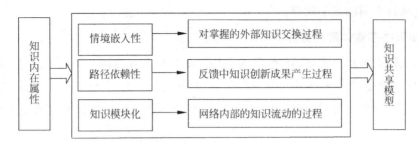

图 6-8　面向知识内在属性的协同知识共享模式

（1）情境嵌入性。唯心主义思想认为，知识是人类对客观世界的主观感知，在个体吸收外部知识的过程中，其所处的外部环境会对其吸收的知识产生较大影响。不同的个体所处的社会、自然环境各有不同，根据相同的客观事物所形成的知识必然是有所差异的。情境嵌入性对知识共享会造成由知识产生环境差异导致协同效果减弱。但异质主体间知识的差异性使反馈中产生创新成果和新绩效。

（2）路径依赖性。随着时间或共享频次的增加，已掌握的知识会在个体或网络中不断地被强化，强化使个人或网络排斥接受新的知识，单一知识的强化不利于知识更新与知识共享。路径依赖性的协同影响体现在成员会排斥从外部获取新知识，从而影响内部与外部的协同；路径依赖性的个人影响方面体现在对反馈机制的作用上，由于个体对接收知识的排斥，会削弱反馈机制的效用，个体不易对接收到的共享知识进行二次加工并且反馈结果，阻碍协同反馈的发生。

（3）知识模块化。从模块维度对知识在个体之间的共享转移进行解释，"知识模块的分解"到"知识模块的集中"的过程也就是个体"知识发送"到"知识接收"的过程。被个体完整吸收的知识都是由相互依存的元素共同构成，其组成元素的数量与元素之间的相互依存关系决定了被个体所掌握的知识的复杂性，也称为知识的模块化程度。协同网络中知识模块集合之间相互协同，知识中包含的元素相同或相似的个数越多，则知识的模块化程度越差。即知识中包含的元素相对独立于其他元素集合，提高网络中知识的模块化程度，才能更好地推动知识模块协同创新。

2．面向社会外部属性的协同知识共享模式

社会外部环境是协同共享网络存在的基本环境，区别于社会组织规范影响，协同网络社会属性由外部环境决定。由此展开协同共享网络社会属性研究。面向社会外部属性的协同知识共享模式如图 6-9 所示。

（1）科技创新环境。"一带一路"是我国对外开放在新时期、新环境下的重大措施，科技协同创新在"一带一路"建设中发挥着重要作用，作为科技创新的重要生产源，协同共享网络会在新形势下发挥重要作用。全体社会科技创新环境是协同网络的发展基石，同时协同共享网络也是科技创新环境进步的动力源泉。Web2.0 的发展给协同共享网络模式发展带来广阔空间，让用户打破空间与时间的界限进行高质量的知识共享活动，让协

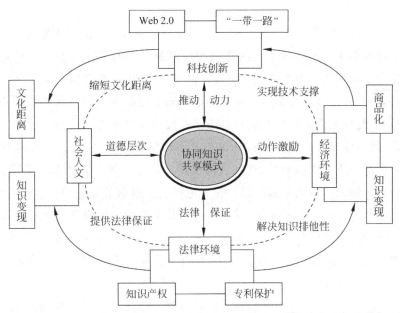

图 6-9　面向社会外部属性的协同知识共享模式

同网络的非正式社会网络属性逐渐显现,打破传统知识共享中过分依赖于社会组织构建知识链路。知识共享活动质量的提升又产生协同创新成果,实现社会创新环境发展的良性循环,推进高新技术和科技成果的协同共享。

(2) 经济环境。随着信息技术革命的不断深入,知识借助市场的渠道进行共享与传播,数据挖掘技术使用户在大数据环境下的信息爆炸洪流中找到知识的商业开发价值,知识拉开了商业化的序幕。知识商业化体现在其可以重复且快速地进行流通,但知识及其创新成果会随时间变化而快速贬值。黄国锋认为在协同网络中,成员的知识获取一共经历了 3 个阶段:1.0 阶段是基于互联网百科搜索的静态知识获取;2.0 阶段的知识来源是大型的网络知识交换社区;3.0 阶段也就是最近这一阶段则是实时互动、知识变现的时期。知识付费现象揭示知识商业化对知识创新的影响。权威知识、行业经验与专业化知识的有偿获取是未来协同共享网络发展的方向。目前用户对知识付费态度仍然不明朗,但其对社会属性协同有巨大的影响作用。

(3) 社会人文环境。协同网络所处的文化距离、信息伦理环境是社会属性的一部分。文化距离是由于网络中各个异质主体的成长轨迹与生存环境决定的,异质主体之间的文化距离大到国别语言、种族文化和宗教信仰,小到区域、家庭环境,影响协同网络的人文环境复杂性。从协同绩效角度分析,人文环境的复杂性阻碍协同。社会人文另一要素是社会信息伦理。信息伦理是一种建立在道德层面上的约束力,可以演化成为信息时代的信息道德规范,例如,对隐私权的尊重、遵守约定、对知识产权的保护等。协同网络中的创新成果分配过程,依赖参与成员的道德自发性,在一个重视信息伦理规范的环境中,协同共享网络决定着网络内部成员实施共享行为的积极性,对网络中的协同共享行为有促进作用。

（4）法律环境。保障私有物及其所有人的安全是法律产生的根本原因。针对协同共享网络的法律环境主要是指对个人的知识产权以及专利的保护。参与到协同共享网络的个体不是为了共享知识而参与到知识共享活动之中，也不是仅仅因为爱好知识共享而进行知识共享行为，成员通常是为了获得知识及知识创新成果而参与到协同共享网络之中，获得知识分配权是人们进行知识共享的积极性的主要来源。通过分配来促进成员的知识分享，这就需要对知识进行排他性保护。但知识是人对外界的感知，这种感知是无形的不具有天然的所有权排他性，这就需要法律来对个人的知识产权与专利进行保护。对知识本身来说知识产权及专利的保护在一定程度上限制了知识的更新与进化，但是对于知识创新成果的直接产生者来说，其参与知识共享得到的回报就会增加。知识需要有共享动作，法律并不是维护占据知识共享优势地位的个体去对知识进行垄断，而是对在社会网络中进行知识共享的行为进行保护，只有真正保护个体知识创新的积极性才能保障整个社会的科技进步。

案　例

由于知识共享是一个复杂的过程，其中涉及心理学、管理学、信息科学等多个学科，所以需要从更宽的学术角度和心理学的角度来研究知识共享。今后的知识共享将会趋向于用综合跨学科的研究框架进行研究，考察知识共享的综合影响因素，并且会对不同的社会组织进行特定研究，发现其组织特色，寻求适合其特色的知识共享方式。

本章小结

1. 知识交流是为了使知识客体（知识需求者）能够以可接收、可理解、可消化的方式获得、吸收并且运用知识，知识主体（知识拥有者）与知识客体进行互动，从而达到知识主体的知识与知识需求进行匹配的过程。

2. 知识共享是知识在组织中转移、传递和交流的过程。通过知识共享将个人或者部门的知识扩散到组织系统。知识共享方式可在组织内人员或部门之间通过查询、培训、研讨或者其他方式获得。

即练即测

3. 知识交流的特征：知识交流具有针对性、知识交流具有（社会）协同性、知识交流具有创新性、知识交流具有临时性、知识交流具有开放性、知识交流具有动态性。

回顾性问题

1. 什么是知识交流？其内涵和特点是什么？
2. 什么是知识共享？其内涵和特点是什么？
3. 知识交流和知识共享的关系是什么？

 ## 讨论性问题

1. 谈谈你平时是如何进行知识交流的。
2. 探讨一下如何有效地进行知识共享。

 ## 实践性问题

1. 举例说明，如何在日常生活工作中进行知识交流？通过什么工具进行知识交流？
2. 你认为知识共享存在哪些障碍因素？如何消除这些障碍因素？

第 7 章

知识转移与应用

7.1 背 景 介 绍

自"十二五"开始,中国后工业化时代已经来临,中国经济发展方式需要转变,同时由于产业升级、企业转型的需求非常迫切,培育并发展企业的核心能力特别是技术创新能力成为重中之重。创新有多种分类方式,比较常见的有技术创新、组织创新、管理创新和服务创新以及自主创新与合作创新等。

创新能力的本质是知识,创新就是利用知识来产生新的知识,有效的知识转移与应用可以提升并积累创新能力,增加知识基础,可以促进资源的优化配置,对社会经济增长有显著的促进作用。知识转移与应用是知识经济时代企业取得竞争优势的基础,随着知识经济在全球范围内的蓬勃兴起,知识已经成为企业和组织获取竞争优势的关键性资源。企业或组织要在激烈的市场竞争中建立和保持自己的竞争优势,就必须根据环境的变化及时地创造和更新知识。因而,知识转移与应用成为企业取得竞争优势的基础,知识转移与应用的效果直接影响一个组织的生存与发展。

知识管理是企业在面对日益增长的非连续性的环境变化时,针对组织的适应性、组织的生存和能力等关键问题的一种迎合性措施。知识管理的研究致力于解决三个问题:组织如何创造、维持和转移知识。知识转移与应用的价值已逐渐被个人和组织认可,研究的方向也随之广泛。知识转移与应用是一个动态学习的过程,是知识势能高的主体向知识势能低的主体转移知识的过程,基于合作创新的知识转移与应用往往是双向互动、在多个行为主体之间同时进行的,知识发送方和知识接收方之间没有绝对的界限。

7.2 研 究 现 状

7.2.1 文献统计

"知识转移"研究始于 1983 年,2009 年达到最热,此后研究态势良好,热度不减,至今共有 3716 篇相关论文,如图 7-1 所示。涉及研究点有隐性知识、影响因素、知识管理、跨国公司、知识共享、显性知识、隐性知识转移、战略联盟和组织学习等。知识转移的跨学科研究发展迅猛,深入教育学、科学技术史、应用经济学、理论经济学、管理科学与工程等多个学科,衍生出多个交叉学科主题,如表 7-1 所示。

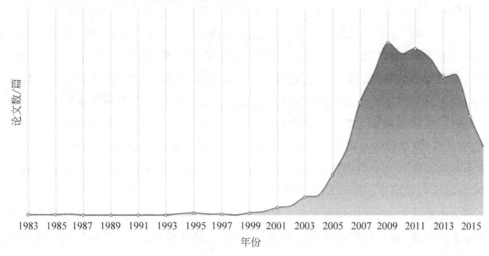

图 7-1　知识转移研究热度走势

表 7-1　知识转移与应用学科渗透

学 科 主 题	主 要 内 容
科学技术史	隐性知识、知识管理、知识共享、战略联盟、吸收能力、技术创新
教育学	显性知识、隐性知识转移与应用、知识创新、知识经济、组织文化、新知识
管理科学与工程	组织学习、结构方程模型、供应链、知识特性、演化博弈、IT 外包
应用经济学	竞争优势、企业管理、激励机制、企业信息化、企业文化、核心竞争力
理论经济学	跨国公司、产业集群、创新网络、集群企业、跨国并购、知识扩散
图书馆、情报与档案管理	图书馆、知识资源、高校图书馆、图书馆联盟、知识服务、服务创新

7.2.2　知识转移与应用的概念

1. 知识转移的概念

知识转移不是一个孤立的环节,而是与知识的创造和利用紧密联系在一起。知识是全人类的共同财富,只有通过转移服务于全人类才能发挥它的巨大作用。经济合作发展组织认为,知识转移是专业知识在人与人之间的传播过程。通过知识转移,组织可以有效提高人力资源水平并进而获得竞争优势。知识转移是由知识传输和知识吸收两个过程所共同组成的统一过程。只有当转移的知识保留下来,才是有效的知识转移。因此,知识转移可以视为知识接受方与知识提供方之间的互动,知识接收者通过各种渠道取得所需要的知识,并加以吸收、应用和创新。另外,通过知识转移所取得的满意程度也是一个重要指标。也就是说,知识的成功转移必须完成知识传递和知识吸收两个过程,并使知识接收者感到满意。

对知识转移的研究视角不同,不同的学者有着不同的定义。但知识转移概念需包含三点,第一为知识源和接受者;第二为特定的情境或环境;第三为特定的目的,即将知识拥有者的知识转移成为知识接受者的知识,缩小其之间的知识差距。知识转移是在一定的情境中,从知识的源单元到接受单元的信息传播过程,包含开始、实施、调整和整合四个阶段。知识转移是组织内部和组织间知识创造互动的螺旋过程。知识转移是对组织中个人或群体创造的知识的再利用过程。经济合作发展组织认为,知识转移是专业知识在人与人之间的传播过程,通过知识转移,组织可以有效提高人力资源水平并进而获得竞争优势。美国华盛顿大学管理学教授南希·M.狄克逊从知识再利用角度把知识转移描述为:让存在于组织一个部门的知识应用到组织其他部门中的过程。国内知识管理学者董小英从扩展知识价值的角度认为知识转移是把有效的知识或技能应用到不同的环境中,以提高知识的产出和应用规模的过程。知识转移是知识在不同主体之间有目的、有计划的传播过程,是知识扩散过程和知识吸收过程的有机统一。知识转移是一个复杂的动力系统工程,在其转移过程中会受到知识特性、转移情境、知识源与知识受体双方的认知结构和转移动机等多种因素的影响。知识转移是目前知识管理理论和实践领域流行的概念,由于认知和习惯等种种原因,人们在使用中并不刻意区分知识转移及其相关概念(如知识传播、知识扩散与知识共享等),这种做法已经影响了知识管理实践的进展,同时也弱化了知识转移的效果。

(1) 知识转移不同于知识传播。人类个体之间或组织之间的所有知识传递活动都可以划归知识传播活动,但只有在受控环境中进行的结果导向的知识传播活动才可以称为知识转移,就此而言,知识转移是知识传播的一个子集。根据传播学研究者和知识传播研究者的定义,"传播"和"知识传播"的共同点之一就是"不考虑反馈",其研究重点是单向传播;而知识转移则特别强调知识转移的反馈或结果,是一种双向交流;就此而言,知识转移又可以算是知识传播的交集。当然,一个事物不可能同时成为另一个事物的子集和交集,其中的奥妙就在于知识传播的内涵也是在不断变化,而重视知识传播的反馈就是一个重要的发展方向。

(2) 知识转移不同于知识扩散。与知识传播比较,知识扩散所传播的主要是新知识,传播方式以自然传播(如时尚知识的普及)为主,当然也不排除主动的传播(如技术推广),知识扩散可以算作知识传播的一个子集。与知识转移比较,知识扩散是一种自然的、缓慢的和单向的知识传播过程,而知识转移是在受控环境中进行的带有双向交流性质的、强调时效性的知识传播,彼此之间的区别不言而喻;但如果把知识转移放在更大的时空中考察,可以认为,知识扩散就是跨时空的知识转移,而知识转移可以近似地认为是浓缩的知识扩散。

(3) 知识转移也不同于知识共享。南希·M.狄克逊把知识共享解释为共同拥有在企业内部的共有知识。我国学者魏江等人认为,知识共享是指员工个人的知识(包括显性知识和隐性知识)通过各种交流方式(如:电话、口头交谈和网络等)为组织中其他成员所共同分享,从而转变为组织知识财富的过程。结合知识传播、知识扩散和知识转移进行分析,知识共享可以有两种解释:广义的知识共享是指缩小人类个体或组织之间的知识差距的所有活动和过程,包括知识传播、知识扩散和知识转移但不限于这些活动和过程;狭义的知识共享则是指知识传播、知识扩散和知识转移等旨在缩小人类个体或组织之间的知识差距的活动与过程的结果。

2. 知识应用的概念

知识应用是指知识在组织中只有得到应用时才能增加价值。知识应用是实现上述知识活动价值的环节,决定了组织对知识的需求,是知识鉴别、创新、获取、存储和共享的参考点。知识应用是指运用已有知识解决问题的阶段。只有当分布在组织各处的知识可以全面地在组织中流通并应用于解决实际问题时,知识才能产生价值。知识应用是组织持续学习的一部分,是组织及时回应技术的改变、利用知识和技术产生新产品和新流程的动态过程。组织知识应用的本质是持续地将智力资本转化为创新成果。只有知识的产生、储存和转移而不加以应用,就不会对提高组织的绩效产生积极的影响。只有当将散布在组织各处的知识转移和应用到需要的地方,有效解决实际问题时,才能充分体现知识的价值。

知识应用是知识从理论到实践的转化过程。当组织面临新的问题时,借助组织所掌握的显性或者隐性知识,应用到实践之中以解决问题,为组织创造价值。因此,知识应用是实现知识从知识形态本身到组织价值转化的拐点。知识应用过程中,要促使知识与实际环境相吻合,才能通过原有的知识或原有知识的组合创新来解决新遇到的问题。因此,知识应用需要有一个快捷实时的知识检索系统。对于个人,人脑就是一个天然的功能强大的知识自然检索系统,但作为个体的人所掌握的知识总是极其有限的。在组织所掌握的浩如烟海的知识中,个人所能熟练记忆和掌握的只是沧海一粟而已。所以,组织需要建立基于知识仓库的检索系统,以实现知识快捷实时地检索者互动,提高应用效率。

知识应用的根本目的在于为组织创造价值,实现从知识到价值的飞跃。应用是知识创造价值的直接体现。最常见的一种知识应用是直接把知识作为产品转让或者售卖,从而获得收益,实现知识价值;另一种为组织创造价值的方式是将知识内化于组织理念、文化、业务流程、经营管理和技术开发之中,以获得财务和非财务的收益,这是知识创造价值的最重要途径。因为从根本上来说,知识售卖所获得的价值,仍然依赖于知识的内化给组织带来价值的潜能,对出售方来说售卖知识本身获得收益,而对购买方来说,仍是看重知识内化给组织带来价值的能力。

知识应用中还要解决知识的重复性使用问题。只有可重复使用的东西,才能产生稳定的效益,同样,知识重复应用的次数越多,效率就会越高,而且在重复使用中可以极大地促进知识的创新与进步。在知识复用中,一般的技术可以通过培训来实现重复使用,例如机械加工技术、打字技术、编程技术和会计技术等,但业务处理规则等隐性知识的重复却未能被许多企业认识到。例如,市场促销行为包括市场调研、产品现状分析、公司内部资源分析、竞争对手分析等,这样的一个市场促销行为,如果可以重复,那么会比简单的技能重复带来更好的效果。在管理成熟、运作规范的国外组织中,业务处理规章作为重要的知识,在推动复用中发挥积极作用。

在知识的应用过程中,会涉及大量的知识开发工作,开发包括重新获取、整理和保存等。从节约成本的观点出发,必须平衡知识投入与知识所创造的价值的财务关系,即平衡知识开发和知识应用的关系。在知识开发过程中,尤其是核心技术和管理方法的研发的成本是相当高的,所有组织对于知识的应用关键还要立足于对现有知识的消化和吸收,不要将花了巨大成本开发出来的知识搁置不用而去舍近求远,应尽量使关键性知识的应用量近似于关键性知识的获取量,最有效地利用好现有知识,实现知识产值的最大化。

7.2.3　知识转移与应用的框架

国内外学者针对创新与知识转移与应用开展了许多卓有成效的研究,即研究对象、内容呈现多角度、多层次等特征。为了系统分析目前基于创新视角的知识转移与应用研究现状、关注当前研究重点以及分析今后研究的发展趋势,本章对当前理论界有关创新与知识转移与应用的研究进行了梳理,将研究内容总括为研究层次、研究视角、研究对象三个维度以及知识特性、影响因素等十五个要素,试图建立一个基于创新视角的知识转移与应用分析框架(详见图 7-2)。

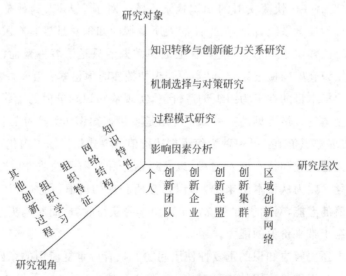

图 7-2　基于创新视角的知识转移与应用研究框架

第一个维度是研究层次。按照 Nonaka 和 Takeuchi 的划分,知识在主体间可以分为个人、小组、组织与组织间四个层次,知识转移与应用也相应表现为个体与团队、个体与组织、团队与组织、组织与组织之间四个层次之间的知识转移与应用。有鉴于此,结合研究现状本书将知识转移与应用研究层次分为六个要素。

第二个维度是研究视角。采取统一概念、合并同类项等方式,将研究视角概括为知识特性、网络结构、组织特征、组织学习、其他创新过程五个要素。

第三个维度是研究对象,当前研究热点主要集中在影响因素分析、过程模式、机制选择与对策、与创新能力的关系四个方面。

本章节的阐述将结合本分析框架展开对相关文献的综述。

7.3　知识转移与应用的层次

知识总是附着在某些载体之中的,Nonaka(1991)提出知识创造的两个维度:存在论维度和认识论维度。其中,存在论主要考虑各个层次创造知识的主体(个人、小组、组织和组织间)。按照 Nonaka 和 Takeuchi 的划分,知识在主体间分四个层次:个体、团体、组织与组织间,如图 7-3 所示。知识主体的这四个维度,可以明确组织知识的形成与基础。因此,知识的转移也就是在这四种层次间发生,即个体与团队、个体与组织、团队与组织、组织与组织之间的知识转移与应用。其中前三个层次属于组织内部的知识转移与应用。Vito Albino 等意大利知识管理学者于 1999 年提出的知识转移分析框架分为转移主题、转移媒介、转移内容和转移情境四个方面,具有相当的代表性和广泛的影响。郭俊华根据 Sveiby(1996)提出的 E-I-E 结构(知识资本的个体能力、内部结构与外部结构),得出知识转移的 9 种途径,即个体、外部组织和内部组织之间的相互转移。

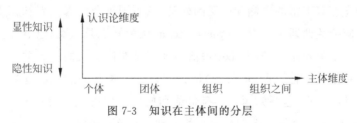

图 7-3　知识在主体间的分层

基于创新视角的知识转移与应用研究层次可以分为个人、创新团队、创新企业、创新联盟、创新集群、区域创新网络六个层次。由于企业、组织的研究在许多文献中几乎不进行明确区分,而且企业是创新的主体。为了简明、直观,在划分时将该层次定义为创新企业;创新联盟主要指以合作创新为目标结成的战略联盟、产业技术创新联盟、知识联盟、虚拟组织(或企业)、管理咨询联盟等。

此外,综合部分学者观点,创新团队、创新联盟、创新集群、区域创新网络等还可以归类为创新网络,从检索结果来看,基于创新视角的知识转移与应用研究基本上都是围绕创新网络进行的,创新网络中企业的合作与资源共享必然伴随着知识转移与应用。知识经济时代,知识已经成为企业最具战略性的资源,企业能否获得可持续竞争优势的技术创新能力决定着企业的竞争力,而构成企业可持续竞争优势的基础是企业异质性,企业的异质性来源于技术知识的差异性。建立合作创新战略联盟是企业当前提高创新能力的重要战略,能有效弥补企业资源缺乏和能力有限的缺陷,大大降低创新风险。研究表明:企业之间通过建立战略联盟等形式来实现组织间知识转移与应用与创新比仅靠企业自身创造知识更加经济有效,知识能否在组织间成功转移直接影响到合作创新的绩效。

7.4 知识转移与应用的视角

国外对知识转移与应用的研究,分别从信息技术学、行为学、传播学等视角和综合几种视角切入。就信息技术视角而言,主要研究的重点集中于技术的层面,如计算机信息管理系统、人工智能、群件、知识库等软件的设计开发等如何从技术上促进知识的有效转移。就行为学视角而言,主要从个体行为与组织行为的角度,研究人们如何参与知识转移与应用的行为动机、影响因素、激励等;传播学视角主要从知识的编码、发送、传播、接收、解码的过程对知识传播的机理进行研究;综合学派则呈现大一统的趋势,他们试图将各种学派兼收并蓄、融会贯通,用系统的观点、全面的观点研究知识转移与应用。这对知识转移与应用的研究层面在个体、团队(或组织内部单元)、组织、组织之间几个层面内部及之间均有涉及。

7.4.1 知识特性

知识的概念有着丰富的内涵和广泛的外延,从不同视角学者们对知识本质都有不同的解释。哲学家弗兰西斯·培根(Francis Bacon)认为知识是人类认识经验的结果,知识就是力量。社会学家霍尔茨纳(Holzher)认为凡是能够认识人们行动的某些现实的反映就是知识。情报学家布鲁克斯(Brooks)认为知识是由相互关系联结起来的结构。还有一些具有代表性的观点,包括知识是具有价值和使用价值的人类劳动产品;知识是一种智力的状态;知识是一个可以选择性储存和处理的对象;知识是一个知道并同时行动的过程;知识是获取信息的条件;知识是一种储存于人的头脑中、用来解释信息和转换信息的能力等。知识经济的崛起赋予知识新的内容和使命,知识不仅是人类社会过去认识世界经验的总结,更是创造世界未来的强大工具。

知识的属性,除包括知识原有的积累性、延续性、扩散性和可替代性之外,还具有知识使用的非排他性、边际效益递增和无形损耗性等特点。众多学者还提出知识特性的多种方面,如内隐性(或默会性)、黏性、复杂性、不确定性、知识专用性、路径相依性、因果模糊性等。与传统的经济资源相比较,知识具有可重复利用性和累积增值性等特征,而单个组织和个人所拥有的知识总是有限的,故依赖知识转移与应用以实现知识的增加与更新成为增强企业竞争力的核心任务之一。

知识的分类,首先需要明确知识与数据、信息的逻辑关系。数据是未加工的数字和事实,信息是处理过的数据,而知识则是通过对于所获得信息的解释而形成的,并能够赋予主体特定的思考和行为能力的抽象概念。根据知识的编码程度,可以划分为能够以编码化的形式所表述的显性知识和高度个体化、难以编码化的隐性知识。隐性知识概念源于英国学者 Polanyi,他提出:在一个人所知道的、所意识到的东西与它所表达的东西之间存在隐含未编码的知识。Nonaka 和 Takeuchi 对此进行了进一步研究,认为隐性知识由难以表达的信仰、隐喻、直觉、思维模式和诀窍组成。显性知识便于传递、交流和分享,隐性知识往往只可意会,不可言传,难以表达和衡量价值。显性知识和隐性知识的划分,有助于理解知识的转移过程。根据知识转移与应用的难易程度,Hipple 提出了黏滞信息和信息黏性的概念。信息黏性是指把信息转移到指定信息需求者在指定地点可以运用的形式所需多付出的代价,其实质就是知识流动的难度。Szaulanski 的知识"内部黏性"和 Simonin 的知识模糊同样用来表示组织知识转移的难度。

黏滞知识与隐性知识有很多相似之处,它侧重于表达知识转移与应用的难度,在组织间知识转移与应用研究中经常使用。在创新过程中起主导作用的是高度专有、难以学习的隐性知识,而不是易于理解、传播和掌握的显性知识。企业通过隐性知识的转移取得技术突破的过程,事实上就是企业发展核心竞争力的过程。隐性知识是企业竞争优势的源泉,企业获得核心竞争力的根本途径是创造、获取和利用隐性知识。无论在知识转移与应用研究各层次内部或之间,知识转移与应用的难点和重点都在于隐性知识的转移。企业间隐性知识的转移与企业创新能力之间存在强相关关系,基于隐性知识的创新与基于显性知识的创新有明显不同,不同来源的隐性知识能够导致不同的创新绩效。Inkpen & Dinur 的研究表明:知识的隐性程度与组织的知识层次具有负相关的关系。企业技术创新中的默会知识转移与应用需要同时关注默会知识的空间分布和时间分布两个方面。

7.4.2　网络结构

在开放式创新背景下,企业竞争优势的构建不再仅仅依赖于内部有价值、稀缺的资源,而更多地依赖于外部知识。社会网络研究表明,企业通过网络可以建立与外部组织的合作关系,接触并获取外部知识,进而构建起独特竞争优势。社会网络理论家已经在网络的结构特点,如在两元层次的联系力量和网络层次的结构洞方面做了大量的研究,发现不同的网络结构对知识转移与应用活动的作用不尽相同。联系强度、网络聚类以及网络规模、异质性(或同质性)等网络结构特点对知识转移与应用均有影响。

基于网络结构的知识转移与应用研究重点集中在网络组织方面,包括宏观和微观两个层面。宏观网络组织主要指产业链(含产业集群)、知识链、联盟、跨国公司、虚拟组织和区域创新网络等；微观网络组织主要指创新团队、企业研发团队内部人员之间的关系等。有关文献统计(见表 7-2)表明：当前研究领域主要集中在宏观网络组织层面，微观层面上的相关研究较少；研究角度多从某种类型的网络组织出发，引入知识转移与应用影响因素、过程模式、机制设计等方面的研究，关于影响机理、动力理论、网络理论等方面的研究较少，而且对微观层面与宏观层面之间的联系的研究几乎没有。

表 7-2　基于创新与网络结构的知识转移研究现状文献统计

网络结构	表现形式	研究焦点
宏观网络组织	产业链(或产业集群)	合作创新模式与知识转移、基于产业链的知识转移与创新结构、基于产业集群的知识创新体系与知识转移
	知识链	知识链模型与创新的 SECI 结构模型
	战略联盟	知识联盟、产业技术联盟、联盟中知识转移与企业技术创新能力、合作程度与知识转移方式和效率、隐性知识转移与联盟控制方式及创新
	跨国公司	跨国公司创新机制与知识优势构建、子公司创新倾向的影响
	区域创新	区域创新网络模型与知识转移、区域创新网络中的知识转移层次及条件、三螺旋接口组织与知识转移
微观网络组织	小世界网络(人际关系网)	企业间关系和企业特征、企业研发人员间知识转移的影响机理

7.4.3　组织特征

组织特征如组织差异程度、组织文化距离、组织空间距离、组织成员的心态、知识距离等都影响知识的转移。组织结构转移是知识转移与应用的重要组成部分，是组织结构转移者与组织结构接收者的一种互动。研究表明组织的差异程度以及组织类型等对合作创新知识转移与应用的效果产生重要影响；组织结构是影响技术创新能力的重要因素，也是影响知识特别是隐性知识转移与应用的主要因素。

国内外学者提出了一系列观点。组织间知识转移与应用模型主要有四种，第一种是 Dhanaraj 等构建的关系嵌入型、知识转移与国际合资企业绩效模型。第二种是 Bererra 等构建的可信赖感、承担风险意愿、知识转移与联盟成功模型。第三种是 Easterby-Smith 等构建的组织间知识转移影响因素模型。第四种是 Pérez-Nordtvedt 等构建的跨边界知识转移效能和效率前因研究模型。林筠等明确了组织资本对于技术创新的作用机理。曹兴等采用仿真方法模拟知识在网络组织间转移过程，表明知识在网络组织中的转移速率很大程度上取决于网络拓扑结构动态变化情况。郑秀榆等认为组织成员中员工与员工之间的"囚徒困境"影响组织知识转移与共享，位于不同知识位势的员工需要采取不同的激励方式，在激励机制中对影响知识转移与共享的高知识位势员工引入股权激励方式打破"囚徒困境"。

7.4.4 组织学习

在知识更新突飞猛进的背景下,组织只有不断学习新知识,掌握市场新动态,才能保持核心竞争力。知识经济时代,传统的生产要素已被知识资本所代替,知识资本已成为极其重要的资源。组织获得知识的方法主要有两种:一是通过内部的积累与自我发展获得;二是通过外部取得,即组织通过组织内部和组织间建立战略联盟学习来提升企业竞争力。Argyris 和 Schon 认为组织学习是一种更正错误和侦测的程序,认为组织学习计划分为三种层次,并将不同的学习层次引入组织当中去。他们将组织学习分为三个方面:单循环学习、双循环学习和再学习。单循环学习即组织针对所发现的错误以及不妥当的地方,找到确保行为符合组织的标准和规范。双循环学习即基于不同的环境组织对整体的价值观和标准规范进行重新的调整。再学习即对前两个阶段的学习加以转化与再应用,通过此过程内化成为组织能力。Gill 等进一步提出适应性学习和创新性学习的组织学习观念。Nevis 等人认为一个完整的组织学习系统由两大因素构成,即学习导向和如何增进学习的促进因素。Meyer 将组织学习分为线性学习和非线性学习两种模式。

组织学习是一个不断发现自身问题及外部机遇以连续改变或重新设计以适应环境变化的过程。从根本上提供内部知识转移与应用效率的有效途径是开发组织的学习能力,使企业内个体和群体之间能够高效地理解和交流知识,从而使知识内部转移和创造的速度快于知识扩散或竞争者模仿跟进的速度。知识转移与应用可以为组织带来比较竞争优势,而组织学习可以提高组织面对不确定环境的适应能力,两者是紧密相关的。调查显示:企业用于创新的知识中,大约有 2/3 来自企业内部研发人员的努力和现有的专门技术能力,其中约有 1/2 是企业员工通过组织学习集体获得的,相对于个人学习来说,组织学习更强调知识的转移、扩散和储存。合作创新过程中知识转移与应用的有效性往往取决于组织的学习能力和学习动机,邹艳等对共建实体模式下企业合作创新中组织学习、协调机制、知识转移与应用效果之间的关系进行了实证研究。

7.5 知识转移与应用的影响因素及机制

7.5.1 知识转移与应用的影响因素

众多研究表明,知识转移与应用是一项非常困难的活动。国内外学者根据知识转移与应用的过程特点已经进行了大量研究。

知识转移与应用影响因素的研究主体,主要涉及个体层面和组织层面。个体知识转移与应用作为一种社会交互行为,有其深刻的社会学、心理学和经济学根源。在个人层面的知识转移与应用影响因素研究中,主要涉及技术接受模型理论、社会交换理论以及社会资本理论等视角。在组织层面知识转移与应用的影响因素分析中,Simonin 剖析了导致知识模糊的因素,包括缄默度、资产专用性、先前经验、复杂性、合作伙伴的保护倾向、文化距离、组织距离等,并从实证研究中验证了知识模糊性与知识转移与应用效果的负相关关系。Cummings 和 Teng 则以知识、关系、接受和活动作为研究背景,分别讨论了影响研发知识转移与应用的 9 个因素,即知识的嵌入性、可描述性,转移主体之间的组织距离、物理距离、知识距离和规范距离,接受方的学习文化和优先性,以及转移活动的数量等。组织内部的知识转移与应用并不是自发形成的活动,它是在组织管理者的引导和控制下完成的管理活动环节,知识管理者在活动过程中所起到的作用是知识转移与应用有效性研究不容忽视的因素。

　　知识转移与应用影响因素的研究方法中,较为常见的有关键因素分析法、四因素分析法、双因素模型和系统动力学方法等。关键因素分析法,指从知识特性视角、动机与能力视角或情境视角选取某一个或几个关键的影响因素对知识转移与应用进行研究。四因素分析法即将知识转移与应用影响因素的研究归纳为知识自身特性因素、知识发送方因素、知识接收方因素和知识转移与应用过程因素四个方面。知识自身特性因素主要有知识的可表达性、知识的嵌入性、知识作用的可观察性。知识发送方因素主要有激励因素、知识源的可靠性、知识源的沟通与编码能力、知识源强烈的社会身份和群体本位可能会影响组织内知识的跨群体或部门转移。知识接收方因素主要有激励因素、沟通与解码能力、吸收能力、保持能力。知识转移与应用过程因素主要有个体关系特征、组织关系特征(组织距离、物理距离、知识距离、文化距离)、组织的学习文化、社会网络特征、目标任务特征。知识转移与应用双因素模型针对企业知识转移而言,即保障因素和促进因素,这两类因素共同决定企业知识转移与应用的成效,但在知识转移与应用过程中,保障因素和促进因素所发挥的作用不同。保障因素是知识转移与应用能够发生的必要条件,缺失其中任何一个因素,知识转移与应用活动就无法开展;促进因素是知识转移与应用的激励和约束因素,这些因素并非必不可少,但是如果具备这些因素,知识转移与应用的发生频率和效果就会大大提高,知识转移与应用的保障因素和促进因素相互作用、相互影响,共同决定了企业知识转移与应用活动的最终成效,如图7-4 所示。

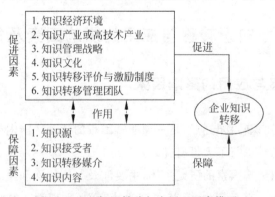

图 7-4　企业知识转移与应用双因素模型

基于创新视角的知识转移与应用影响因素进行了汇总,详见表 7-3。

表 7-3　基于创新视角的知识转移与应用影响因素分析汇总

创新类型	研究者	知识转移与应用影响因素
合作创新	贾晓霞等	知识特性、企业文化、组织结构、深层交流
	翟运开	知识黏性、发送方因素、接收方因素、差异性与协作、转移渠道
	江忠等	发送方、知识本身、知识接受方、授受双方的互动问题
	沈静等	知识本身、知识传授者、知识接受者、知识转移与应用过程
共建实体模式	邹艳等	默会性、嵌入性、学习能力、学习动机、合作匹配、合作均衡、激励、控制、信任沟通、协调冲突、合作调整
产学研合作	吴想等	知识黏性、知识源转移知识的意愿与能力、知识接收方的意愿与能力、知识转移与应用情境
区域创新	彭灿	知识特质、区域创新系统的功能水平、知识供求双方的相关意识和能力
研发团队	疏礼兵	知识内隐性、转移意愿、传授能力、关系信任、知识距离和吸收能力

7.5.2　知识转移与应用过程模式

知识转移与应用的经典过程模型有知识螺旋模型、交流模型和五阶段过程模型。著名的 SECI 知识螺旋模型是 Nonaka 根据知识创新活动的特点提出的,该模型将知识创新活动分为社会化(socialization,个体到个体、隐性到隐性)、外化(externalization,个体到团体、隐性到显性)、整合(combination,团体到组织、显性到显性)、内化(internalization,组织到个体、显性到隐性)四种模式,这实际上就是个体知识向组织知识转移与应用的四个阶段。通过这四个阶段,实现了知识在个人之间、个人与组织之间的转移与转化,并最终产生了新的知识。Nonaka 进一步指出从隐性到隐性这个阶段,是知识创新活动最关键的阶段,是一个知识创造、转移和转移的动态递进过程,如图 7-5 所示。

交流模型是 Szulanski 等人研究组织内的知识转移与应用提出的,认为知识转移与应用是在一定的情境中,从知识的源单元到接受单元的信息传播过程,并将知识转移与应用分为四个阶段,如图 7-6 所示。

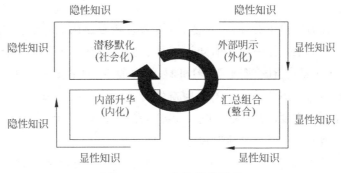

图 7-5　SECI 知识螺旋模型

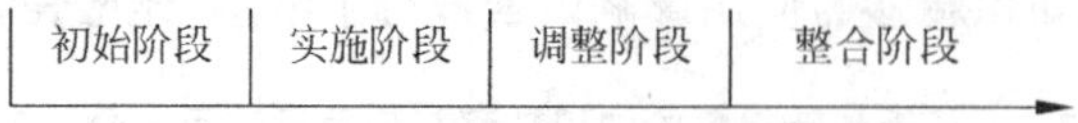

初始阶段	实施阶段	调整阶段	整合阶段

图 7-6　知识转移与应用的过程

第一阶段是初始阶段,主要是识别可以满足对方要求的知识;第二阶段是实施阶段,双方建立起适合知识转移与应用情境的渠道,并且源单元对转移的知识进行调整,以适应接收单元的需要;第三阶段是调整阶段,主要是接受单元对转移的知识进行调整,以适应新的情境;第四阶段是整合阶段,接受单元通过制度化,使转移知识成为自身知识的一部分。

在 SECI 模型基础上,Nonaka 进一步提出了场(ba)的概念:源发场、互动场、网络场和练习场。SECI 模型是对知识自身转化的一种机理研究,场是从企业组织的角度研究如何创造组织环境来促进知识创新的进程。

五阶段过程模型是 Gilbert 和 Cordey Hayes 将知识转移与应用过程分为取得、沟通、应用、接受和同化五个阶段,整个过程是一个动态学习的过程。其中同化是知识转移与应用最重要的阶段,被转移的知识只有被同化后才是完全的吸收,成为组织的常规和日常工作。

基于创新过程的研究模式主要集中在知识转移与应用过程模型设计、知识转移与应用在创新过程中的作用两个方面。C. Schienstock 教授从创新系统视角分析知识转化的过程。吴想等以产学研合作为背景构建了组织间知识转移与应用的过程模型。张若勇等构建顾客参与、顾客知识转移与应用、服务创新绩效的关系模型。卢俊义等构建基于顾客人力资本中介机制的知识转移与应用理论模型。陶颜等根据金融服务创新过程和机理,分析服务创新各阶段知识转移与应用特性及知识获取和扩散过程。赵涛等构建面向持续产品创新的知识转移与应用模型。邹波等提出面向企业自主创新能力的校企知识转移与应用过程。此外,还有不少学者对管理咨询服务创新、科技服务创新中的知识转移与应用过程进行了系统研究。

7.5.3　知识转移与应用的机制与对策

知识通常被视为结构化的经验、价值、情境信息和专家认识的混合,它提供评估、整合新经验和信息的框架。任一层次的知识转移与应用均有赖于开诚布公的态度和透明化的机制设计,共同愿景、社会资本、学习机制、转移通道、网络文化、奖励机制、关系资本等是促进知识转移与应用效果效率不可回避的要素。组织内的知识转移与应用通过一系列的机制设计才能实现,包括人员流动、培训、交流、观察、技术转移、复制规则、演示、与供应商和客户做的互动以及其他形式的组织间关系。

诸多学者着重研究合作创新过程中知识转移与应用的管理机制以及合作各方应采取的知识转移与应用措施。有的学者分别从企业合作创新中知识的黏滞性成因、从知识破损问题出发、从区域创新系统和组织内部成员创新委托代理关系方面入手,系统研究知识转移与应用机制和对策。有的学者探析了组织机制对中国跨国公司逆向知识转移与应用的影响,研究发现合作式运作机构、沟通机制、控制机制对逆向知识转移与应用有显著的促进作用。有的学者运用社会资本的框架,将团体内部网络、战略联盟网络、工业区网络三种网络类型的结构维度、认知维度和关系维度与促进知识转移与应用的条件联系起来,提出了基于网络的知识转移与应用机制。有的学者分析了市场合约、联盟、盒子和内部化等不同技术知识转移与应用机制对转移绩效的影响,同时从技术知识特征、企业特征、技术环境三个层面实证分析了这四种机制选择的影响因素。

骆品亮从虚拟研发组织内部治理结构出发,探讨了虚拟研发组织的知识转移与应用机制。盛小平通过将知识转移与应用层次、知识类型、知识生命周期、知识转移与应用时间作为四维坐标描述信息共享空间中的知识转移与应用机制。于鹏从知识内容、知识传递者、知识传输渠道、知识接受者和知识转移与应用环境五个方面构建了跨国公司内部知识转移与应用的机制模型。高孟立对典型信息服务企业采用跨案例研究法实证研究了客户企业参与影响新服务开发绩效过程中的知识转移与应用机制。徐笑君从在华子公司角度,分析了跨国公司总部向在华子公司转移知识时,总部的知识传播意愿和知识转移与应用渠道的丰富性对知识转移与应用效果的影响。邹艳通过实证研究证明弓箭实体模式下企业合作创新中,协调机制在学习能力和学习动机对知识转移与应用效果的影响过程中起着中介作用,其中,协调机制对学习动机的中介作用远远大于学习能力。

7.5.4　知识转移与创新能力间的关系

创新是一个企业、产业和国家建立持续竞争优势,实现可持续发展的重要手段。在经济全球化进程加快和日益复杂的竞争环境背景下,创新对于塑造核心竞争力,获取持续竞争优势有着至关重要的影响。随着市场竞争的日趋激烈,知识更新换代速度的加快,创新需求日益增强,创新任务日趋复杂和更加专业化。创新过程中存在大量的知识转移与应用过程,各主体在创新过程中发生的大量的交互作用即为知识的转移。

在知识经济时代背景下,学者们结合知识转移与应用理论对创新能力进行了一系列研究。张光磊等揭示了组织结构通过知识转移与应用影响技术创新能力的路径与机理。张荣佳分析了技术联盟内的知识转移与应用及技术创新能力积累的相关问题。李纲研究了信任、知识转移与应用和新产品开发间的作用关系。谭可欣等分析了国际知识转移与应用和国家创新系统内部知识转移与应用对自主创新的促进和决定作用。刘洋从嵌入于不对称国际研发活动所蕴含知识的因果模糊性与情境依赖性两个视角出发探讨了后发企业与跨国公司建立的不对称研发联盟中,处于劣势的后发企业的知识适应比知识复制更有利于创新绩效的提升,感知制度动荡性负向调节知识复制与创新绩效之间的关系,正向调节知识适应与创新绩效之间的关系。

除上述研究之外,理论界还有不少其他方面的研究,如知识转移与应用风险分析、创新网络中知识转移与应用主体合作决策方法研究、校企知识转移与应用绩效提升策略分析、学术博客中的创新知识转移与应用等。

7.6 知识萃取

7.6.1 概念介绍

萃取本来是个化学概念,是利用物质在互不相溶的溶剂中溶解度不同,用一种溶剂把溶质从另一种溶剂中提取出来的方法。例如,将碘水与四氯化碳或苯混合、摇匀,之后蒸馏获得碘晶体。萃取是有机化学实验室中用来提纯和纯化化合物的手段之一。通过萃取能从固体或液体混合物中提取出所需要的物质。

知识萃取,顾名思义就是从大量数据、信息、文本、经验中,通过合适的方法和工具,将精华的知识抽取提炼出来的过程(见图7-7)。在IT领域,知识萃取是指从结构化数据或者非结构化数据中提取出可以被机器阅读与理解的新知识内容,与自然语言处理中的信息抽取类似。现阶段知识萃取的概念范畴在实践过程中已经被逐渐扩大,包含了对隐性知识及显性知识的整合、加工及提炼。对经验的挖掘提炼是隐性知识显性化的过程,对文档的整理加工是显性知识标准化的过程。

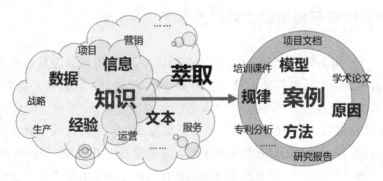

图 7-7 知识萃取概念示意图

以经验为例,经验是指人们在同客观事物接触过程中获得的关于客观事物的现象和外部联系的认识。经验从何而来?经验从问题的发现和解决中来,从超前的探索中来。经验往往是现象背后的本质,常以"原因"的形式出现,是之所以成功的理由,它反映出事物的某种规律性的联系。经验往往以隐性知识的方式存在人们的大脑里,如果通过知识萃取将经验显性化,形成案例沉淀下来,则更容易被传承借鉴,并创造更多的价值。

7.6.2 知识萃取方法与模型

1. 典型的方法与模型

目前业界已经有一些与知识萃取相关的方法及模型,知名的有联想复盘、美国陆军事后回顾(after action review,AAR)、华为知识收割、日本野中郁次郎 SECI 模型、上海韬钰咨询的 ERMS 模型等。下面对前 3 种侧重实际操作的典型方法作简要的分析。

(1) 联想复盘。"复盘"源于围棋术语,从联想逐步演变为企业文化中重要的方法论之一。联想认为复盘是最好的学习方式。工作做完了,还需要把工作重新回顾演练一遍,不断检验和校正目标,分析过程中的得失,不断深化认识和总结规律。这种工作方法从柳传志时代一直延续至今,这已经成为联想内部的一个标志性方法。联想复盘分为如下 4 步:回顾目标、评估结果、分析原因、总结规律。按照复盘模板(见图 7-8),在每一个步骤中,只要按模板的要求进行填空就可以运用操作了。

图 7-8 联想复盘模板

(2) 美国陆军 AAR。AAR 是知识管理"事前学、事中学、事后学"中一个重要的步骤。AAR 最早是美国陆军所采用的一项任务后的检视方法。美国陆军对 AAR 的定义为:对一事件的专业性讨论,着重于表现标准,使参加者自行发现发生了什么、为何发生及如何维持优点,并改正缺点。

美国陆军在进行 AAR 的时候,通常会问自己如下 4 个重要的问题:原定的任务与目标是什么? 实际发生了什么情况? 为什么会发生这样的情况? 下次我们怎么办? 在回答问题的过程中,进行经验萃取,并且视情况将相关的经验形成美国陆军的管理制度或规范,上升成为整个组织的战斗力。

（3）华为知识收割。在国内知识管理领域，最近两年华为的知识收割做法开始逐渐得到关注。但是很少看到介绍华为知识收割的文章，只有在一些公开分享场合偶尔听到华为知识管理人士介绍他们的实践做法。具体而言，华为的知识收割主要针对组织内部项目，包括如下内容：二是经验收割（retrospect），二是文档收割（价值文档整理）。前者重隐性知识，后者重显性知识，两者并重，共同构成华为知识收割的重要部分。

华为知识收割有其固定的套路和流程。主要分为如下 4 个步骤。

首先，选择项目：需要识别组织能力的短板，并根据组织能力短板选择重点关注的知识收割项目，即从战略高度上进行项目知识收割的优先级排序。

其次，单个项目知识收割：确定好知识收割的具体项目后，须先进行筹备，明确目标和范围，确定知识收割组织人员、参与人员及其他资源等。之后需要通过召开 Retrospect 会议、文档收割会议等方式，引导人员对项目中的隐性知识、显性知识进行系统收割，整理出最终的收割内容后，进行审核及存储。

再次，组织资产刷新：在确定组织知识资产的刷新范围后，组建团队将项目收割到的经验和文档批处理上传刷新到华为的知识库中，从而正式变成组织的知识资产。

最后，知识传递：还需要确定新上传知识资产潜在的适用目标范围及对象，由知识管理人员主动组织一些知识传递活动，确定知识传递方式，从而确保这些新的知识能够被传递给合适的人群。

2. 知识萃取 PREFS® 过程方法

基于上述模型，在实践的基础上，吴兴海提出了知识萃取相关的方法及模型，其中 PREFS® 方法强调知识萃取的过程（见图 7-9）。整个流程包括如下 5 个步骤。

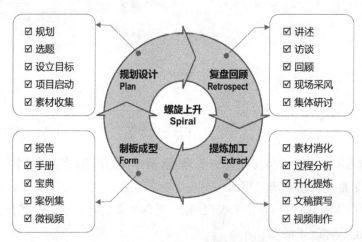

☑ 规划　☑ 讲述
☑ 选题　☑ 访谈
☑ 设立目标　☑ 回顾
☑ 项目启动　☑ 现场采风
☑ 素材收集　☑ 集体研讨

规划设计 Plan　复盘回顾 Retrospect

螺旋上升 Spiral

☑ 报告　☑ 素材消化
☑ 手册　☑ 过程分析
☑ 宝典　☑ 升化提炼
☑ 案例集　☑ 文稿撰写
☑ 微视频　☑ 视频制作

制板成型 Form　提炼加工 Extract

图 7-9　知识萃取 PREFS® 方法论

（1）规划设计（plan）。做知识萃取不应该盲目地做，而是需要根据组织内战略、业务、项目等要求，进行有目的的规划和选题，并根据组织内的资源、人力等条件进行匹配。在企业内部进行知识萃取，可以按照 5-15-80 原则进行优先级排序：战略级知识萃取可占 5%,战术重点级可占 15%,其他通用级可占 80%。对于具体选择的知识萃取项目,在确定目标范围后,可以准备启动。这个阶段,还需要收集萃取目标尽可能详尽的素材,包括但不限于背景材料、情况介绍、过程文档、项目总结等。

(2) 复盘回顾(retrospect)。这个阶段可以通过讲述、访谈、回顾、现场采风、集体研讨等多种方式,尽可能地通过回顾还原当时的场景,发掘其中的原因和规律。这个阶段非常重要,最好有一个具有丰富知识萃取经验的资深人员带队,以第三方客观的视角对当事人、当事情景进行复盘,同时对其中的经验、教训等进行深度挖掘。在进行回顾时,既需要对不同的当事人进行单点接触采访,也需要组织集体研讨和对话来激发参与者之前没有明示的想法。这个环节可借鉴联想复盘、美国陆军 AAR、华为知识收割等方法。对于知识萃取带队人,需要有较高超的引导技术和咨询功底,这样才能通过深度对话,引发当事人的共鸣和联想,从而挖掘萃取出更多"干货"。

(3) 提炼加工(extract)。这个阶段需要对前面收集的基本素材进行消化,同时对复盘回顾阶段获取的一手材料进行分析,然后通过提炼加工,最终萃取出有用的内容。这个阶段最考验文字撰写能力和抽象提炼能力,需要能够很快形成最终知识交付物产品的框架及思路,撰写文稿及视频大纲、脚本等。这个阶段可以参考麦肯锡金字塔原理来锤炼思考、写作和解决问题的逻辑,也可以借鉴同行总结的一些方法,例如张立志提出的"找共性、看差异、挖实质、要拔高、成模型"五步法等。

(4) 制板成型(form)。这是知识萃取交付物成品成型产出的阶段。通过上述各个步骤,最终萃取的知识通过文字以报告、手册、宝典、案例等方式呈现出来,或者以音频、视频、虚拟现实等多媒体互动方式呈现出来。在互联网新经济时代,随着人们对于多媒体的接受程度不断提高,知识萃取工作者也需要与时俱进。如何通过视频、虚拟现实等现代化的方式寓教于乐,让更多的人愿意接受信息并深入学习和理解,目前还处于探索阶段。

(5) 螺旋上升(spiral)。当上述知识产品交付后,知识萃取并非就结束了。第一版本不见得尽善尽美,需要以工匠精神对知识萃取交付件不断进行优化,通过迭代完善实现螺旋上升。同时,知识萃取者还需要以市场人员的思路,主动思考该知识产品的目标人群和应用范围,对知识产品进行设计、包装、宣传、推广,让更多的人知道、理解它,通过借鉴应用让知识产品价值最大化。

3. 知识萃取 STAR® 内容模型

知识萃取 PREFS® 方法重在过程,但真正通过提炼加工,形成最终交付知识产品时,是否有好的参考模型会得到很多人的关注。在确定知识产品内容框架结构时,吴兴海经常会用到 STAR® 内容模型。由于其通用性比较强,在此做重点描述。

STAR® 内容模型是按照如下的框架结构组织内容的撰写。

(1) 情境(situation)。对历史环境与当前情境的描述。具体可包括背景介绍(如社会背景、行业背景、组织背景、故事背景、当时情景等)、动因(问题、痛点、现状、历程等)。

启发性问题有：当时的情况怎样(时间、地点、人物、背景)？是什么原因导致这种情况发生的？有什么人涉及其中？周围的情形怎样？

(2) 目标(target)。即明确、聚焦的目标。具体可包括相关愿景、使命、目标、规划、任务等。启发性问题有：当时有什么任务？目的或目标是什么？达成任务的挑战和难度？面对任务时人物的心情？

(3) 途径(approach)。完成目标采用的途径、方法、方案等。需要有生动的案例演绎及具体的直观示范，具体可包括相关实践(例证、故事、机制、IT、激励、组织、工具、表格、模板)、团队介绍、领导寄语等。启发性问题有：对当时情况有何反应？实际上做了或说了什么？采取的主要行动步骤和行动细节？这样做的原因？有什么经验和教训？

(4) 结果(results)。最终产生的结果以及具有启示与价值的说明。具体可包括相关的价值、效果、反馈、数据、收获、反思、改变等。启发性问题有：采取行动后的直接结果是什么？产生了什么样的影响？是否有效和适当？

当然，按照上述 STAR® 框架进行内容撰写时，可以适当地进行变通。例如开头可添加导读，结尾可添加总结。也可加一些关键词作为知识萃取交付物的标签(tag)，或者标示其分类、可应用范围、适用人群等。Results(结果)后可以添加"未来畅想"环节内容，撰写对未来发展的展望及设想等内容。还可以添加"专家点评"环节内容，邀请资深专家给予客观评价，启发读者思考，做延展性阅读。

吴兴海曾组织多家公司众包撰写丛书《知识＋实践的秘密》，其中每个企业的知识管理案例就采用了 STAR® 内容模型，取得了一定的实际应用效果。

7.6.3　知识萃取的应用案例分析

关于知识萃取的实际应用案例，吴兴海以其服务过的组织——中粮集团标杆管理办公室的对标项目案例知识萃取实践来进行重点说明和验证。

1. 项目背景介绍

作为企业级组织变革，标杆管理是中粮集团最重要的管理方法和工具之一。中粮集团从 2012 年开始推行标杆管理，历经启动、深化、扩展等阶段，目前已经进入全面系统推进阶段。中粮集团标杆管理始于对标评价考核，在经过标杆管理培训、启动对标项目、基于对标确定年度预算目标、建设标杆数据库、建立对标工作坊等重要里程碑事件后，更加强调竞争性对标和落地，同时把对标工作融入日常的工作之中。通过标杆管理，能够帮助组织建立系统，以一种完整的思维方法推动组织重新审视、改善各项工作，追求极致，让组织更有智慧。

2015 年启动的对标优化项目超过 200 个，每个项目的周期大约 8 个月。诸多项目各个阶段过程性文档及关键里程碑重要交付文档分散在各个项目经理手中，项目中的许多经验并没有很好地被总结。项目组一旦解散，经验就难以成为组织级的知识资产。但是如何对这些对标优化项目进行知识萃取,并没有专门的经验。以前标杆管理办公室作过标杆管理项目案例集,但是效果并不好,没有进行有效的传播和应用。

针对这些问题,吴兴海与标杆管理办公室推进负责人一起探讨解决方案。该负责人曾经说"世界一流企业特质中,其中有一条是:任何业务领域的最佳实践,能够在组织内快速复制"。对于中粮各个经营单位通过对标项目产生的最佳实践,如何通过知识萃取进行深度发掘,并在组织内得到有效传播及应用,无疑是破题的关键所在。为此经过商议,从目前已经完成结项的对标改善项目之中,选择若干优秀的对标改善项目,进行知识萃取,形成标杆案例,并以文字稿、微视频等方式进行展现。

2. 知识萃取过程

在前期工作的基础之上,吴兴海于 2015 年 12 月—2016 年 3 月,带团队深入一线,使用知识萃取 PREFS® 过程方法及 STAR® 内容模型,并支持标杆管理办公室对其进行相关对标项目的知识萃取。

综合考虑对标项目的战略示范意义、项目收益指标、未来可复制拓展性,经过与标杆管理办公室筛选,最终确定了黄海粮油"提升豆粕水分、蛋白控制能力"、中粮贸易"优化玉米事业部应收账款周期"以及中粮贸易"战略部落实推进标杆管理"3 个项目来进行知识萃取。

团队组建方面,搭建了以知识萃取项目负责人、文稿撰写顾问、视频拍摄制作人员为核心的知识萃取专业服务三人组。同时要求标杆管理办公室协调具体对标项目的项目经理、项目成员、项目倡导者、高层管理者、辅导顾问老师等不同角色人员,共同参与到知识萃取联合项目组中。

项目团队发现要完成一个对标项目的知识萃取,最短需要 2 周的时间。知识萃取的交付物(最终的知识产品)主要有两个:一个是文字稿(平均大约 1 万字),另一个是微视频(平均大约 6 分钟)。

在具体操作过程中,实际上花费的时间往往比预想的要长。如果对标项目的项目干系人比较多,这一特点尤为明显。其实这非常容易理解,主要的原因是预约项目干系人的时间往往很难集中,这必然造成战线拉得过长,因此要有一定的心理准备。如果排除这些因素,单纯看知识萃取专业服务团队的服务,其平均用时(人天)如下:①现场调研及访谈等:3.0 人×3 个工作日;②文字稿整理及写作:1.5 人×7 个工作日;③微视频拍摄及制作:1.5 人×10 个工作日。

在完成知识萃取后,将最终交付的知识产品放在不同的场合(如管理年会、专业研讨会、高层汇报会)进行宣传和推广时,均取得了很好的反馈。例如中粮黄海"提升豆粕水分、蛋白控制能力"项目是在原有生产控制水平已经很高的基础之上,依然选择挑战自己的极限能力。经过系统的思考和设计,通过 6 个快赢改善和 7 个改进方案,实现能够按照实际工况精确控制豆粕水分蛋白比例,从而超额完成了原定的目标,每年增加经济收益 490 万元。同时,该案例的经验对于其他豆粕、饲料、大米、DDGS、啤麦芽等农产品加工涉及蛋白、水分含量精确控制的生产都适用,因此对同类工厂具有极大的推广复制效应。

通过标杆管理对标项目的案例挖掘,发现知识萃取工作是非常有必要的,体现在其有效性、系统性及可推广性。知识萃取有效地提取项目关键因素,分析项目重要节点,并系统地凝练经验、沉淀知识、形成知识产品,为更广泛地应用于同质、同类的项目打好基础。

3. 项目未来展望

完成标杆管理对标项目的知识萃取试点项目后,比较以前的案例总结方法方式,无论在案例深度上,还是在案例宽度上,项目参与者都有了新的认识和理解。

在案例深度上,通过采用视频方式,汇总多人视角观点等,让案例展现的形式更加生动多样;同时通过使用 PREFS® 过程方法、STAR® 内容模型等,让经验提炼的结果更加专业全面。在案例宽度上,对其价值的认识不应仅仅局限在萃取最佳实践方面,应强调传播最好做法,匹配最适情景,并助力业务成功;同时不仅仅锁定对标优化项目本身,而应该将目光更多地放在紧密连接人员、连接业务、连接专家等方面。

此外,对于标杆管理未来的中长期构想,除继续就对标项目进行知识萃取外,还可以以案例为主要抓手和突破点,结合项目、课程等关键业务场景,构建知识管理大平台(见图 7-10)。知识管理作为地基工程,将成为冰山下的坚实底座,逐步让个体知识向组织能力转化,再从组织能力向组织智慧迈进。

案　例

图 7-10　知识管理大平台拓展策略

🎯 本章小结

1. 知识应用是指在组织中知识得到应用时才能增加价值。知识应用是实现上述知识活动价值的环节,决定了组织对知识的需求,是知识鉴别、创新、获取、存储和共享的参考点。知识应用是指运用已有知识解决问题的阶段。

2. 知识转移与应用影响因素的研究主体，主要涉及个体层面和组织层面。个体知识转移与应用作为一种社会交互行为，有其深刻的社会学、心理学和经济学根源。在组织层面知识转移与应用的影响因素包括缄默度、资产专用性、先前经验、复杂性、合作伙伴的保护倾向、文化距离、组织距离等。

3. 知识萃取，顾名思义就是从大量数据、信息、文本、经验中，通过合适的方法和工具，将精华的知识抽取提炼出来的过程。在 IT 领域，知识萃取是指从结构化数据或者非结构化数据中提取出可以被机器阅读与理解的新知识内容，与自然语言处理中的信息抽取类似。

即练即测

回顾性问题

1. 什么是知识转移？
2. 什么是知识应用？
3. 知识转移及知识应用之间的关系是什么？
4. 什么是知识萃取？

讨论性问题

1. 谈谈你如何理解知识转移的内涵及特征。
2. 谈谈知识转移和知识应用如何进行关联和融合的。
3. 谈谈你是如何理解知识萃取方法和模型的？举例说明。

实践性问题

1. 结合身边的实例，请说明如何更好地进行知识转移。
2. 请举例说明，采取什么样的措施才能更好地进行知识应用。
3. 请结合身边实际案例，说明什么是知识萃取。如何开展知识萃取？

第 8 章

知识协同与创新

8.1　知识协同及知识创新的背景

知识协同的出现,与社会经济发展、科技进步、市场需求及一些先进理论的发展密切相关。知识经济时代的主要特征是全球化、网络化和知识化,特别是网络化和知识化的发展,促使现代企业从产品设计、生产管理、供应链管理、客户关系管理、电子政务和信息技术等诸多领域都呈现出协同化发展趋势。

知识管理和协同学等理论的发展为知识协同研究提供了思想、理论与方法基础,信息技术和网络技术的发展为知识协同提供了技术与平台支撑,而社会、经济和市场的发展是知识协同发展的主要推动力。

研究社会网络是由于个体、团队及组织作为网络的组成节点可以获取知识、能力、经验、技术、声誉、市场等。个体、团队及组织间建立的以知识为基础的网络成为知识经济的显著特征,参与者从社会网络获取利益的能力属于社会资本的基本范畴,尤其是获取知识的机会构成了知识创新的有效途径,这是由于通过整合自有知识及所需知识可以提升创新能力。本章将聚焦于如何通过社会网络提供的机会来获得知识资源,提升知识创新能力。

知识资源的数量和质量在社会网络成员间呈不均衡状态分布,这些不均衡状态为社会网络成员提供了不同机会进行资源的交流与互换,反之,这又会对其竞争优势和劣势形成影响。另外,社会网络成员的创新能力不仅与其有形资产有关,而且和其无形资产密切相关。作为无形资产的组成部分,知识和创造能力是社会网络成员拥有的战略资产。

众多研究已经凸显知识与创新之间的密切联系。创新意味着应用知识去创造新的知识,而社会关系在这一过程中发挥着显著作用。知识创新是指涉及不同背景、资源、素质和洞察力的个人及组织之间协同交互的社会过程,在这一社会过程中,强调组织中个体成员的重要性,认为个人是创造组织知识过程中重要的驱动力。

尽管个体创造知识,但是个体间的协同交互是知识发展及创新的根本,有利于提升和形成新的知识,进而演变为网络成员知识的开放式创新。另外,社会网络成员的水平和彼此的关系有助于获取互补知识,互补知识的融合在创造新知识中起着重要作用。因此,知识创新是一个过程,这一过程中的实体(个人、团体、组织等)与环境动态协同互动。知识创新又是社会建构过程,在显性知识与隐性知识的交流与分享中,社会关系是更为有效的机制。

8.2　社会网络与知识创新

8.2.1　社会网络

社会网络是基于社会成员的关系而组成的集合,它是研究创新的必要元素。社会网络可以是自发的或者自然而然形成的,其为成员提供了不同途径和方式进行知识的整合与应用,从而推动知识协同与创新。

社会网络成员按照个性化需求以不同方式获取有价值的知识,因此会形成具有网络成员个体特质的网络连接模式,这为如何配置交际网络中人际关系以达到知识创新提供了机遇和条件。

社会网络具有传递性和同质性,传递性意味着如果 A 与 B 互为节点,B 与 C 互为节点,那么 A 与 C 之间互为传递性节点。同质性是指个体希望认识那些与自己具有同样职业、教育背景、信仰、年龄、种族、阶层及价值理念等人的倾向。同质性可以理解为有着相似个性的人容易形成相互联系的倾向,人与人之间可以通过学校、工作场所、俱乐部、职业、爱好、政治信仰及其他因素形成联系。

密集的社会网络增加了发展牢固关系的可能性,因此促进了隐性知识的传播,这对知识创新有积极的影响。密集型社会网络推动了成员协同及思想的共享,促进了隐性知识的传播。同样,牢固关系保证了网络成员团结一致,这对知识识别和知识显性化非常重要。密集型社会网络产生的凝聚力不仅增加了知识传播的范围和速度,而且提高了随机使用相关知识的概率。成员间的相互沟通、交流和信任增加了分享知识的倾向,促进了知识在成员间的自由交流。

信任的社会网络氛围增加了社会成员间的互动和交流,为知识创造提供了机会。网络成员间的交流使得各方资源进行整合并分享知识,这些都需要网络成员间的信任。此外,高度信任感激励社会成员积极寻求和主动提供帮助,这同时也增加了网络成员间交流的机会。密集型社会网络不仅有助于营造信任氛围,而且能够促进共同语言、共同编码等的存在,这对帮助个体理解和吸收新知识是必不可少的。

8.2.2　知识协同

根据维基百科全书对协同合作(collaboration)的定义,协同合作是指两个或两个以上的人在进行知识工作的过程中,彼此朝着一个共同的目标,进行知识增值、相互学习。协同合作是一种典型的创新,彼此不一定需要存在领导与被领导的关系。

一般组织机构常常在项目管理上运用协同合作的观念。通常一个项目团队的成员是从各部门进行挑选所组成,在项目领导的引导下,为达成项目目标而共同合作、分享相关信息、贡献所长。这是企业内部典型的跨领域、跨部门协同合作。

自 1998 年起,英国知识管理研究机构 Teleos 每年均会评选全球最卓越知识企业(the global most admired knowledge enterprise,MAKE),在八个评选指标中其一为有效地创造出知识分享的环境(effectiveness in creating an environment of knowledge sharing)。但自 2002 年起,该指标已改为创造协同知识分享的环境(creating an environment for collaborative knowledge sharing),强调知识分享不应局限于公司内部员工,还包括公司外部顾客及合作伙伴,此现象亦指出协同合作(collaboration)在知识经济下的重要程度。

知识协同是知识管理的协同化发展阶段,在以"知识协同"为主要标志的知识管理阶段,大多数公司是以协同/协作、共享、合作创新为主题,通过实践社区、学习社区、兴趣社区、目的社区等进行知识的协同和交互。知识协同是组织的一种能力,它能将合适的信息在合适的时间传递给合适的人。知识协同是一种"活动",例如协同开发、协同著作等,在活动中参与成员努力进行个人的知识创造,并最终形成有价值的成果。这里需要说明协同与协作的关系:①协同在一般情况下对时间的要求更严格,概念的描述上也更加准确,协作对时间的要求不如协同严格,协作的意义更广泛;②在具体的协作中蕴含着协同,而协同中也会涉及协作;③协同可看作协作的一种高级形式,协作可以看成是广义上的协同。

企业知识协同可以使企业通过整合组织的内外部知识资源,使组织学习、利用和创造知识的整体效益大于各独立组成部分总和的效应。知识协同强调知识反映经济环境和企业竞争的焦点,而协同则代表了企业的工作模式。知识协同是同一产业或相关产业的关联性组织(包括企业、科研院所、政府等)在集群的协同化环境下,以知识创新为终极协同目标,融合多项知识资源和协同能力,多个协同个体参与的知识活动过程。企业通过协同的方式进行知识创新,能够有效地弥补知识缺口和消除"知识孤岛",并可获得"1+1>2"的知识协同效果。

对于知识协同的认识,包括以下几个方面:①知识协同包括 4 大要素:知识主体(即知识活动的参与成员,知识主体组成"空间"的概念)、知识客体(即知识)、时间、环境(包括"软环境"如文化环境,以及"硬环境"如计算机环境等)。②知识协同的一个重要特点就是强调知识传递的时间、对象及空间"准确性",即时间的准时性、目标(对象)的准确性、知识流的多向性、知识传递的动态性等。③知识协同强调"动态性",即在不同的时刻,知识主体和客体所处的状态是不同的,随时间的变化而不断地发生改变;在一般情况下,由于众多知识主体在"知识协同"活动中不断参与并进行个人知识创造,"知识客体"

的内容越来越丰富,价值也会越来越大。

知识管理视角的知识协同将目标定位于知识管理,将知识协同视为知识管理活动的高级形态,强调通过整合组织内外部知识资源,通过知识共享、知识集成、知识交互等协作管理方式实现知识管理效益最大化,知识协同是指知识管理中的主体、客体、环境等达到的一种在时间、空间上有效协同的状态,知识主体之间或"并行"(parallel)或"串行"(serial)地协同工作,并实现在恰当的时间和场所(即空间,包括实体空间和虚拟空间),将恰当的信息和知识传递给恰当的对象,并实现知识创新的"双向"或"多向"(也包含"单向")的多维动态过程。知识协同是知识管理的高级阶段。知识协同具有时间上的准时性、目标(对象)的准确性、知识流的多向性等特性。知识协同定义为以创新为目标,以知识管理为基础,由多主体(组织、团队、个人)共同参与的互动过程,是各组织优化整合相关资源,促进整体业务绩效提升的管理模式和战略手段。知识协同是在协同环境下,研究知识创新与组织业务绩效互动关系及与系统整体效能关系的科学。

依据上述知识协同的定义,知识协同具有如下特征:

第一,面向知识创新。知识协同的最主要目的就是为了完成知识创新任务,知识协同的实质就是一个协同知识创新的过程。知识创新包括原始知识创新和集成知识创新等,具体体现在管理创新、组织创新、流程创新、产品创新等多个方面。在知识协同的过程中,始终将知识资源作为运作和管理的核心。

第二,知识互补性。知识互补性是拥有知识资源的各个行为主体之间进行协同的基础,也是知识协同的重要特征。知识协同中的多个知识资源通常属于不同的行为主体,这些行为主体既是知识的提供者,也是知识的接受者。通过知识协同的方式,可以弥补各自行为主体的知识缺口或知识能力的薄弱,从而减少知识学习和吸收的成本。

第三,共赢性。知识协同的前提基础是所有行为主体的互利共赢。在知识协同过程中,每个行为主体不仅可以减少知识创新的运作成本,获得知识资产创造的价值,而且还能实现整体协同效应的最大化。

第四,知识协同平台支撑。知识协同平台是由计算机网络、工作系统、知识库、交互界面和支撑技术(Groupware、Knowledge Grid 和 Ontology 等)等构成的一种协同环境或系统平台。参与协同的各个行为主体借助知识协同平台可获得定制的知识服务,并得到最大限度的知识共享和传递,从而可以真正高效地进行协同工作。

第五,"1+1>2"的效应涌现特性。多个行为主体在协同过程中,通过知识的关联、交互、共享、碰撞、整合和激活等一系列知识活动,将使协同团队整体获得的效应大于各行为主体独立完成任务的效应之和。

协同知识管理和知识协同是两个相近的研究主题,它们之间既有联系也有区别。首先,它们的共同点都是面向知识创新的,且方法上都是知识管理理论与系统论、协同论等方法的结合,都以知识资源在不同主体之间有效地传递和利用为研究内容,它们之间的差别主要是:知识协同的目标和研究侧重是通过知识管理提升各个方面的协同效力,进而提升组织业务的总体绩效；而协同知识管理实际上是种围绕知识管理展开的协同活动，强调对组织内部知识内容的管理，强调通过协同环境可以提高知识管理效率。对一个组织机构而言，不管是知识协同还是协同知识管理都需要构建协同环境。协同环境就是以协同论为基础，构建的一种目标统一、业务互动、资源整合和配置优化的生态发展环境。

8.2.3 知识创新

企业的知识创新主要是指通过知识的产生、创造和发展过程，追求新发现，探索新规律，积累新知识，扩大企业的知识系统、知识存量和知识优势；技术创新则是指开发新技术、创造新工艺或者使用新原料、发明新产品，提高生产以及产品和服务的品质，增强企业的技术竞争力。

一般认为新是技术创新的源头，技术创新以知识创新为基础，即科学上的新发现孕育了新技术发明创造的观念，随后依次出现了新技术的应用研究、成果孵化、产品设计、生产制造、中试推广和最后的市场营销。这就是在科研开发和成果转化过程中被称为"上游—中游—下游"的典型通道。原子能的发明和原子弹爆炸，雷达、半导体、激光和计算机等的发明和应用，都是沿着这一通道走向社会的。但是，正如科学与技术之间存在复杂关联一样，知识创新与技术创新之间的关系也十分复杂，蒸汽机技术的发明与热动力学的科学发现之间就打破了这一通道。20世纪中叶以来，知识创新与技术创新在很多领域，特别是高科技领域，又呈现出一体化发展的趋势。比如在生物工程、信息工程等领域，两者之间不仅联系越来越紧密，而且几乎是同步进行、并行发展的。

同时，值得强调的是，企业的技术创新不能简单地等同于知识创新。知识创新常常要求远离一般企业结构的束缚，给予个人以充分自由和激励的创新文化，以利其积极投入知识创新活动；企业的技术创新能力则并非其成员个体创新能力的简单总和，而是要求以现有的知识为基础，根据协同增效、相互依存和交互式组织学习等概念，将个人、组织和社会等许多层次错综复杂的相互作用，紧密地联系在一起，形成技术创新的组织系统和动力机制。

毫无疑问，无论是知识创新还是技术创新，企业的创新活动实质上都是一种围绕着竞争优势和价值创造所进行的经济活动，目的都是提高企业生产经营活动中的知识附加值，创造创新利润，谋取和增强竞争优势或巩固其在某一领域的垄断地位。在知识经济社会，知识创新和技术创新是企业发展至关重要的战略任务，也是知识管理的重要组成部分，无论哪一种形式的创新，若没有对企业中知识资源的有效管理与开发，都是很难想象的。企业进行高效的知识管理，不仅有利于战略目标的实现与管理控制有效性的加强，而且有利于企业知识创新和技术创新活动的开展，提高创新的速度与效益。

知识创新通过内外知识整合，新知识可以渗透组织及个体边界进行扩散和融合。知识创新通过利用、精炼和强化现有知识,在与网络成员的交互中,形成知识的扩散及传播,构建起知识创新的桥梁。

知识创新需要社会网络成员有能力去识别和吸收特定伙伴提供的知识,而这依赖于社会网络成员开发相关知识的程度。获取可利用的知识取决于行动者在网络结构中的位置。在这种情况下,社会网络的不同方面将会影响其成员知识创造和创新的能力。

密集关系限制了新思想或差异思想的流动,会造成知识滞后,这妨碍了创新精神和自我更新能力的提升。密集型社会网络中冗余的成员关系会妨碍成员获取新的、独特的知识,而针对环境的改变而进行社会网络的重新部署又并非轻而易举的事情。并且,创新收益和关系类型会随着关系网络的类型而变化,密集型社会网络有时会呈规模递减的效应,这是因为长期关系会形成知识库的融合,从而减少观点、看法和思想的多样性及差异性,影响知识创造的可能性。社会节点中的强关系和创新之间存在倒 U 型的关系,其研究表明社会成员的关系不应该变得过分牢固。这也说明社会资本在某些方面会产生饱和效应,信任及牢固关系只在一定程度上有积极影响,在此程度之后积极效应会减弱,甚至变成负值。

此外,松散型社会网络可以使不相关的社会成员有机会接触到不同的信息和知识。这种类型的社会网络结构对创新是至关重要的,它允许成员增加他们的知识库,这种结构为其成员接触不同团体提供了机会。他们在知识传播中的战略位置允许他们吸收多样性知识,从而形成知识创新。

以上分析表明,在动态和复杂的环境中,密集型网络和松散型网络结合起来可以使成员获得更多的益处。密集型社会网络会增加组织惯性,并降低了组织柔性,而牢固关系为知识创新提供了稳定的流程。但是,牢固关系对组织存在不利影响,这意味着长期的牢固关系会形成闭环结构,无法应对多变的环境。牢固关系会产生相关成员知识结构趋同的倾向,而相同知识结构不利于知识创新,差异性知识结构有利于新知识的探究与创造,而不同结构知识的融合及整合为知识创新提供了机会。因此,要保持高水平的知识创新能力,需要密集社会网络和松散社会网络相结合。

知识创新强调通过不同路径获取外部知识资源,弥补自身知识缺乏,通过内外知识资源整合加快知识创新速度,这也表明创新性知识能够渗透网络边界进行扩散及传播。知识创新的关键就是形成开放性的密集型社会网络与松散型社会网络结合的网络体系,获取更多的差异性互补知识,达到创新知识和资源互补的目的。

8.3　知识的传递、交流与整合

在社会网络中,网络成员包括以不同方式参与的个人、团体、企业等。这些成员间的关系由资源流组成,资源流包括情感支持、社会支持、信息、专业知识、资金、商业交易、共享活动等有形及无形资源的流动。在这些有形及无形的资源流动过程中,形成知识的传递、交流及整合,从而产生知识创新。

8.3.1 知识传递与交流

Kachra 等认为加速组织内外知识的传递会提升组织创新能力。Inkpen 等认为获得新知识能够带来变革。Tsai 提出知识传递在网络中为共同学习和合作提供机会,这会推动开放式知识创新,有助于提高创新能力。Rodan 等指出交流的内在价值和知识的多样性已成为知识创新的前奏。Yang 等认为交流经验可以丰富和精炼知识,知识交流鼓励以创新性方式实施知识交换,创新性地使用知识,从而引领开放知识创新。

在社会网络中,通过知识传递与交流,成员之间彼此影响,这体现在成员知识、价值及行为等方面的改变。由于持续交流知识、技能与经验等,社会网络中的成员推动了开放式知识创新。然而,某些障碍(激励因素、吸收能力、沟通能力、表达能力、不良关系等)限制了知识传递及交流的效果,影响社会网络成员获得知识的能力。这些障碍因素来自知识本身固有的特点(例如知识的隐性)或者与知识的接受者及知识来源有关。

至于知识本身的障碍,如不确定性的因果关系、信息垄断、委托代理问题、传递渠道、吸收能力、认知偏差等导致了知识传递及交流具有局限性。这反映了行动、结果和知识背景之间的不确定性。在特定情境中进行隐性知识的传递与交流时,知识对不同社会网络成员来说无法构建统一语言,从而妨碍了知识的传播与交流。接受者吸收知识的能力也是知识传递与交流的限制因素。吸收能力是逐渐积累的过程,需要将自有知识与新知识进行整合,因此,从明确渠道获取知识的能力是受接受者积累的经验影响的。

相应地,许多研究论文提出了一系列促进知识传播及交流过程的正向变量,可以消除上述提到的阻碍。这些正向变量包括:成员间的互惠性期望、学习能力的发展和相互联系的加强、成员知识来源的价值性和传递及交流渠道的丰富多样性、学习、共识和网络构建机制、关联组织间知识重叠、成员间合作的持续。

社会网络不仅是知识从知识源传递到接收者的渠道,而且被视为成员间交换显性及隐性知识的有效机制。这个过程产生了协同效应,通过对话,允许传递方提升自身知识并接收反馈,同时使接收者从中学习并获取知识,使双方获得共赢。

8.3.2 知识整合

知识整合是 21 世纪创新的主要动力。OECD 在 2004 年的报告《知识经济中的创新》(*Innovation in the Knowledge Economy*)中提出创新泵(the innovation tank and four pumps)的概念,提出四个创新泵为:①以科学为基础的创新;②使用者与执行者之间的协同合作;③模块化的架构:创新过程自由,但创新结果统合;④信息与沟通科技的应用。

这一提法说明了在知识创新的过程中,科学、信息、科技与跨组织/跨专业协同合作的重要性。无独有偶,Frans Johansson 在其著作《美第奇效应》(medici effect)一书中也指出:当我们跨入不同领域、不同学科、不同文化的交会点时,将会因结合现有的观念而创造出大量的、突破性的新想法,产生交汇点创新(intersectional innovation),这种现象称为美第奇效应;美第奇是 15 世纪意大利佛罗伦萨的银行家族,旗下赞助当时的雕刻家、科学家、诗人、哲学家、财经专家、画家、建筑师等专业人员,这些人在定期聚会中互相学习,并且打破彼此间的专业领域及文化,创造出拥有全新想法的新世代——文艺复兴时期。因此,Frans Johansson 将不同领域或文化的交流与激荡所引发的新发现或交汇点创新称为美第奇效应,而形成交汇点创新的三个驱动力为:①与其他领域的人交流;②应用计算机信息科技;③跨科学领域的整合。

以上案例的本质就是知识整合。知识是社会建构和共享的资源。知识的交流与整合是新知识的来源,并因此形成知识创新。传递与交流的概念意味着社会网络成员具有不同水平和不同类型的知识和信息,他们参加共同活动并相互学习。这种在社会系统和个人认知系统之间的传递与交流是知识创新的基础。Miller 等强调整合不同知识是激活现有知识、培养创新能力的过程。知识整合是指将之前无关联的知识整合到一起的过程,或者将相关知识以新的形式整合在一起的过程。知识可以在社会网络成员间整合,也可以在局部成员组成的团队间整合,当在成员间或团队间形成知识整合时,其成员观念会更新,并构成知识创新的潜力。整合的理念为知识创新提供了潜力,通过知识应用,例如商业化,以产品、服务或流程的形式形成创新性知识。

知识的本质及个人社会网络的结构是影响组织知识共享及创新活动的关键因素。个人需要与他人合作,参与经验、知识及能力的分享、传播及学习,以进行知识创新和整合。知识整合是内部与外部知识的互补性整合,这意味着在个体能力范围内整合内外知识。生产不同或相同知识意味着采用不同的模型、使用不同方法整合知识。尽管存在其他知识创新的过程,但是在个体层面,知识传递、交流与整合是知识创新的主要机制。个体有能力将自有知识与其他知识进行整合,从而创造新的知识。

8.4 社 会 资 本

8.4.1 社会网络中形成的社会资本

个人需要与他人合作,从社会网络中分享、学习及获取新知识。社会资本理论的基本假设是社会网络为接触有价值的资源提供了机会,社会资本通过影响其他因素(知识获取、知识整合、知识交流等)来影响创新绩效,这些和价值创造有直接的联系。社会资本重点强调两个方面:①参与者直接获取个体利益;②知识创造者和其他社会成员可以共同获益(公共利益)。社会资本可以定义为社会网络中的个体或组织所拥有的具有内在价值、可利用且可以整合的资源。在参与社会网络的过程中,个体会提升社会能力,社会能力可以使个人和其他人产生关联,有助于个人在群体中挖掘知识。

社会网络中的社会资本涉及三个维度:①结构维度,是社会网络中成员间关系的一般模式,包括:连接关系、连接强度、网络密度等;②关系维度,社会网络成员之间建立的关系类型,包括信任、认同等;③认知维度,是指社会网络成员之间的共同表述、共同愿景、认知水平和解读及文化价值等,包括共同语言、共同编码及共同叙事方式等,如图 8-1 所示。

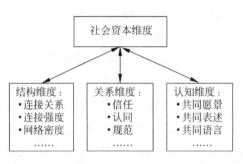

图 8-1   社会资本维度

结构维度中紧密关联的结构可以产生信任、可靠的洞察力、共同价值观和共同愿景,这涉及关系维度和认知维度。关系维度中社会网络成员密切的交互使彼此增加了解、分享信息、形成共同观点,这也涉及结构维度和认知维度。此外,认知维度中当个体、团体或组织共享目标和价值观时,他们之间的相互依赖程度增加,这又促进了结构维度与关系维度的发展。

8.4.2　社会资本的价值

1. 社会资本结构维度的价值

社会资本结构维度的提升加强了网络成员之间以及外部之间联系的数量和质量。社会资本通过社会结构获取有形及无形资源,有助于人们实现目标。在形成社会资本的过程中,需要时间消耗、交流程序化、内容的密度和多样性的增强。社会资本也包括社会网络中个体之间的互动,以及互动的宽度和深度及互动频率,即多少、频率和强度。鉴于结构维度影响交流渠道的相关方面,并且成员参与知识交流与整合的期望与动机,这些都使得社会资本无形中推动了知识创新。

2. 社会资本关系维度的价值

社会资本关系维度的提升增强了社会成员间的信任及认同等,对成员间的互动有促进作用。在人际关系的前提下,社会网络成员之间存在牢固及非牢固关系,非牢固关系的价值对于成员个体而言可以提供更多的机遇或渠道,以便接触到更丰富、更先进的知识。网络成员的新知识可以从这些非牢固关系中获得,其本质是网络成员与所接触的人偶尔互动以及相互之间形成的偶然关系。网络成员间接触关系的程度更多的是由关系的数量和质量决定的,而网络成员间的非牢固关系形成的结构洞为获取新知识提供了渠道。通过非牢固关系的途径,社会成员可以获取从其他社会网络传播的知识,从而使社会成员从外部资源受益。在牢固关系的社会网络中,社会成员趋于从不同的网络节点接收到相同的知识,造成知识接受的冗余,而知识也会随着这种循环和冗余的途径进行传播。牢固关系的社会网络意味着更好地协作、信任和认同,形成高密度的关系,社会网络中固定成员间重复的交流可以带来共享的利益和价值。在牢固和非牢固关系中,增强知识的交流,保证了知识在网络中的有效传播,可以促使成员产生共享知识的期望。

3. 社会资本认知维度的价值

社会资本认知维度的提高促进了共同愿景、共同语言及观点等的形成与发展,进一步促进了知识创新氛围。社会资本包括人际和虚拟网络、社交网络和跨不同网络而构建的管理,这就需要考虑各方面的表达能力,包括情境和文化、正式和非正式、语言和非语言的沟通。社会网络中的关系密度存在多变性,并受网络内外环境的影响,而关系密度的多变性增加了社会资本的潜在价值及优势。社会网络中知识的不均匀性会使得知识以不同方式呈现和传播,这需要成员间建立达成共识或形成共同目标的沟通方式,这样才能促进成员知识的积累和更新。获得不同的知识需要在不同环境中构建广泛认同的话语体系和认知模式。

4. 社会资本网络的价值

资源流通过不同网络成员进行流动,网络成员在社会网络中的不同位置赋予了彼此之间互动的可能性,网络成员的连接模式成为其获取所需资源的指示器。中心位置是指某一网络成员和其他网络成员之间的距离,显示了其通过最少的节点数量联系到其他成员的程度。中心位置并不意味着拥有众多密切联系的网络节点,而是意味着无须通过重复的节点和方式可以联系到目标节点。社会成员在社会网络中的中心位置可以更好地接触关键信息与知识,可以直接接触或通过极少的中介与目标节点进行互动。中心位置允许社会成员去管理网络中知识创新的过程,通过控制和运用网络中的资源提升其竞争优势。

此外,处于不同网络中心位置的网络成员彼此之间通过中介成员直接联系,这种直接联系将相关网络节点关联起来,使得这些节点(包括个人、组织、公司或行业等)处于优势地位。这种情况下,相关网络节点可以从其他节点那里获取丰富的信息与知识,并控制信息及知识在网络中的传递与交流。

8.5　知识创新的模型

一般而言,密集型社会网络有利于社会成员接近所需资源,反之,低冗余的社会网络关系有利于发现异质性知识。在进行知识创新时,不仅需要密切协作,而且需要创新性及异质性的知识,所以分析社会网络对知识创新的影响需要探索这些问题的复杂性因素。

一方面,为了达到知识创新的目标,需要确定参与社会网络的结构类型、网络定位、技术构建和网络嵌入。社会网络的参与者从密集型社会网络中获取非冗余的创新性知识,并从交流速度和网络凝聚力中获益。从这个意义上讲,协作氛围和避免机会主义是成功达到知识创新目标的关键因素,而密集型社会网络也会提供更多优势,例如丰富的知识源和知识库。如果目标是获取差异性知识,松散型社会网络是最佳选择。同样地,最适宜的社会网络取决于社会网络成员所采取的策略类型,因此,非牢固关系和存在结构漏洞的社会网络易于探索新的异质性知识,而牢固关系和密集型网络结构对同质性知识创新更为适合。同样地,探索牢固与非牢固关系对于知识创新极其重要。

另一方面,社会网络包括很多类型,例如员工间的网络、商业组织间的网络、企业内部关系、企业集群和行业体系等。知识异质性在不同社会网络中所呈现出的程度不同,关系类型和认知状况也会显著不同。相同的社会网络结构对不同网络成员的开放式知识创造能力有不同的影响。通过社会网络,个体共享实践过程,网络内外的环境会促进知识的吸收和融合,超越组织限制并接触异质性知识有益于知识创新。组织内的成员处于同质情境中,因此,彼此便于知识传播和开发。在同质情境的网络成员中,其主要挑战是从松散型社会网络或非牢固关系网络中获取异质知识。但是在异质环境中,密集型社会网络会显示更高的知识创新绩效,因为它会促进并整合网络成员所接触到的各种知识。

以上表明某一社会网络的成员参与到其他社会网络时,需要考虑两个社会网络的结构、关系和类型维度。在每种社会网络中知识异质性的程度是社会资本嵌入社会网络和创新绩效的调节因素。

分析社会网络单元、社会网络结构是出于以下考虑:①整合与目前知识库相关联的知识较为容易;②在同质环境中接触到的新知识较为有限。需要考虑社会网络中不同网络单元的知识创新维度和不同维度对应的创新因素,因此设计知识创新策略不仅要适应最有益的结构和关系嵌入,而且需适应最适当的交际环境。社会网络成员应依据知识创新预设的目标,谨慎地选择网络类型和网络嵌入形式。当考虑到社会网络和知识创新之间的诸多关联时,可以推理出同质性创新知识和密集型网络及牢固关系之间存在密切关系,而异质性创新知识与松散型网络结构及非牢固关系存在密切关系。

如图 8-2 中象限图所示。在 A 象限中,异质性知识储量不足时,需要突破网络边界,

转化为 B 象限,从而形成知识创新。在 A 象限中随着网络密度和知识交流频率的增强,异质性知识逐渐为网络成员所共享和融合,其异质性程度相对降低,转化为 C 象限中网络成员所共有的同质性知识。C 象限中若要实现异质性知识创新,需要突破网络边界,转化为 B 象限,形成知识创新。随着同质性知识的频繁交流,松散型网络转化为密集型网络,从而转为 C 象限。D 象限中为了实现异质性知识创新,需要进一步拓展网络边界,引入异质性知识载体,转化为 B 象限,这也构成知识创新。A 象限中随着网络密度的增强,异质性知识逐渐转变为同质性知识,而为了获取异质性知识,网络成员扩展网络范围,引入新成员,密集型网络转变为松散型网络,从而形成 D 象限,这就是开放式创新中网络结构和知识类型的转化规律。

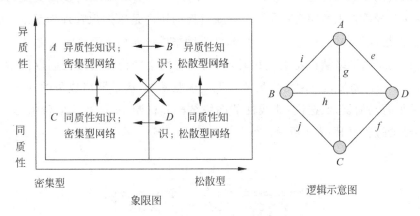

图 8-2　网络结构和知识类型象限示意图

例如,图 8-2 中逻辑示意图中实现起始象限 A 到终点象限 B 的转化可以有 5 种途径:①$A \rightarrow B$;②$A \rightarrow D \rightarrow B$;③$A \rightarrow C \rightarrow B$;④$A \rightarrow D \rightarrow C \rightarrow B$;⑤$A \rightarrow C \rightarrow D \rightarrow B$。图 8-2 逻辑示意图中 e 代表 $A \rightarrow D$ 的成本,f 代表 $D \rightarrow C$ 的成本,g 代表 $A \rightarrow C$ 的成本,h 代表 $D \rightarrow B$ 的成本,i 代表 $A \rightarrow B$ 的成本,j 代表 $C \rightarrow B$ 的成本。n 代表起点象限(P)到终点象限(R)的路径数,E 代表期望成本,E_{P-R}^{n} 代表从起点象限 P 到终点现象 R 的 n 条路径的期望成本。

$$E_{A-B}^{1} = \frac{1}{3}i, \quad E_{A-B}^{2} = \frac{1}{6}(e+h) + \frac{1}{6}(g+j),$$

$$E_{A-B}^{3} = \frac{1}{6}(e+f+j) + \frac{1}{6}(g+f+h)。$$

对上述公式进行转换:

$$E_{A-B}^{1} = \frac{1}{3}i,$$

$$E_{A-B}^{2} = \frac{1}{6}(e+h+g+j),$$

$$E_{A-B}^{3} = \frac{1}{6}(e+f+j+g+f+h) = \frac{1}{6}(e+h+g+j+2f)。$$

　　为了提高知识创新效率，起始象限 A 到终点象限 B 的期望成本越小越好，从上述三个公式可以发现，E_{A-B}^3 的成本明显高于 E_{A-B}^2，那么只需考虑 E_{A-B}^2 和 E_{A-B}^1 的期望成本大小即可，若 $E_{A-B}^1-E_{A-B}^2>0$，则代表 E_{A-B}^2 为最优成本，其转换路径为 $A→D→B$ 或 $A→C→B$。反之，则 E_{A-B}^1 为最优成本，其转换路径为 $A→B$。

　　知识创新策略存在不同的方式和方法，社会网络运作的环境可看作不同程度的同质和异质的交叉，而社会网络和知识创新策略结合的方式呈多样性，这使得实现同一知识创新目标可以采用多种网络结构。组建和保持网络结构及关系需要成本，例如时间和精力等，这就需要选择和评估最佳网络结构。知识创新策略分为：①知识传递、交流及融合是指网络成员间知识的传递、流动及网络成员间进行的有关知识的多向交流与沟通，最终实现同质及异质知识的融合；②知识创新过程的协同是以知识管理为基础、知识创新为目标，由网络成员共同参与的互动过程，注重网络成员间相关资源的优化与整合；③知识治理探讨的是当网络结构发生变化时，如何部署网络结构和网络机制以便指导、管理知识创新；④知识动员是以网络成员的知识需求驱动的，满足网络成员的知识需求和认知特征，采取行动的复杂、迭代、非线性的网络结构和机制，实现知识的价值延伸与创新性增值的社会过程，如图 8-3 所示。

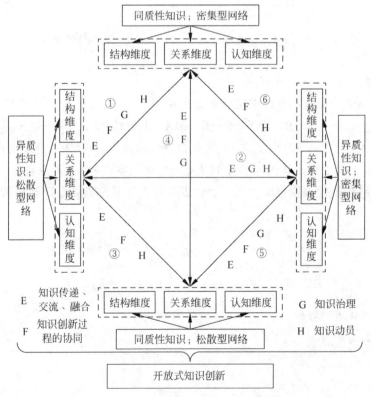

图 8-3　社会网络中知识创新模型

图 8-3 中,E 代表知识传递、交流与整合,F 代表知识创新过程的协同,G 代表知识治理,H 代表知识动员。网络结构和知识类型的转化类型分为:①异质性知识和松散型网络向同质性知识和密集型网络相互转化;②异质性知识和松散型网络向异质性知识和密集型网络的相互转化;③异质性知识和松散型网络向同质性知识和松散型网络的相互转化;④同质性知识和密集型网络向同质性知识和松散型网络的相互转化;⑤同质性知识和松散型网络向异质性知识和密集型网络的相互转化;⑥同质性知识和密集型网络向异质性知识和密集型网络的相互转化。例如,松散型网络中的异质性知识转变为密集型网络的同质性知识时,网络结构发生变化,即松散型网络转变为密集型网络,因此需要采用知识治理(G)。随着网络成员间开放式的协同交互,形成了相关知识资源的优化与融合(F),网络成员间知识发生传递、交流与整合(E),继而异质性知识转化为同质性知识,实现知识价值的延伸(H)。反之,密集型网络中的同质性知识转化为松散型网络中的异质性知识时,网络结构发生变化,即密集型网络转化为松散型网络,需要采取知识治理策略(G)。网络成员若要实现异质性知识创新,需要突破网络边界,采用知识传递和交流策略整合网络外部成员的知识(E),在此过程中网络内外成员之间形成协同互动(F),实现了知识的价值延伸和创新性增值(H)。其他转化类型以此类推。

案　例

🎯 本章小结

1. 社会网络是基于社会成员的关系而组成的集合,社会网络的作用是研究创新的必要元素,社会网络可以是自发的或者自然而然形成的,社会网络为成员提供了不同途径和方式进行知识的整合与应用,从而推动知识协同与创新。

2. 知识协同是指知识管理中的主体、客体、环境等达到的一种在时间、空间上有效协同的状态,知识主体之间或"并行"(parallel)或"串行"(serial)地协同工作,并实现在恰当的时间和场所(即空间,包括实体空间和虚拟空间),将恰当的信息和知识传递给恰当的对象,并实现知识创新的"双向"或"多向"(也包含"单向")的多维动态过程。

3. 知识创新通过内外知识整合,新知识可以渗透组织及个体边界进行扩散和融合。知识创新通过利用、精炼和强化现有知识,在与网络成员的交互中,形成知识的扩散及传播,构建起知识创新的桥梁。

即练即测

回顾性问题

1. 什么是社会网络？
2. 什么是知识协同？知识协同具有什么特征？
3. 什么是知识创新？
4. 什么是社会资本的价值？

 讨论性问题

1. 如何理解知识协同与知识创新？
2. 如何理解知识整合？
3. 如何理解社会资本、知识协同、知识创新三者之间的关系？

 实践性问题

1. 请举实例说明你是如何理解知识协同的？
2. 请结合实际案例，谈谈你是如何理解知识创新的？

第 9 章

知识传播与服务

9.1 知 识 传 播

9.1.1 知识传播的内涵

1. 传播

我们从大众传播学的角度认识一下什么叫作传播。戈德(Goethe)从共享的角度认为:"传播就是变独有为共有的过程。"格伯纳(George Gerbner)从互动关系上说:"传播可以定义为通过信息进行的社会的相互作用。"贝雷尔森和塞纳(Berelson and Sena)应用符号说明传播是"运用符号——词语、画片、数字、图表等传递信息、思想、感情、技术等"。卡尔·霍夫兰(Carl Hovland)针对目的、影响、反应,认为传播是"某个人(传播者)传递刺激(通常是语言的)以影响另一些人(接受者)行为的过程"。实际上,在大众传播学中,传播就是一种行为,一种过程。传播有两个要素:一个是信息——传播行为的内容;另一个是流动——传播行为的方式。因此,大众传播学认为传播就是信息的流动过程。

"传播"这一词汇不仅包含了大众传播学对传播的定义,还包括了吸收反馈的含义。在大众传播学中,对传播的理解主要侧重于对内容的传递,而在现实中,传播的含义还包括了对受体的影响,即受体对传播内容的吸收情况。在这里涉及"传播"和"传递"两个词汇之间的区别。在《现代汉语大词典》《新华词典》《汉语辞海》等辞书中,将传播定义为"广泛散布推广",传递为"一个接一个地传送过去或辗转递送"。在这里传递更侧重于一对一的递送,方向性很强。传播有从单点到多点递送的含义,从广义上来看,传播实际上是包含了传递,是多个传递的集合,但传播又不仅仅是传递,还包括传递后的吸收效果。

2. 知识传播的定义与分类

(1) 知识传播定义

Vito 认为知识传播的过程是由信息系统和解译系统组成。知识传播者将知识通过某种媒介把信息传递给知识接受者。知识接受者通过解译系统,将信息转化为自己的知识。其中,解译系统主要包括五个步骤,即获取、交流、应用、接受和吸收。他认为,一个完整的知识传播过程必须经过这 5 个步骤。

151

Edward 和 Martyn 认为知识传播的过程是通过对数据的收集形成信息,知识就是对信息进行整理和总结而成,对知识进行翻译以及进一步阐述形成认知,认知被人所吸收而成为智慧,最后应用智慧则形成人的行为。

本书认为知识传播是在一定的社会环境中,一部分社会成员借助特定的知识传播媒介,向另一部分社会成员传播特定的知识信息的社会活动过程,同时期待达到最初期望的传播效果。

(2) 知识传播分类

世界经合组织(OECD)1996 年的年度报告《以知识为基础的经济》涉及知识主体的问题。报告将知识主体分为三类:个体、团队及组织。由于知识传播主要发生在这三类主体之间,相应地,知识传播也分为三类,即个体知识传播、团队知识传播和组织知识传播。个体知识传播是企业得到创新和增值的基础环节。个体知识传播可以传播显性知识和隐性知识。其中,隐性知识更具有价值。由于员工个体是知识创新的基本单元,因而创新的知识通常以隐性知识的形态存在。知识创新对企业产生价值一般要先经过个体知识传播,再到团队知识传播,最后到组织知识传播。团队组织传播是在团队组织下的一种群体行为,包括正式团队知识传播和非正式团队知识传播。组织知识传播是企业主体行为,是在企业知识安全框架和企业知识传播战略的约束与导引下,在整个企业范围内进行的知识传播。

按照结构对个体间知识传播进行划分,主要划分为链式传播、环式传播、星式传播、Y 式传播以及全连通式传播。链式传播从形式上来看是一对一的模式,在知识传播过程中,每一位知识传播者承担知识传播者和知识接受者的双重角色。环式传播类似首尾相连的形式,处于环式传播网络中的每一个个体在接受知识的同时也在对知识进行传播。星式传播从形式上看是一对多的,在传播过程中,一个知识传播者同时面对多个知识接受者。Y 式在传播过程中同时表现出链式传播和环式传播的特征。全连通式传播是网络中的所有存在个体可直接建立联系,如图 9-1 所示。

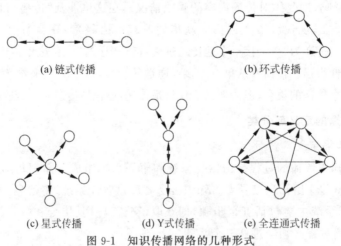

(a) 链式传播　　　　　　　　　　(b) 环式传播

(c) 星式传播　　　(d) Y式传播　　　(e) 全连通式传播

图 9-1　知识传播网络的几种形式

9.1.2　知识传播影响因素

知识传播的过程受多种因素影响。Szulanski 等人用交流模型从内部知识黏性入手研究知识转移,将知识转移分为初始、实施、调整、整合四个阶段,分析了影响知识转移的因素,包括知识特性、知识源、接收源和转移情境。Dvaenport 和 Purska 认为知识传播是一种传递和吸收过程,传递者先将知识传播给潜在接受者,接受者再对所接受的知识进行吸收。在这个过程中,如果只有知识传递而没有知识吸收那么知识传播就不成立。知识作为一种特殊的信息,按照组织系统观点,"知识过程"可以分为创造、存储/索引、传播、应用四个方面。Jeffrey 和 Bing-Sheng Teng(2003)从知识转移的过程角度出发,认为知识转移包括四方面的因素,即知识源、知识受体、转移的知识以及转移情境。本书从知识传播的过程角度出发,总结知识传播的三大影响因素分别为:知识传播主体、知识传播客体以及知识传播情境,如图 9-2 所示。

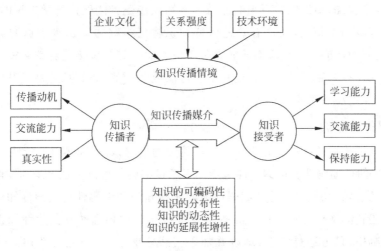

图 9-2　知识传播影响因素

1. 知识传播主体

知识传播的主体包括知识传播者和知识接受者两类。两类主体具有不同的特征因素,从而影响着知识传播。

(1) 知识传播者的特征因素。知识传播者是知识源,是知识传播的起点,因此知识传播者的特征属性直接影响了知识传播。第一,传播动机。知识作为一种资源,获取本身需要付出时间、精力、财富等代价,因此是有成本的。另一方面,知识又可以为其所有者带来一定受益,特别是隐性知识。基于理性经济人假设,知识源出于对成本收益的考虑,担心共享自己的知识后得不到适当的回报,所谓"教会了徒弟,饿坏了师傅",不情愿向他人传播与共享自己的知识,因此,会谨慎选择知识传播行为。第二,真实性。当知识源的真实性没有得到确认,即当知识传播者不被他人信任、不被认可是有才识的人时,知识的传播将非常困难。Szulanski 认为在知识传播的初级阶段,知识传播主体的真实性、可靠性是影响知识传播的重要因素。第三,沟通表达能力。沟通表达能力是通过交流展示知识的能力,包括清晰表达自己的想法、较好的语言技巧、容易被人理解等。主体间是通过交流沟通使信息传播与共享,并在这个过程中使双方的关系得到发展。知识传播者良好的沟通表达能力有利于知识更快、更好地被接受者学习吸收。

(2) 知识接受者的特征因素。知识接受者是知识的学习者,是知识的接受源。知识接受者的特征因素与知识传播者有所不同。第一,学习能力。Aladwani 实证研究证实了知识接受者的学习能力和信息系统项目产出之间呈显著正相关的关系。学习能力是指知识接受者沟通和解码所获信息、学习并应用它的能力。主体的学习行为具有两面性:一方面,当该知识有利于自己的工作或是自己感兴趣的方面,主体在学习过程中表现出主动性;另一方面,新知识的学习需要花费一定时间和精力,在学习能力不够或不感兴趣的情况下,很容易导致故意拖延、被动应付、虚假接受等行为。第二,保持能力。保持能力是指将学习吸收的知识保持下来的能力。当知识接受者能保持所学知识时,这样的知识传播才是有效的。相反,无法有效地保持知识将使组织的知识水平返回到最初的状态。第三,交流沟通能力。交流沟通能力是知识传播者和知识接受者都必须具备的基本能力素质。知识接受者在学习成长过程中有可能成为新的知识源,这是提升创新能力的关键,需要重点关注和培养。

2. 知识传播客体

知识是知识传播的客体。知识作为一种特殊的信息,具有许多附加特性。

(1) 知识的可编码性。可编码性是指知识通过编码化可以表现出来的程度。根据知识可编码性的强弱,知识可以分为编码性强的显性知识和编码性弱的隐性知识。显性知识可通过编码化的文件、图形、E-mail 等形式进行充分的传播转移。隐性知识则由于隐藏于人的大脑中,只可通过意会、理解并加以实践才能获得,因此隐性知识的传播比较困难。

(2) 知识的分布性。企业的知识广泛分布于企业各个地方和个人头脑中,而不是集中在某处或某个人手中。正因如此,当知识的分布与知识的需求"不在同一点时",便产生了知识传播转移的需要。认识到知识的分布性,企业可以通过设计组织结构、调整知识分布网络等方式,减少知识传播的障碍,提高知识流动的效率。

(3) 知识的动态性。在大数据时代,每天新产生的数据量以几何级数增长。现今一天产生的信息量比过去工业经济时代一年所产生的信息量还多。在这种背景下,知识也在不断地更新和修正,呈现出动态性。

(4) 知识的延展倍增性。知识在传播过程中,一种知识会变成两种,呈现出倍增效应。而且随着知识传播链条的延展,原有的知识会被不断地丰富和扩展,产生出越来越大的价值。

3．知识传播情境

知识传播活动离不开企业的组织环境，不管是个体、团队或是组织间的知识活动，组织情境都时刻影响着知识传播的过程。因此，分析知识传播的组织情境具有重要的意义。知识传播的情境主要包括以下几个方面。

（1）企业文化。企业文化是最重要的情境因素。企业文化是由一个组织的价值观、企业精神、历史传统、制度规范、处事方式等组成的特有文化现象，其中价值观是企业文化的核心。企业文化是企业的灵魂，推动着企业不断向前发展，也在方方面面影响着员工的行为。开放、创新、鼓励学习的企业文化使员工更愿意传播、共享知识；相反，在封闭、鼓励竞争的企业文化氛围中，员工更倾向于保有自己的知识。文化因素也影响着个体间的知识传播。知识接受者的文化背景、认知结构和技术领域决定了他们对知识的搜寻倾向、选择方案以及学习强度，当知识传播者间的文化背景相近时，知识传播很容易发生。

（2）关系强度。个体与个体的关系强度或社会网络特征是影响知识传播的重要因素，越来越多的学者开始关注这个问题。关系强度是人与人交流、接触而形成的纽带。根据交流的频率、感情深度、亲密程度和互惠程度的不同，关系强度可以分为强连接和弱连接。交流频繁、感情较深、关系密切、互惠程度高的关系为强连接，反之则是弱连接。Hansen 研究了强连接和弱连接在项目团队知识传播不同阶段中的作用，发现弱连接有利于新知识的发现，而强连接有助于知识的传播。

（3）技术环境。信息技术在知识管理过程中扮演着重要的角色。企业的许多知识管理活动都依赖于信息技术，例如企业原始数据信息的存储、检索，虚拟项目团队的知识共享，客户需求的分析与数据挖掘，内部知识网络的创建等。现在越来越多的企业开始应用知识管理系统：通过群件技术、邮件系统，提高了组织中弱连接的数量，促进了新知识的发现；通过创建论坛，为表达思想、分享知识提供了平台，以电脑、移动设备为媒介的交流提高了组织知识的质量；先进的数据库系统让知识的存储、检索变得更加安全和高效；为员工提供了除正式交流之外的接触模式，促进了知识的传播。当然，信息技术不能解决企业所有的知识管理问题，但它能以多种方式支持企业的知识管理。

组织知识传播设计的情境范围非常广泛，除上述研究最为关注的领域之外，还有许多学者探讨了信任环境、领导风格、组织目标任务特性以及组织特性对知识传播的影响。

9.1.3　知识传播模型

1．传播模型的经典理论

（1）香农模型

香农模型是其他传播模型与理论最为重要的理论基础（参见图 9-3）。在这个模型中，信源从一组可能传播的消息中产生实际传播的一条消息，这个消息可以由口头语或者文字、音乐、图像等组成。渠道是将信号从发射器传送到接收器的传送中介。接收器的工作与发射器相反,它将信号重新恢复为消息。信宿是消息想要传达到的人或者物,即接受者。在口语传播中,信源是人的大脑,发射器是人的发声器官,传播渠道是空气,信号是从一个人的发声器官传递到另一个人耳朵的声压,接收器是耳朵,信宿是接受者的大脑。

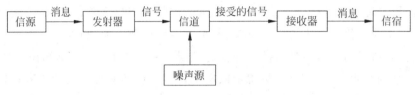

图 9-3　香农传播简图

（2）奥古斯德模型

香农模型中对信号的定义与意义无关,该模型潜在地假设信源、信宿、发射者和接收者是相互独立的单位。奥斯古德批评香农发展的模型仅仅适用于解释机械系统的传播,而不适合解释人类传播。奥古斯德提供了一个个体同时具有发射和接收功能的模型（Osgood C. E. ,1954）,并且考虑了符号的意义。他认为处于语言共同体中的每一个人都可以被当作一个完整的传播系统,是既能接受又能发送消息的传播单位。"输入"是一种物理能量或者"刺激",以一定的形式解码并且转化为可以感知的冲动。

（3）施拉姆模型

施拉姆没有将技术和人际的模型截然分开,他在香农和奥古斯德模型的基础上发展了三个传播模型,如图 9-4 所示。

施拉姆的第一个传播模型与香农模型相似,研究简单的传播。第二个传播模型提出的观点是,只有在信源和信宿经验范围内的共同领域才是实际传播的部分,因为只有在相同的领域,信号才是信源和信宿共同拥有的。第三个传播模型将传播看成是两个部分间编码、解释、解码的互动,这里提出了反馈和共享信息的"循环"。

（4）韦斯特利—麦克莱恩模型

韦斯特利作为纽科姆的学生深受纽科姆观点的影响与启发。纽科姆提出的对称模型认为,个人之间能够相互影响对某一特定事物的看法（Theodore M. Newcomb,1953）,当 A 人物与 B 人物之间的相互吸引越大时,两个人对于 X 事情的看法越趋向于一致。随着互动的增强,看法一致的程度增大。以此为起点,韦斯特利与麦克莱恩提出了一个过程模型（Westly,1976）。在这个模型中,存在多个事件与观点 $X(X_1, X_2, X_3, \cdots, X_n)$ 以及三个传播者 A,B,C。首先,在接收者 B 可以感受的范围内,B 对 X 进行选择性吸收,这样的选择某种程度上是基于 B 的需求和问题,部分或全部 X 都以多种意义传送。第二,多个 X 被传播者 A 选择并且抽象后作为一个消息 X' 传送给 B。B 可能得到也可能没有得到部分或全部的 X。B 有意或无意地将其反馈传送给 A。第三,经过一个无意

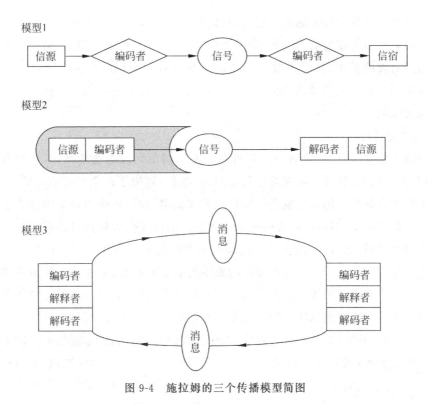

图 9-4　施拉姆的三个传播模型简图

编码者 C 的选择与抽象,它代替 B 接收消息。C 的选择必须根据 B 的反馈。第四,C 传达给 B 的消息一方面来自 A 的 X^*,一方面是自己在 X 中的选择。反馈可以从 B 到达 A 或者从 B 到 C 还可以从 C 到 A。模型中 A 是进行有目的的选择和传送消息的个体,B 是需要有关信息满足需要和解决问题的个体,C 是 B 的代理人,无目的地选择和传递 B 所需要的信息,特别是那些不容易被 B 获得的信息,X 代表以"消息"的形式客观存在的对象和事件。在这个模型中,存在大量的 X 以及多个 A、B、C,也就是说,多个 A 作用于多个 B 和 C,多个 C 也作用于多个 B。

2. 知识传播模型

学者们先后从不同角度提出了新的知识传播概念模型:从知识主体之间的相互关系角度,提出了知识传播——知识场模型;从知识主体知识存量角度,提出知识势能概念,构建知识传播——知识势能流动模型;从知识传播内容——知识的角度划分,将知识划分为显性知识与隐性知识,从而提出知识传播——知识转化模型。

(1) 知识传播——知识场模型

陈娟结合知识、高技术企业以及知识员工的本质特征,构建了解释高技术企业知识员工间知识传播的模型——知识场模型。模型中,知识员工是接收并提供知识的知识源,所有知识载体都客观地散发着知识影响力,即知识场。

在高技术企业,知识源是高知识员工,拥有的知识主要为模糊知识,其传播在知识场中进行。根据以汉森为代表的主流观点,知识传播以编码化和人性化两种方式进行。编码化是将模糊知识转化为明晰知识,通过书面、口头、音乐、图像等符号,借助一定的传播媒介传播到需要的员工,然后由接收者通过与其原有的知识结合内化为自身的模糊知识。人性化则没有将模糊知识转化为明晰知识的环节,而是通过知识传播者之间面对面的接触与交流来达到传播目的。

① 编码化传播

在编码化传播中,知识源的知识影响力首先作用于知识的物理载体,物理载体的影响力再作用于知识接收者。正如点电荷之间的作用力取决于两个电荷的电量以及场强,知识源对物理系统的作用力也取决于知识源的知识量、知识场强以及知识接收者的知识量。高知识员工的知识量越多,提供的量也越多。运用现代通信技术使明晰知识传播的距离大大缩短,知识源可以通过电话、内部网络及时便利地提供知识。高知识员工对提供知识的信任程度取决于其对提供知识的成本与收益的权衡,企业员工的地位和收益往往更多地取决于其拥有的知识。提供知识可能减少个人的相对权威,并且需要花费一定的时间和精力——这些可以用于学习和创新以增加其个人的知识存量。因此,只有公司内部提供更多的激励以补偿权威的损失以及时间与精力的消耗,才能缩短心理距离。知识源与物理系统的知识距离在于高知识员工是否明确需要提供何种知识,怎样高效提供知识,以及物理系统能否方便其知识的提供,例如,有的公司建立了非常便于员工使用的知识库,知识员工使用的次数越多,提供知识就越便利。因此,知识距离可以通过鼓励经常性的使用以及对于物理系统的更新来缩短。知识的物理载体对知识接收者的作用力同样取决于物理系统的知识量、场强以及接收者的知识量。当知识员工拥有便利的渠道获得所需要的明晰知识时,物理距离很短。知识员工对明晰知识的信任实际上主要根据对其载体权威性的认可,例如,员工可能对知识库中经过专家检验的最佳实践十分信任,但可能对内部论坛上某个员工提出的观点不太信任。心理距离取决了员工的选择吸收,员工根据信任程度决定是否吸收或者在多大程度上吸收。知识距离取决于接收者的知识存量与该物理载体的匹配程度,以及接收者使用该载体的程度,如一个熟悉芯片制造原理的员工才能够吸收和理解知识库中关于芯片制造的明晰知识,并内化为自己的模糊知识。一个经常使用内部知识库,并对其中的知识内容与使用方式相当熟悉的员工更能够快速查找到符合自己知识需要的明晰知识。知识员工间传播模型的编码化方式如图 9-5 所示。

② 人性化传播

编码化传播尽管是高效促进知识传播和节约成本的方式,但大量的知识传播还是需要人性化的方式(见图 9-6)。模糊知识在知识提供者和知识接收者之间直接传播,传播效率取决于提供者的知识存量、知识场强以及接收者的知识存量。知识场强取决于两者之间的物理距离、心理距离以及知识距离。物理距离指两者是否能够近距离接触与观察,有时候同在一个工作地点的员工之间不会发生工作往来,例如同一个办公楼不同办

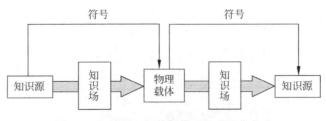

图 9-5　知识员工间传播模型的编码化方式

图 9-6　知识员工间传播模型的人际化方式

公室的软件设计人员,如果没有协作关系与沟通,物理距离极其大。心理距离就是双方的信任程度,当双方具有共同的利益、通过长期合作建立了一定的私人感情时,信任有所增加,双方的知识传播动机增强,心理距离缩短。知识距离表现为共同具有的知识基础量,双方怎样与对方交流知识以及对对方拥有知识的评价,这可以解释具有相同教育背景、处于同一个行业的人由于具有一些共同知识背景,知识的传播更有效率;也可以解释,曾经的合作经历可以使双方更熟悉对方的表达方式,能够掌握与对方交流的技巧,并且对对方拥有何种知识以及这些知识的可靠性形成更合理的预期。在这一类知识传播方式中,大多是知识的双向流动——双方都是知识的接收者和提供者,因此知识源之间存在互动关系。尽管有时候仅仅是知识的单向流动——一方向另一方学习,如师傅和徒弟的关系,知识源之间的互动也是不可忽视的因素,它本身是知识传播的途径。此外,良性的互动能够缩短物理距离——双方愿意更多地共事;缩短心理距离——增强了相互信任;缩短知识距离——双方增加共同的知识基础、培养熟悉的交流方法、了解对方具有的知识及可靠性质。

(2)知识传播——知识势能流动模型

刘荣针对企业内部的知识传播提出:在一个企业内部出现知识传播(流动)的原因是由于人与人之间存在知识的差异。假设在某特定知识领域中,知识传播者(既拥有知识又传播知识的个体)所拥有的知识较多,而知识接收者(既接收知识又使用知识的个体)拥有的知识较少。为了表明两者所拥有知识的差异度,借用物理学中势能的概念来定义拥有知识的程度:假定对某特定知识领域知识一点都不懂的人,他的知识势能为 0,随着他对该知识的了解不断深入,知识势能也会越来越高。且在该领域中拥有相同的知识势能的人,所拥有的知识也是完全相同的。综上可知,在某特定知识领域中知识传播者的知识势能高于知识接收者的知识势能,如图 9-7 所示。

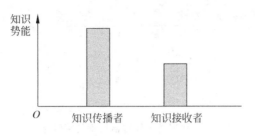

图 9-7   知识势能的相对高低

仅存在知识势能的差异还不足以促成知识的传播。企业中还存在促使知识进行流动（传播）的"推力"和"拉力"。"推力"来自企业和知识传播者，包括企业对员工或团队进行知识传播的激励程度、员工或团队拥有知识的程度以及传播知识的意愿等。"拉力"来自企业和知识接收者，包括企业为员工或团队创造知识传播环境的程度、员工或团队拥有知识的程度，以及接收知识的意愿等。在这两种力的作用下知识开始流动（传播）。知识流在传播的过程中如同水流一般，水流从势能高的地方向势能低的地方流动，知识流也从知识势能高的地方向知识势能低的地方流动。所谓的知识流（knowledge flow），是指知识传递过程中，从知识源到知识接收者之间发生的知识转移。不同的是，水流从高势能处到低势能处，本身的势能会减少，而知识在流动（传播）的过程中，势能不一定会减少。除去传播中的干扰等影响因素，知识从知识传播者流到知识接收者处时，知识流的势能可能减少、不变或者增加，即知识接收者的知识势能可能不变，因为新传播来的知识都没学会或知识接收者自身遗忘掉接收的知识，如图 9-8(a) 所示；知识势能有所增加但没超过知识传播者，因为新传播来的知识学会并记住了一部分或全部，如图 9-8(b) 所示；知识势能超过了知识传播者，因为知识接收者先学会了新传播来的所有知识，再利用和挖掘已有的知识，自我创造出了新的知识，如图 9-8(c) 所示。最后这一种情况实际上是比较复杂的，可以具体细分为五个过程，如图 9-9 所示。首先是知识传播者的知识势能高于知识接收者，知识流从传播者流向接收者。当两者的知识势能相同的时候，知识流的传递会停止。知识接收者通过学习和挖掘，自我创造出了该知识领域中新的知识，此时

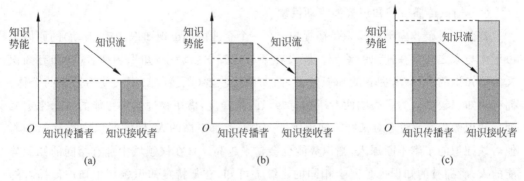

图 9-8   传播过程中知识势能的变化

会有一种反向流动的趋势,即知识流从知识接收者向知识传播者流动的趋势,但这只是趋势,并不一定发生,即第四个和第五个过程并不是必然存在的。若流动产生,知识接收者和知识传播者的位置就互换了。当两者的知识势能再次相同时,知识流的传递将停止。此时知识传播者的势能比以前增加了,他有可能会向企业内或企业外来传播新增加的知识,从而产生新一轮的知识传播。

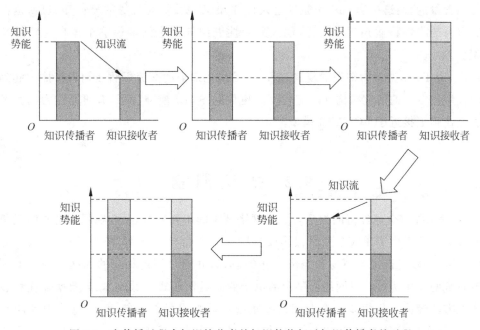

图 9-9　在传播过程中知识接收者的知识势能超过知识传播者的过程

（3）知识传播——知识转化模型

李徐平等认为在 SVEI(S——内部概括；V——分析论证；E——消除障碍；I——潜在促进)知识进化模型的基础上增加知识传播过程中的"感受"(feel)和"复制"(copy)过程,形成了 FC-SVEI 知识传播模型。具体见图 9-10。

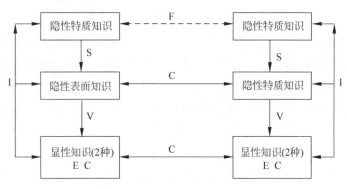

图 9-10　FC-SVEI 知识传播模型

"感受"过程是个体隐性特质之间互相影响的过程。由于隐性特质知识具有高度个人化的特点,只能通过一方感受和了解另一方的方式进行交流,不能完整复制,所以这一传播过程被标注为虚线。"复制"过程是被语言文字或其他方式进行编码化了的知识在个体间进行传播的方式,可以是隐性表面知识在个体间传播的过程,也可以是显性知识在个体间进行传播的过程。知识个体是不能直接从他人的显性知识中提高自身隐性特质知识含量的,而这一影响是先通过他人显性知识"复制"为自身的显性知识后,进而影响其自身的隐性特质知识。同样,他人的隐性表面知识也间接影响个体自身隐性特质知识。

FC-SVEI 模型认为知识的复制过程、可编码化知识的交流仍然在知识传播中起到首要的作用。专门的研究机构在一定程度上更偏向 SVEI 模型,而具有研究能力的大型制造类企业则更接近于 FC-SVEI 模型。

9.2　知 识 服 务

21 世纪随着全球经济的快速发展和网络技术的不断普及,企业在国际之间的竞争和贸易环境已经发生了重大改变。很多发达国家利用自身在技术、资本、知识和人才等方面的优势,不断打破原有贸易和经济运作的模式,并通过制定相应的标准和国际准则以保持自身的竞争优势。以网络为平台的电子商务运作模式以低成本、高效率等优势逐步替代原有的经济运作模式。企业越来越重视培养自身的核心能力、信息能力和应对能力,并综合利用各种新技术,将技术优势不断附加到产品和服务中以创造价值。企业的核心技术和核心知识决定了企业的竞争优势和边界扩张能力,并且企业不断把投资重点从物质资本转移到知识资本。

知识服务起初被定义为一种商业服务,这类服务的主要特点是通过专业的服务提供者来进行的,并且包含了大量的隐性知识。知识服务既包含过程的专业指导性服务也包含大量的信息,并有助于生产企业提高他们的生产和技术的创新能力。因此,企业的知识服务是提升企业核心竞争力的重要途径,知识服务是整合和利用信息与人力资源的工具,可以不断加强企业的竞争能力和提升企业开发能力、产品制造和市场营销的速度。因此,企业的竞争已经从控制市场和原材料转向掌握新思想、新知识和创新成果上来,知识服务成为企业战略管理的重要组成部分。

随着知识资本在企业发展中地位的不断上升,对知识进行有效的利用和管理变得越来越重要。传统的金字塔形组织结构和人际交流模式在很大程度上不适合现代社会对知识的快速组织、整合和共享的需要,知识服务平台为知识的获取、组织和共享创造了一个全新的方式,整个工作流程和成果都可以以很低的成本快速地汇总、整合并送到需要它们的人员那里。新的技术环境和知识传播方式打破了原有企业僵硬的信息传递和管理方式,形成了一种更加灵活、适应变化的组织结构和扁平化的信息传递通道。从知识管理的角度来看,信息网络具有很大的局限性,网络的价值只有在与人、与知识资源结合在一起时才能真正体现出来。因此,知识服务强调知识资源和人的互动有机结合,信息网络和技术是辅助的纽带,它和知识组织整合起来才能真正给机构管理的发展带来效益。

9.2.1　知识服务含义

1. 知识服务的定义

关于知识服务的定义,不同学科不同学者给出了自己的理解与描述。Davenport 和 Prusak(1998)对知识给出了定义,他们认为知识是一个流动的与动态的混合体,并随着不断学习而进步。知识在组织内部体现于组织内的各流程中,其能够为行动做向导,为行动做指导。而服务是组织通过提供各种必要的方法与手段满足服务对象需求的一个过程。国内学者比较有代表性、引用较多的是张晓林提出的"知识服务是以信息知识的搜寻、组织、分析、重组的知识和能力为基础,根据用户的问题和环境,融入用户解决问题的过程中,提出能够有效支持知识应用和知识创新的服务"。知识服务(knowledge services)是从大量隐性和显性信息资料中,依据人们的需求将知识提炼出来,并有针对性地解决客户问题的工作,是以资源建设为基础的高级信息服务。从知识服务内容来说,它又可以分为广义和狭义两种。在广义的角度上讲,知识服务就是向客户提供一切所需知识的工作,其中既含有以往图书馆提供的传统书籍借阅等服务,同时还包括狭义的知识服务;从狭义角度来看,知识服务是对于客户的专业需要,将解决问题作为最终目的,对有关的知识进行筛选、收集、存储、传输及分析研究且得以使用的一项较高水平的智力工作。知识服务不仅是对信息的传播,还包含了从信息中分析和提炼知识、知识重组以及知识创新的过程,它的根本意义在于支持知识的创新。由此可见,从某种意义上讲,知识服务是更深层次的信息服务,是服务于知识创新的服务,是带有前导性的研究活动。除此之外,还有一些作者的观点,具体见表 9-1。

表 9-1　知识服务研究代表人物及主要观点

代表人物	观　　点
张晓林	从服务和服务方式两个方面对知识服务进行了阐述:知识服务是一种基于一切信息资源的(包括馆藏物理资源和网络虚拟资源)以用户需求目标为驱动的服务观念,面向知识内容,融入用户决策过程,并帮助用户找到或形成问题解决方案的增值服务。
陈高潮	知识服务是在知识产品的基础上提出的,知识服务就是调动自己的学科知识和文献知识积累,根据为用户问题提供解决方案的目标,通过对用户知识需求和问题环境的分析,对他人的知识产品即原始文献进行分析、重组、创新、集成而形成恰好符合用户需求的知识产品,并提供给用户的服务。
姜永常	知识服务就是为了知识经济的发展和知识社会的需要,根据为用户问题提供解决方案的目标,通过对用户知识需求问题环境分析,为用户整个解决问题的过程提供的经过信息的析取、重组、创新、集成而形成恰好符合用户需求的知识产品服务。

代表人物	观　　点
黎艳	知识服务就是为了知识经济的发展和知识社会的需要,以提供用户问题解决方案为直接目标,通过对用户知识需求问题环境的分析,向用户提供经过智能化处理的符合用户需求的知识产品。
田红梅	知识服务是指从各种显性和隐性信息资源中,针对人们的需要将知识提炼出来、传输出去的过程。它是以资源建设为基础的信息服务高级阶段。
CNKI	知识服务是向用户提供知识信息、知识挖掘手段及问题解决方案的服务。
刘崇学	知识服务是面向知识内容的服务,是围绕知识增值和创新的服务,是基于专业化和个性化的服务,是基于综合集成的服务。
邱晗	知识服务是以知识库建设为基础的高级的信息服务模式,与传统信息服务相比,知识服务要求对信息进行更深度的加工,采用更成熟的信息技术,面向更专一的服务对象,并且贯穿于用户解决问题的全过程。
陈裕、薛晶	从知识服务的发展角度指出,知识服务是在知识经济背景下提出的一种新观念。按一般理解,知识来源于信息,知识是信息升华的结果,是一种浓缩了的系统的信息。因此,知识服务不是一般的信息服务,是对信息资源的深层次开发和利用。它以信息的搜寻、组织分析、重组为基础,根据用户的具体需要,融入用户解决问题的过程之中,提供能有效支持知识运用和知识创新的服务。
靳红、程宏	知识服务是以信息知识的搜寻、组织、分析、重组的知识和能力为基础,根据用户的问题和环境,融入用户解决问题的过程中,在用户最需要的时间将用户最需要的知识传送给用户的服务。
韩宇	从图书馆员的知识投入角度指出,图书馆知识服务的本质就是以知识为基础的服务,是以图书馆员的知识及工具开发人员等相关人员的知识投入为基础的服务。
蓝昕	知识服务是基于"文献信息服务"的服务,是基于内容的服务,是基于熔"隐性知识"和"显性知识"于一炉的专业服务。
刘秀兰	知识服务是指从各种显性和隐性信息资源中,针对人们的需要将知识信息收集、整理,以利于人们对知识与信息的理解和应用的过程。
张玲	知识服务实际的含义应不只是简单地提供知识载体,而是通过馆员的劳动将知识载体的内容进行重新组合、加工,形成某种系统的知识以提供给需求者,这种服务将馆员自身所拥有的知识糅合在服务当中,成为一种新的服务模式。
罗彩冬等	知识服务是通过整理、组配、提炼可以利用的各种显性和隐性信息资源,使之有序化,从而方便使用知识来解决特定实践应用问题的服务。
孙丽艳	从知识服务的方式角度指出,知识服务是融入用户之中并贯穿于用户决策过程的服务,是基于专业化、个人化和自主创新的服务,是基于分布式多样化动态资源、系统和集成的服务。

2. 知识服务与信息服务

信息服务为知识服务提供技术支持,知识服务是信息服务的升华和发展阶段,也是信息服务的高级表现形式,它们在服务目标、内容、手段以及表现形式等多个方面既有紧密的联系,又有不同之处。

信息服务和知识服务的联系如下。

(1) 信息服务与知识服务价值观相同。信息服务向用户提供文献资料或数据推动个人、企业生存与发展；知识服务通过对知识进行分析、整合等处理，产生智能型的知识产品，以供用户使用，为用户提供了更有针对性的解决方案的服务。

（2）信息服务和知识服务都需要信息技术的支持。在信息时代，我们的生活处处都需要信息的支持，从网购到社交，信息早已经深刻融入了我们的生活和社会经济。信息服务也被人们寄予了更高的期望，人们开始更注重信息的分类阅读、实时推送和个性化定制。传统的信息服务已经无法满足用户多样化的信息需求，而信息技术的发展为解决这一问题提供了新思路。知识服务系统的建立依赖于信息技术的支持，信息技术是实现知识从掌握者向未知者传送的必要前提。

（3）信息服务和知识服务是相互促进、密不可分的。信息服务是知识服务的前置要素，信息服务的快速发展是知识服务产业不断向前推进的前提，所有的服务和决策都要在信息服务的支持下才能顺利进行。同时知识服务对信息的全面性、及时性、准确性要求更高，知识服务的发展也会反过来推动信息服务的前进，而信息服务理论的研究和应用在实践中取得的成果也会促进知识服务产业的发展与进步，两者是相辅相成、共同进步的。

信息服务和知识服务的区别如下。

（1）服务目标不同。知识服务的目标是为用户提供完善的解决方案或提供获取解决方案的途径，评价知识服务质量的标准是有没有解决好用户的实际问题，而信息服务的目标只是向用户提供相关的文献资料和数据，它不关心所提供的信息与用户需求的相关程度及是否帮助用户解决了问题。信息服务更强调提供资料信息，主要是对信息进行获取、归类、检索、存储和输出，满足具体信息、文献资料和数据的提供。

（2）服务内容不同。信息服务只是向用户提供其所需资源的储存位置或获取方式，并不在意自己所提供的资源与用户需求的相关程度，服务方向并不明晰。知识服务根据用户的实际问题和外部环境，进行信息的获取、整合、共享和创新，向用户提供有针对性的、深加工的智能型知识产品，满足用户的需求，也提高了知识利用率和创新率。

（3）知识产品深度不同。信息服务对知识的处理较为简单，不够细化和深入，只是对知识进行收集、整理和存储；知识服务是对信息进行解析、分类、整理等深层次的处理，不断挖掘藏于人脑中的经验、习惯等隐性知识，为用户提供深加工的智能知识产品。

（4）服务价值不同。知识服务的目标是帮助用户解决实际问题，它通过对现有信息进行提取、整合形成具有增值效果的知识产品，对知识进行创新，提高了知识利用率和创新率。但是信息服务仅向用户提供相关资源的存储位置以及获取方式，并不能保证用户面临问题得到有效解决，因此，知识服务的价值更高。

3．知识服务与知识管理

美国 DELL 集团创始人卡尔·弗拉保罗认为：知识管理以知识共享为核心，通过利用集体智慧来提高快速应变能力和创新能力。人才和技术的结合所产生的创造力是知识管理的关键，这种创造力会对人们的工作和生活方式产生极大的影响，给人们带来惠利。知识服务与知识管理是相互促进,不可分割的关系,知识管理是开展知识服务的基础和前提,知识服务是企业进行知识管理的直接目标和主要实现方式。企业知识管理体系的完善与否直接关系到一个企业知识服务水平的高低,这是从物理经济向知识经济转变必须经历的过程。企业知识管理者(领导层)的专业水平与知识服务体系的完善情况关系到知识服务能否有效实施,也会对知识服务质量的高低产生影响。利用知识管理的理念为企业员工服务,合理引导和调节企业员工的行动、思想以及心理,不但能充分发挥知识服务的作用,还能激发企业员工的工作热情,是提升企业竞争力的有效手段。

企业中的知识管理是将各种隐性知识和显性知识作为管理对象,对知识进行组织、协调、控制等操作。企业的领导层是知识管理的主体,员工和文献资料是客体。知识服务对知识进行整合、加工以满足客户的需求,知识的提供者(企业、团体和个人)是其服务主体,客户和知识需求者是服务客体。知识服务和知识管理既有共通点,也有不同之处,知识服务是利用知识为用户提供能解决问题的服务,知识管理则是对知识组织管理,使其有序化,它是企业知识服务工作顺利开展的前提和保证,企业的知识服务中处处都体现着知识管理理念和信息技术,企业进行知识管理的最终目标及主要实现途径就是知识服务。

4.知识服务的特征

知识服务不同于传统的信息服务,它并非简单地向用户提供数据和信息,而是以用户目标为导向、向用户提供有用的知识及一站式的解决方案。根据知识服务的定义及其与信息服务之间的区别与联系,可看出知识服务有以下特点。

(1) 以人为本:这里的人包括两个对象:一个是知识服务机构的人力资源,它是创新能力最强的资源,以人为本就是注重人的创新思维、知识以及相关技术间的融合;另一个对象是指客户,客户是知识服务的对象,满足客户的知识需求和解决用户问题是知识服务的初衷和诉求,知识服务是将知识管理的思想与现代化技术融合,来满足用户需求的一站式服务,将准确、便捷的知识创新服务提供给用户使用。

(2) 服务内容个性化:知识服务的内容是有针对性的,是根据用户实际需求、问题情境以及个人偏好来提供的,它有针对性地为用户建立个性化的需求模型,根据用户实际情况,契合用户的服务方式向用户提供有针对性的解决方案。也就是说,用户面临的问题不同或者所处环境不同,需要的解决方案也不同。在遇到同一问题时,各个用户也可能因为自身偏好和所处环境不一样,希望得到不同的知识服务。

(3) 创新性:知识服务中以知识创新为核心,因此,创新性也是它的一个基本特点。信息服务只是将信息简单地罗列起来,很少涉及人的创造力;而知识服务强调知识创新和信息深加工,以创造为基础,将有用信息从繁杂无序的巨量信息中提炼出来,并加工形成智力型知识产品,在此过程中人的创造性扮演了至关重要的角色,也使知识体现了更大的价值。

(4) 综合集成性:知识服务实现了人(知识服务专家和相关研究群体)、技术(信息技术、网络技术和知识管理理论)和知识资源(各种分布式存在的信息资源)的有机结合,相互之间形成了交错复杂却又关系明晰的蛛网关系,知识服务是一种综合集成化、集约化的服务,它发挥整体优势,综合利用人员、知识、服务、资源和系统,来解决一些常规方法难以解决的问题。

9.2.2 知识服务模式

所谓"模式"是建立在一定的理论基础之上,为实现特定的目标而设计并实施的程序化模型。在知识服务的发展历程中,知识服务的模式也在不断地发生变化。目前,相关文献介绍的知识服务模式有以下几种。

1. 结构化参考服务模式

该模式以"结构化"的咨询建制为特征,保留咨询台,为用户解答简单问题和引导用户接受进一步的咨询服务;在此基础上按不同标准划分成若干具体咨询部门,并在人力、资源等方面安排相应的配置和分布。参考咨询员除直接解答用户问题,还负责馆藏资料的采购、分编、上架和剔旧。该模式以人力资源和信息资源的纵向分类为特征,不但使服务的效率和友好性得到提高,而且在服务深度方面也优于传统横向分配的服务方式。国外一些图书馆采用了这种模式,如美国皇后区公共图书馆总馆设"信息""艺术和娱乐""小说""社会科学""商业科技""文学语言""历史旅游和传记"等9个咨询台。

2. 专业化咨询团队模式

该模式按照专业领域来组织人力和资源以提供专业化信息服务,从而提高对用户需求和用户任务的支持力度。具体组织形式有:按专业组织的结构化参考咨询模式、学科信息中心模式、专业信息代理或学科馆员模式、专业化网上信息服务、专业化的全面信息服务等。

3. 个性化信息服务模式

此模式强调针对具体用户的需求和过程提供连续的服务,它一方面体现在参考咨询等以解决用户具体问题为基础的灵活服务中,另一方面也将融入系统和组织体制中。

4. 团队化信息服务模式

由于知识服务对知识和能力的要求,知识服务往往是依靠多方面人员形成团队并开展活动。它可能包括两种方式:一是依靠团队力量来组织和提供服务;二是加入用户团队中,作为用户团队处理信息、应用知识、解决问题的内在成员来进行服务,如图 9-11 所示。

5. 知识管理服务模式

从用户目标和环境出发,进行知识的搜集、捕获、传递、利用与创新管理。包括对显

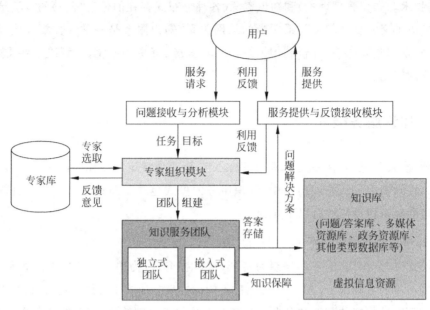

图 9-11　团队化知识服务模式

性知识和隐性知识的跟踪、搜集、检索和获取,进行知识的组织和检索管理;利用信息技术、数据库技术、网络技术进行知识交流和知识匹配传送管理;利用专家系统、专门分析工具、决策支持系统等支持用户对知识的分析和运用,进行知识利用的管理;建立和发展各种管理手段与机制来鼓励用户共享知识和进行知识创新,进行知识共享和知识创新环境的管理。

9.2.3　知识服务模型

知识服务模型以企业的业务活动为线索,将与该业务活动相关的企业知识资源(工具、方法、经验参数、场所等)组织起来,对其进行统一的描述,并封装成为具有特定功能的知识服务单元。因为每个服务单元都对应着完成一个特定业务活动的功能,所以可以把服务单元看作整个业务流程中的一个节点,前一个服务单元的输出可以作为后一个服务单元的输入。为满足用户复杂的业务需求,可以把多个知识服务单元按照一定的逻辑顺序组合起来,形成新的、具有更多功能的组合服务。

1. 知识服务建模

这里的知识服务是指通过知识密集型的业务活动,能够完成一些特定功能的企业应用,而不是一般意义下的各类知识或文献资料。换言之,以企业业务活动为线索,将与业务过程相关的各种散列的知识单元组织起来,就可以组成一个知识服务(如图 9-12 所示)。

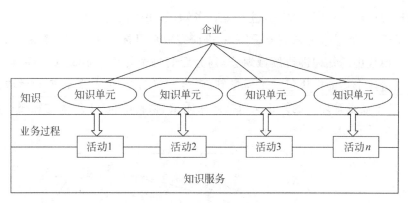

图 9-12　知识服务的形成

知识服务的建立共有以下 4 个步骤。

（1）知识获取

要想充分发挥企业知识的作用,首先要做的是获取企业的各种知识资源。知识获取是指将无序的文档、数据资料等与存于人脑中的经验参数、操作习惯等隐性知识变成有序、可检索和存储的形式化知识。知识有两种:一种是显性知识,显性知识是指能够被存储的、可在团体和个人间进行传递的形式化知识,主要有文献资料、规章制度、工作报告、案例库、程序、图片、声音、影像以及网络上的各种信息;另一种是隐性知识,隐性知识是指难以传递和交流的知识,主要存在于人脑中,包括企业文化、管理层或员工的经验、技术和操作习惯等。

显性知识是客观存在的,我们要对这些现成存在的知识进行整理并存入知识库中,企业各部门员工可以从知识库中学习使用。显性知识的获取可采用分布式搜索法和建立企业知识管理系统的方法,分布式搜索法首先按照领域和主题建立分布式索引服务器,服务器之间可以互相交换信息,而且查询可以被重新定向。隐性知识主要存在于个人(员工和领域专家)头脑中,领域专家解决问题靠的是经验和直觉,很难将这种经验和直觉进行理论化、形式化的描述,获取隐性知识需要相关领域专家和计算机专家一起努力。领域专家分析要完成的任务目标,并将任务目标分解成多个子任务,分析完成每个子任务所需要的数据和工具,计算机专家从高效表示这些知识的角度和领域专家对任务间的结构特点、组织方式、数据源以及对完成任务的重要程度进行更深层次的探讨,然后总结计算机专家和领域专家讨论的最终结果,并将这些信息以形式化的方式存于知识库中。

（2）知识分析和表示

获取知识后,要对知识进行分析和表示,形成知识单元。由于既有知识领域的特征,也有与领域无关的通用知识特征,为了能全面地表示企业的知识,采用二维知识框架的形式表示企业所拥有的知识,框架按照层次和领域两个维度对知识进行归类划分,来表示企业的大量知识。知识的层次包括概念层、规则层和方法层。概念层是领域知识,它用于描述相关领域中的知识对象和静态信息;规则层是推理知识,即领域知识的推理步骤以及推理要遵循的规则;方法层主要是任务知识,用于描述应用的具体目标,如何将任务分解成子任务,通过推理来完成子任务,进而完成总目标。从知识的领域看,可以对企业主要功能模块中的知识进行领域划分,划分后的每个知识领域又含有许多知识目录。例如生产制造这个功能模块包含了质量管理、生产设备维护、物料管理和供应链管理等知识领域,其中质量管理中的知识又包括产品质量、物料质量、工序改进和测量体系管理等(如图 9-13 所示)。

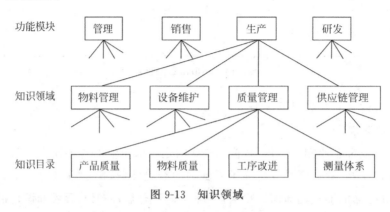

图 9-13   知识领域

用这个二维知识框架对企业知识进行归类划分,结果如表 9-2 所示。使用这个知识框架对企业内的知识分析和表示,只需按照领域和层次把企业内的知识单元填入相应的方格里。

表 9-2   知 识 网 络

层次	领域			
	知识节点 X	知识节点 Y	知识节点 Z	...
概念层 C	(X,C)	(Y,C)	(Z,C)	...
规则层 R	(X,R)	(Y,R)	(Z,R)	...
方法层 M	(X,M)	(Y,M)	(Z,M)	...

(3)建立流程与知识的映射关系图

将业务流程和与其紧密相关的知识相结合。业务流程通常由一个或多个子业务流程按照一定逻辑顺序组合而成,能实现特定的业务目标。先使用业务流程建模工具对业务过程进行建模,然后将业务流程分解成多个逻辑相关的子业务流程;再找出完成每个子业务流程需要用到的知识,建立各个业务流程与相关知识的映射关系,便完成了业务流程与知识的映射关系图,也就完成了知识和业务流程的集成。

(4)知识服务封装

基于 Web Service 技术,使用 WSDL 语言对知识密集型的业务活动进行统一描述,采用统一的标示和接口将其封装成为能够完成特定业务活动的知识服务,并发布到 UDDI 中心,对外提供标准统一的调用接口。将服务存入知识服务库,用户下次使用该服务时可直接到服务库中进行查找、调用。用户和知识服务间通过标准统一的接口来传递输入、输出参数。知识服务的标头是对其基本信息的描述,主要包括服务提供者的名称、单位、传真,以及服务功能描述的关键字、摘要等,还有知识服务的应用领域、价格、信誉度、时效性以及历史使用情况(包括用户的评价、已解决的问题等)。

2. 知识服务模型运行过程

基于 Web Service 技术的知识服务模型运行过程包括服务描述封装、服务发布、服务查找、服务绑定和服务调用五个主要步骤,具体实现过程如下:首先,用 WSDL 将具有一定功能的知识资源封装成知识服务,对这些服务的属性(包括服务功能描述和服务调用接口)进行定义,并生成可通过网络访问的 WSDL 文档,然后在 UDDI 中心注册、发布该服务。当用户有需求时,先到 UDDI 中心去查找服务,UDDI 中心将服务请求与候选服务的功能描述进行匹配并返回结果,再根据对应的 WSDL 文档中服务调用接口的类型和服务所在位置,完成自身应用和对应服务间的绑定,最后借助 HTTP、SOAP 协议调用相应的知识服务,完成特定的业务活动。

9.2.4　知识服务质量管理

1. 知识服务质量含义

质量是指产品或服务满足规定或潜在需要的特性的总和。随着对质量认识的提高,这一概念的外延得到扩大,重新定义为"一组固有特性满足要求的程度",这一术语反映了质量管理原则的要求,尤其反映了以顾客为关注点的要求。其内核是满足要求的程度,强调在固有特性与要求之间,要求是主导的、第一位的。质量管理,即在质量方面指挥和控制组织的协调活动。知识服务质量管理是组织为知识服务质量能够满足不断更新的质量要求、达到用户满意而开展的策划、组织、实施、控制、检查、审核和改进等所有相关管理活动的总称。概括起来,知识服务质量管理主要包括以下五个方面的内容:知识服务质量方针和质量目标的制定、策划、控制、保证以及改进与持续改进。

第一,服务质量方针和服务质量目标的制定。服务质量方针是由组织的最高管理者正式发布的该组织总的知识服务质量宗旨和方向。服务质量方针是组织全体成员开展质量活动的准则,为服务质量目标的制定提供了框架方向。

第二,服务质量策划。服务质量策划是服务质量管理的一部分,致力于制定质量目标并规定必要的运行过程和相关资源以实现质量目标。其内容之一就是编制服务质量计划。服务质量计划是质量策划的结果之一,是质量策划活动所产生的一种书面文件。

第三,服务质量改进与持续改进。服务质量改进是质量管理的一部分,致力于增强满足服务质量要求的能力。

就服务质量改进而言,要求可以是多方面的,如有效性、效率和可追溯性。其中,有效性是指完成策划的活动和达到策划结果的程度;效率是指达到结果与所使用的资源之间的关系；可追溯性是指追溯所考虑对象的历史、应用情况或所处场所的能力。持续改进是增强满足要求的能力的循环活动。任何组织或任何组织内的任一业务，不管其如何完善，总存在进一步改进的余地，这就要求不断制定改进目标并寻找服务质量改进机会，持续改进体现了服务质量管理的核心理念："用户满意，持续改进"。

2．知识服务质量控制

在以知识管理为特点的知识经济时代，信息服务开始向知识服务转变。面对国际市场的激烈竞争，知识服务业应加强对知识服务质量的全面控制，找到控制知识服务质量的策略，是对知识服务质量进行有效管理和正确评估的必要前提。

（1）从服务资源角度进行知识服务质量控制

在现代信息技术和网络技术条件下，进行知识服务所依托的信息资源呈现出数字化和共享化的特点。数字化的信息资源集高密度存储、高速度处理与网络化传播于一身，为知识服务不受时空限制创造了前所未有的共享条件。为了满足知识服务质量对资源的数字化和共享化要求，知识服务质量控制应从以下两个方面做起。

首先，加强我国知识基础设施工程建设。

国家知识基础设施是进行知识生产、传播、扩散的供个人与机构利用的知识信息资源系统和交互网络平台。它是为全社会提供知识信息共享的服务平台和协同工作平台，是为各类机构对本单位的知识生产、传播、扩散进行有效管理提供适用的知识管理平台。二者结合起来，实现知识服务目标。

我国以数字化资源进行大规模产业化经营的供应商主要有清华同方、重庆维普和万方数据。它们经营的产品有较大的可替代性，内容基本涵盖我国自然科学、工程技术、人文社科等领域，但资源重复建设严重，知识产权问题也需解决，人力、物力、财力和技术开发投入巨大，但又不能全部囊括期刊、报纸、会议论文、图书、博硕士论文等所有知识信息资源。

为了适应知识服务业的发展和质量管理要求，需由国家制定和完善有关法律法规和知识产业政策，创造良好的市场经济环境。比如集三家公司知识信息资源和产业优势为主体，辅之以规模较小的数据库供应商（如中经网、国务院发展研究中心信息网等）侧重于各自专业领域的服务，形成真正国家层面和水平上的 CNKI 工程，强化中国知识基础设施工程建设，成为我国最大最完备的知识信息资源仓库群，拥有完善的基本信息库、系列专业知识仓库、知识元库等，构筑我国知识服务业优势。这使 CNKI 真正成为我国网络环境下知识信息资源高度社会化共享与国际化传播的基础设施，为提升我国知识服务能力奠定坚实的物质基础。

其次，应用 3I 系统和自有文献资源，创建特色网络知识信息资源仓库。

网络信息采集系统（Internet Information Integration System，简称 3I 系统）不仅能够根据服务机构对知识资源的需求，从互联网上自动采集用户需求的信息，而且经过智能化处理整合（如自动分类、过滤、排重和知识网络构建等），在网络信息资源与服务机构的数字图书馆之间架起了一座桥梁,使大量的网上信息经过有效采集、分类、管理,形成有价值的知识库,加盟到服务机构的数字图书馆之中,以供用户获取。知识服务机构应用 3I 系统采集网上资源建库时,还要采用现代数字信息组织与处理技术、有关标准和系统工具,将自己存储的特色文献信息资源进行数字化网络化构建,全面整合成具有统一质量标准的特色知识信息资源仓库,实现自有资源的经营性价值转化,发挥资源优势和效率。

（2）从服务内容角度进行知识服务质量控制

知识服务是基于创新而面向知识内容和解决方案的服务。知识经济时代,人们更看重知识内容的浓度和创新力,更关注隐性知识的获取。

首先,挖掘服务人员的智能潜力,加强服务技术创新。

知识服务将更为注重知识内容的原创性和知识的再开发。要开发原创性的知识内容,服务人员必须具备敏锐的洞察力,密切关注用户的需求,及时收集相关信息。应深入挖掘服务人员的智能潜力,不断注入新的思维,使再生知识更具创新性和适用性,更能满足用户新的知识需求。知识服务不应像信息服务那样拘泥于某种服务模式,以序化的方式向用户提供信息的存储位置和获取方式,而要求服务人员能根据每一次服务的具体情况,创造性地设计、组织、安排和协调有关服务工作和产品形态,并建立起相应的知识服务组织管理机制来控制服务质量。

服务技术创新是实现知识服务创新的另一重要举措。新研发出的信息服务技术（如 3I、TPI、分布异构统一检索平台、信息网格技术等）是促进知识服务创新的有力工具。

其次,进行服务机构组织结构与组织管理创新。

为了把可获得的资源优势、可扩展的人才优势、可继承的技术优势转化为真正的知识服务优势,进行服务机构的组织结构创新已成必然趋势。只有如此,才能使内部市场更加明朗,管理层级更扁平,信息交流更及时,资源整合更有针对性,组织内部协调更有效,对用户的回应更灵敏,管理成本更经济。必须形成一种有效发挥全体服务人员积极性的多样化组织结构。

面向用户的知识服务,必须依赖服务机构或动态团队整体功能的发挥,必须要有一种宏观与微观相结合的激励机制。在管理上,必须具有明确的、完备的组织设计思路,使服务机构具有充分的灵活性和弹性,能在管理环境和市场需求发生变化时,仍可继续发挥其功能和作用,长期维持服务机构的正常经营和管理活动。服务机构在组织管理上,必须形成团队与团队之间、成员与成员之间的相互信任、相互支持、相互尊重的氛围,在知识的共建共享中公平竞争。

最后,加快知识仓库和知识元库建设。

知识仓库是面向一类具有相同知识信息需求的机构,根据其需求的知识结构特征和层次范围,从指定的信息源中筛选、分类、编辑而成的实时更新的数据库。比如清华同方等现已建成或正在建设一些基本知识信息库。知识仓库不但实现了知识资源的高度共享,而且支持知识服务的知识创新需求,降低了知识使用成本,为知识服务的产业化运营提供了资源保障。

知识元库是对知识点元素化的加工和概括提炼,可以让用户快速了解各学科知识基本内容和发现知识之间的内容关联,并通过知识元链接与其他各类数据库的相互关联形成知识网络,从而使用户在检索中链接和找到相关知识。

(3) 从服务方式角度进行知识服务质量控制

首先,加强现代网络技术应用,提高知识服务网络化水平。

以网络为媒体,提升知识服务的产业化水平,已成为控制知识服务质量的社会保障。随着网络技术的发展,用于知识服务的网络技术也应相应提升。传统互联网实现了计算机硬件的连通,Web实现了网页的连通,而网格(Great Global Grid)试图实现互联网上全球范围内的计算机资源、通信资源、软件资源、信息资源、知识资源、设备资源等所有资源的全部连通和全面共享,使服务机构能在分布异构的知识信息资源之间实现智能共享以及协同解决用户的问题,产生增值的新服务,消除了数据库之间的壁垒圈。

其次,构建知识网络。

基于对最新的信息技术的掌握,遵循知识发现、发展的规律,通过引文链接、知识元链接等知识关联,将CNKI知识信息资源、互联网信息资源和服务机构已有数据库等内容关联为便于知识挖掘的、没边界却互通的知识网络图。服务机构和用户即可将所有关联进来的信息资源进行分布异构统一检索,视为同一个数据库来使用。

引文链接,是利用文献之间的引证关系来建立知识信息间的关联关系,将文献用引文链接起来,不仅可以找到知识之间的联系,而且可以找到知识发现的方法。

知识元链接,是通过知识间描述和被描述的关系将不同的知识信息依据知识元素关联成为一体。

分布异构统一检索(USP):无论是何种软硬件环境、何种数据库结构、何种数字资源使用方式,都可以用一个无须厂家公开数据库接口的智能化方法统一管理起来,用一种检索平台提供服务,消除了数据库之间的壁垒。

这种知识网络所构架的信息资源组织方法给出的是知识之间的必然关联,比传统的关键词、主题词对文献的描述更为具体、准确、全面、深刻,同时不受传统分类体系的限制,具有无限的可扩展性。从此,知识服务机构就可逐步将国内外的各种数据库链接起来,使服务扩展到世界范围。只要用户需要知识,就可以从知识网络链接中找到;只要数据库是内容链接的,用户就可以从中摄取所需要的相关知识。

最后,建设知识服务网络平台。

该平台由知识元库和数字图书馆管理系统构成。知识元库是内容链接中枢,它将所有数据库用知识元自动链接为知识网络。而数字图书馆管理系统则由分布异构统一检索平台、原文远程传送服务平台、联库服务电子商务管理平台等组成。无论信息资源置于何处、何人所有、何种结构、何种语言,只要在互联网上授权使用,均可由知识服务网络平台进行管理应用。服务机构有了这个平台,即可对用户开展大规模的高效知识服务。

(4) 从服务手段角度进行知识服务质量控制

知识服务是基于集成化和智能化的服务。集成化是指采用知识集成、服务集成、人力集成、系统集成等方法,使知识服务具有最佳功能,达到最大服务效果;而智能化则体现在知识挖掘手段、知识服务平台、知识仓库和服务人员的智能投入等几个方面。

首先,集成服务。

服务机构必须坚持集成服务的原则:第一,知识集成——根据每一项服务的具体情况,对自建知识信息资源仓库和网上所有开放的虚拟信息资源进行知识挖掘、重组和创新,实现知识服务目标。第二,服务集成——一切服务行为以用户为中心展开,无论是传统信息服务还是现代服务方式,所有的服务手段均应调动起来,向用户提供全方位服务,给用户一个全面的解决方案。第三,人力集成——围绕具体服务项目组织多方面人员(包括机构内部和外部)协同工作,利用多方面专业知识来提供高质量高效率的知识服务。第四,系统集成——对服务机构内部的各部门、各成员进行有机组合、协调工作,并将有关服务机构的资源(通过分布异统一检索)和人员(组建临时团队)调动起来,为我所用,提高系统的性能。

其次,知识挖掘服务。

知识挖掘服务,就是采用知识挖掘手段,对网络信息资源和数据库中的大量信息进行过滤,去粗取精,向具有不同知识需求的用户提供因人而异的、有针对性的知识服务。知识挖掘服务具有动态聚类、自动分类、概念关联分析、自动标引等功能。它不仅为用户提供了精确的、有用的知识信息,还可使用户提高工作效率,以最小的努力获得最大的满意度。例如采用智能化手段挖掘大量显性信息中的隐性知识,由全文文献的智能化聚类可以得到专业细化、面向课题的知识。

最后,应用 TPI 提高数字图书馆建设水平,完善服务机构的知识管理系统。

服务机构中知识管理系统的核心是数字图书馆建设与管理平台(TPI)。TPI 是基于非结构化文档管理而开发的大型智能内容管理系统。该系统以 FTS 全文检索数据库为核心,采用 B/S 浏览器的检索方式和三层 C/S 架构,能够同时管理文字、图片、多媒体等信息,并提供全文检索服务,支持网页的动态发布,是一个面向内容管理的最佳应用、管理和信息发布的工具。从印刷品到电子文档(包括多媒体信息),从静态资源处理到网络资源实时整合,从单一资源管理到集群检索服务,从单一数据库到异构数据库的统一检索,TPI 都有用武之地。每个服务机构都应以 TPI 作为提升数字图书馆建设水平的解决方案。

(5) 从服务对象角度进行知识服务质量控制

知识服务是基于个性化和专业化的服务。在现代信息环境下,知识服务的个性化和专业化已成其最显著特点。只有为用户提供个性化的知识信息,才能满足用户个性化的知识需求；而相同的个性化知识需求则会指向某一专业领域，从而形成知识服务的专业化特点。

首先，进行个性化定制服务。

知识服务的个性化特点要求服务机构采用个性化定制服务技术，创建个性化定制服务系统，为用户提供量身定做的知识服务。目前，已开发出的个性化定制服务系统，可以方便地搜集、组织各种网络数字资源。

其次，建设完备的专业知识仓库。

专业知识仓库是为专业机构用户群提供个性化服务的。内容收录范围与资源采集标准按特定机构用户群的知识需求结构制定。负责某一专业或课题的服务人员，应具备该专业领域的深厚知识，能充分利用专业化知识导航系统、专业化网络检索工具等进行服务，满足用户的专业化知识需求。

（6）从服务人员角度进行知识服务质量控制

知识服务是基于人力资源和智力资源开发的服务。它的知识化和专业化特性也必然决定其服务人员的专家化、团队化，这是优质知识服务的生命线。在知识经济和现代信息技术环境中，服务人员不仅要承担知识信息的组织、检索、传播和利用，还要实施知识导航，帮助用户找到解决方案，并对提供的知识产品质量进行评价，只有具备深厚专业知识的专家学者方能胜任。知识服务的团队化是指将多方面专业服务人员有机地组成团队，针对各服务项目实施全面服务。

首先，全面提高服务人员的服务技能。

用户的问题往往具有专业性和复杂性，服务人员只有通过自身能力的根本提高和系统创新，才能重建服务优势。这些能力应该是一种系统、专业性的、富有创造性的、给用户充满信任感的能力。具体而言，应包括知识分析能力、决策分析能力、知识组织和开发利用能力、社会联系能力以及特殊的资源能力等各种能力要素。

第一，知识分析和决策分析能力是知识服务的首要能力。知识分析能力要求服务人员能从对用户知识体系和社会知识体系的分析中，快速发现符合用户需求的特定知识单元。而这一能力的掌握需要对知识和知识管理学专业知识的系统学习和研究、对用户心理和需求的现实研究和分析，以及对各种科学研究与分析方法的深刻领会和熟练运用。决策分析能力则是基于对用户特定问题的分析和相关知识的启示，帮助用户发现解决方案，分析解决方案，从而正确决策的能力。

第二，知识组织和开发利用能力是知识服务的基础能力。知识服务必须基于对知识的正确分析和运用，如今对海量信息的分析和运用依赖于对信息中的知识进行有效组织和开发利用，否则，知识服务只能是雾里看花。唯有如此，知识服务才具有更高的服务效率和更大的服务潜力。

第三，社会联系能力对提高服务深度、扩展服务价值具有推动作用。知识服务的方式方法具有开放性和集成性，而这些方式方法的实现需要借助一定的社会力量去推进，这就是服务人员的社会联系能力。

第四,特殊资源能力通过填补市场空白,从而建立知识服务体系不可替代的市场优势。图书情报机构的"特色馆藏"就是提高特殊资源能力的典范。

其次,组建动态知识服务团队。

即使一个专家具有较为全面的复合知识,有时也难以驾驭某些难度较大的项目。一些项目因为难度大、时间紧、操作复杂等原因,往往需要集体智慧、协同工作才能完成。这时的服务已不是单个人的行为所能胜任,需要一个团体来支撑。为此,知识服务机构就要建立一个各专业知识结构合理的知识服务团队。团队的组建应以特定任务为导向、主题专家为成员、知识创新为目的,要求能及时提供最新的数据挖掘和知识发现,能有效开发、监控和匹配知识管理和服务的市场需求,采取柔性组织管理机制,实时根据任务重心的转移和更替进行团队成员的及时重组和调配。这个团队要依据市场变幻,灵活配置团队的人员结构,有时可以根据具体服务项目临时组建,有时由不同服务机构的服务人员组成,使多方面专业知识和科学分析方法有机结合,找出解决问题的最佳方案,提高工作效率和服务质量。

（7）从服务经营角度进行知识服务质量控制

知识服务的产业化特点是指知识服务机构须实行企业化管理,以提供商品化的知识产品为主要服务方向,并形成产业化经营模式的发展趋势。知识服务经营产业化的核心是其经营服务的有偿化,知识服务经营的产业化也必将成为其利润发展的新空间。受市场经济的天然约束,知识服务不仅受用户目标驱动,也受经营效益驱使,知识服务经营的效益化已成为其重要的特点之一。为实现知识服务效益,需要开展知识服务营销活动。

首先,拓展营销市场。

知识市场和用户需求制约着知识服务。知识服务要追求效益,就要开拓营销市场。知识服务机构应建立以用户为中心,以不断创新的知识产品来满足市场需求为核心,采用用户培训和用户服务为先导的营销模式,应以服务树形象,以服务促销售,以服务创效益为理念。服务人员应以较高的知识水平、创新能力,来增加知识服务的知识含量,帮助用户成功解决问题;同时能及时洞察市场的需求变化,与用户进行深层次的沟通来增加亲和力,协调产品特性与用户需求的统一,获得用户的认可,使知识服务成为用户生活中不可或缺的组成部分,促使用户成为长期、忠实的消费者,最终实现知识服务的营销目标。

其次,开展网络营销。

开展网络营销主要包括两方面内容:一是发展网络出版,迅速发表与传播最新学术成果;二是将服务机构建成基于知识网络和知识服务网络的数字图书馆,使它不仅成为网络出版平台,而且成为各种数据库的门户。

（8）从服务过程角度进行知识服务质量控制

知识服务是基于全程化和一体化的服务。不仅服务过程贯穿于用户解决问题的全部过程,而且服务人员还要融入用户及其决策过程之中,与用户形成非常明确和紧密的双向沟通关系。这就决定了知识服务质量应由服务产品质量和服务过程质量两方面组成。以往,信息服务更多地强调服务产品质量,过程质量往往表现在查准率、查全率等指标上,控制的方法也多停留于服务态度等方面。

首先,知识服务过程质量控制。

知识服务对用户具有高度交互性,使过程质量控制成为一个需要重视的环节,而且也是保证最终服务产品质量的前提。首先,服务机构应制定服务工作的规范、程序和标准等,来调控整个服务过程的工作质量:第一,确定知识服务的内容和质量标准;第二,制订由质量计划、质量测量、质量记录和质量手册等组成的质量体系文件;第三,全面分析知识服务各环节的质量职能,确定各级质量管理和控制的权限和职责;第四,充分利用质量管理工具、绩效测定工具和统计工具,对知识信息来源的准确性、数据输入的及时性进行测定;第五,记录知识服务的过程和结果,建立知识服务档案;第六,根据自身能力,实行服务质量承诺制;第七,与用户建立长久的沟通和联系;第八,实行服务人员奖励机制。对能采取多样服务措施、灵活服务手段、友好服务态度和高效率的服务人员,给予必要的物质奖励和精神鼓励。

其次,知识服务产品质量控制。

为了保证服务产品质量,服务机构应引进全面质量管理机制。全面质量管理理论认为,用户的愿望和满意度是衡量质量的标准,是一种事前管理和全员管理。全面质量管理通过用户调查、效率评测等科学方法进行各环节的工作质量评价和监控。服务机构和服务人员要在了解用户期望的基础上,制定服务目标和服务任务,确定服务方案和规划服务流程。要进行服务质量差距分析,这主要包括:第一,通过与用户期望的服务质量比较分析找出差距;第二,通过与管理者制定的服务质量标准比较分析找出差距;第三,通过与其他服务机构相同或相似的服务项目对照分析找出差距;第四,通过用户感受到的服务质量与自己承诺的服务质量比较分析找出差距。通过服务质量差距分析,找出服务过程中出现质量问题的原因,采取补救措施,向先进的服务机构和服务人员学习,改进服务策略,是有效提高知识服务质量的良策。

9.3 知识传播与服务的实施策略

9.3.1 知识传播与服务的结构

现代知识传播与服务是以计算机为核心、以现代信息技术为主要手段的知识传播与服务,运用现代信息通信技术对知识进行收集、处理、研究、存储、提供和传递的服务业务,这是因为它是采用现代信息通信技术发展起来,并且是建立在现代信息通信技术之上的新兴知识传播及服务。现代知识传播及服务作为横跨信息技术与服务内容而衍生出来的现代新兴服务业,是信息产品开发、信息服务提供、技术标准制定等协同互动的产业价值链融合体。现代知识传播与服务依靠不断增长的满足客户需求的信息通信技术能力。人们知道进行网上交易如此便捷,并且要求现代知识传播与服务的服务水平达到他们所期望的服务水平。在管理中使用信息通信技术,给现代知识传播与服务的新管理模式带来挑战和革新。此外,社会媒介的数字化,已经产生了电子化服务社区、虚拟社区等理念。

信息社会的进展要求现代知识传播与服务不仅要制定适当的规则及规范来监管环境,促进现代知识传播与服务的区域发展,而且要将现代知识传播与服务自身转变为众多的精益及敏捷型组织,以便完成其治理作用,如图 9-14 树形结构所示。

图 9-14　现代知识传播与服务的树形结构

在树型结构中,自顶向下时,纵向的知识流是逐层增加的,当知识流向下流动时,纵向信息流是精炼的。这一进程几乎完全是知识流的流动。用现代信息通信技术支持树型现代知识传播与服务政策贯彻、执行与传递,知识服务客户和金字塔型现代知识传播与服务之间的知识流动,这些是现代知识传播与服务进入数字化、智能化时代的主要要求。

现代知识传播与服务及其服务客户之间的无缝协作,最重要的是服务质量及服务可靠性。通过制定现代知识传播与服务区域发展的战略及规划,利用众多的、便捷的知识输出渠道,发挥现代知识服务的价值,需要考虑现代知识服务组织的战略和服务哲学,而知识服务哲学强调知识和通信技术投资、必要的筹备步骤以及提供各种服务的优先方案。

现代知识服务业的运营开发已涉及一些法律问题,主要涉及电子通信受访者的真实性和知识服务交易增值税形式的有效性,通过适当的管理条例和先进的技术措施,这些问题得以解决。另一方面,消除社区及区域文化、国民心态和工作习惯等形成的障碍,有利于吸引最终客户。从目前最终客户的普及水平和普及率来看,足够数量的个体和企业正作为一个关键势头维持服务的"有效动能"和吸引服务的新客户,由此现代知识服务交易的工作习惯,以及现代知识服务文化得以构建。

9.3.2   知识传播与服务的哲学基础

知识服务提供者通过有效使用信息和通信技术,支持相关客户参与到知识传播与服务活动中,对采用先进技术的现代知识服务的接受者以及服务对象产生影响,但关键问题是知识服务的管理及知识增值。现代知识传播及服务业深入知识产业,现代知识服务业既是主要知识生产者,又是知识重组者,因此,现代知识服务业的知识服务战略必须置于适当的位置,必须与各级决策保持一致。

现代知识服务业需要发挥其行业功能,制定现代知识传播及服务政策,以便为知识服务接受者或知识服务对象提供服务,知识服务业的繁荣能够实现可持续经济的发展。

现代知识服务业不仅处理和管理知识资源,也处理和管理部分知识财富:①现代知识服务业的基本目标之一是有效地支持现代知识服务的使命,并利用现代知识服务提供者的社会角色,促进知识服务业的繁荣;②为了提高知识服务质量,发挥知识资源的最佳效能,现代知识服务提供者必须进行自身的优化和改变,提高其参与现代知识传播与服务的深度和广度。

现代知识服务业区域发展的重点需要放在积极主动地增强知识服务质量、形成健康的知识服务氛围,而非被动回应知识服务接受者或知识服务对象的要求,从而塑造新的知识服务哲学,即倾向于客户所期望的服务态度、价值及质量,而非被动、僵化的官僚作风。知识服务哲学的贯彻应付诸如下行动:①以客户为驱动,重新定位知识服务业的规划和运作方案,以客户需求为导向对行业及知识企业内部的 IT 基础设施进行部署;②为知识服务客户提供可供选择的各种知识渠道,以便提供无缝可靠的知识服务;③现代信息通信技术改变了人际交往的方式,并逐渐成为社会互动、经济和商业活动中最重要的媒介与促进因素。因此,现代知识服务企业除与其客户通过信息和通信技术界面进行交互外,还需要考虑知识服务接受者或对象的满意度、人机交互形式、服务对象的使用习惯及使用情境。如果客户提出有价值的建议,知识服务提供者需要考虑服务对象的特定建议,作为服务对象的心理认知或潜在需求予以考虑,这可以保持客户的满意度和忠诚度。

知识服务哲学的贯彻不仅要考虑知识服务的产品及服务本身,也需要考虑交互的渠道及交互过程中服务对象的心理认知或潜在需求,因此,现代知识服务业的 IT 基础设施需要围绕知识服务对象的需求进行设计与部署。知识服务哲学需要考虑以合适的渠道、正确的质量水平在正确的地点交付知识产品和知识服务,这就需要当客户发出购买信号时,就要生产和交付知识产品和知识服务,知识服务系统能够快速、有效地对客户的要求和需求做出反应。

知识服务哲学不仅需要考虑知识的两重性、必然性,即客观规律,还要考虑知识需求的自由,即主观性,知识需求的主观能动性。必然性则需要考虑知识受自然界的必然规律的支配。人的知识需求,需要深入到知识使用者具体的内心活动和知识使用情境中,包括知识需求的情境等。知识服务哲学还需要考虑知识传播的显示方式：①视觉显示，通过信息、文字、图表、公式等表示；②听觉显示：所在环境不适合视觉通道传递知识或者需要配以听觉显示才能完整地体现知识全貌；③触觉信息：使用视觉、听觉通道传递知识有所不便或者困难的情境时。从价值角度进行分析，知识服务的价值包括：①由"知识"决定，这是知识服务的内在价值；②随着社会的发展，知识服务需要担负一定的社会责任，需要完成社会或公众给予的任务和期望，因而体现了知识服务的另外一种价值，即社会需求。知识服务需要为社会提供价值，为社会及公众需求提供支持，这是社会赋予知识服务的价值，是知识服务的外在价值。从这两种价值体现的知识服务观念，都属于知识服务的本质范畴。

9.3.3　知识传播与服务的质量

为了使现代知识服务业吸引新客户、培养老客户，现代知识服务业需要提供高水准的服务，知识传播与服务质量取决于客户对知识服务的预期与得到服务的实际感知之间的差异，这就需要理解客户使用知识服务的属性，进而评估和定义优质知识服务，帮助现代知识服务业开发出行之有效的服务方式。知识传播与服务质量的决定性因素包括：可靠性、响应能力、便捷性、服务品质、沟通交流能力、可信度、理解力等。如图 9-15 所示。

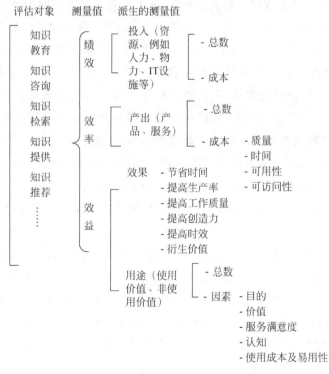

图 9-15　有效的知识传播与服务的测量

为安全起见,知识服务业的 IT 基础设施网交易的数据需要对相关数据库进行维护、修改和备份,而数据更新则通过离线复制知识服务业的 IT 基础设施数据库。至于软件架构关注的是,可重复使用知识服务业的 IT 基础设施应用组成部分,上述技术架构需要最低限度地重新设计原知识服务业的 IT 基础设施应用程序和数据库架构。因此,需要对应用软件进行最低限度的修改或对任何其他构架进行最低限度的调整,从而降低实施时间和费用,提高实施效率。

9.3.4　面向知识传播与服务的 IT 规划

以知识服务对象为基准,重新定位现代知识服务行业的规划及运作方案;以知识服务对象为驱动,对 IT 基础设施及知识渠道进行设计与部署,提供以客户为导向的高品质有效知识服务构成了现代知识服务业区域发展的基本规划蓝图。该蓝图围绕四个关键的阶段进行构建:①业务处理流线型和工程再造计划;②转为"内向"定位,将重点直接放在现代知识服务业,为知识服务对象提供服务;③政府及业务合作伙伴构建和部署 IT 基础设施和区域知识服务中枢系统;④为知识服务对象提供可供其自行设定及开发的知识服务界面,以满足知识服务对象的个性化需求。

对知识服务的业务流程进行梳理,将冗余或者重复、烦琐的服务流程精简或者归并,采用信息通信技术以便支持现代知识服务业,满足企业或个人不同类型的知识需求。现代知识服务业对企业的有效服务理念可以进行如下表述:现代知识服务业应随时随地满足企业知识需求,援助和支持企业取得成功,促使每一个企业都与现代知识服务业进行协同互动,并且规范环境以形成健康的现代知识服务业的市场经济体系。同样,现代知识服务业对个人客户的观点是,现代知识服务业应随时随地地支持和帮助个体成为有价值的客户。这反映了一个事实,即现代知识服务业不应以客户的规模而采取不同的服务态度,有效知识服务不仅尊重企业类型的客户,也尊重个人类型的客户。

鉴于这些目标,必须对分散的知识进行相互关联和净化,并且消除 IT 孤岛,将其纳入提供有效知识服务的网络知识系统。由于业务流程再造,知识和 IT 孤岛的相互关联允许不同工作流的功能整合,从而对 IT 基础设施的开发产生一种累增效应,进而增加知识内容的附加值。

知识服务业的 IT 基础设施需要承担数字神经系统的重任,体现知识服务程序,其中包括部署、系统构建以支持知识服务政策监控及政策制定的要求。知识服务业的 IT 基础设施、网络和数据库基础设施可以为其他公共行政机构提供服务,以及部署横向合作计划。基于知识服务业 IT 基础设施的知识服务与基于纸张的传统知识服务交易相比,其优势包括:①消除了文字工作和文字载体物质的运输;②连续的服务可用性,减少响应时间和大量错误;③知识服务业的 IT 基础设施服务集成,与第三方商业软件产品(办公自动化封装、ERP 系统等)开放式整合。

对知识服务对象开放的 IT 基础设施存在的潜在安全威胁不可忽视。需要部署安全的服务器，以保证流入、流出知识服务业的 IT 基础设施服务的知识流安全，服务器受到防火墙的保护，并且租用专线进行连接，形成安全的虚拟专用网。根据安全政策，客户群体已经形成，并赋予了适当的存取知识资源的客户权限，即客户级别与知识级别。每个服务器只有激活适当的应用，才能保证某些交易的安全，达到网站的安全级别。交易安全是基于知识加密的，通过相关证书进行身份验证，只有注册客户采用传递的客户凭据验证才可进行交易。多重安全区和多层防火墙的设计用于硬件和系统的保护。就系统安全性、数据加密和有关的客户认证而言，这项技术构架是一种稳定和有效的解决办法。这些技术基础设施的建立伴随着侦探、预防和改善行动的详细过程，系统性的对策是检查系统的入侵模式并组织查明可能与安全缺陷、虚拟安全攻击相关的活动或者措施。关于客户身份认证，还需指出的是，按照现代知识服务业法律框架，可以采用数字签名。

为了预测最终客户不同的需求和特征，选择对现代知识服务业的有效知识服务进行试点部署，而不是采用爆发式办法，这有利于将其集中于商业领域，在该领域，把提供有效知识服务视为关键且附加值高的经济增长点。试点部署以合并系统的电子邮件为基础方式与最终客户通信，目标在于推送未来感知到的、新的服务知识，并收集注册客户的反馈意见。这种反馈，主要是收集符合社会化推荐形式的知识，有助于改善知识服务功能、符合人机工程学和性能方面的有效知识服务计划。

9.3.5　知识传播与服务的渠道透明度

当今，有效知识传播与服务不应分散。决策者对于提供无缝、整合独立知识渠道的服务，不仅要有非完全在线的服务，也要能够提供符合客户使用意愿的渠道和知识显示方式，进行现代知识服务业交易。因此，有效知识服务渠道并不等同于电子渠道，但包括在线和离线知识资源的智能匹配。这不仅是因为有些人可能不访问或不愿使用网上渠道，也是因为相同的消费者在不同时期、按照不同目的，可能倾向于使用不同的渠道（如咨询、申诉）。通过这些渠道 $t(t=1,\cdots,n)$ 的有效知识 $i_t(t=1,\cdots,n)$ 的总量 U_{i_t} 必须是相同的和同样质量（σ_{i_t}）的。这意味着，所有渠道需要输入和提取相同的知识库，这就是本书中所谓的渠道透明度。

$$U_{i_1}=U_{i_{1,2}}=U_{i_{1,2,3}}=\cdots=U_n$$

进一步推导：

$$\bigcup_{j_i} U_{j_i}=U, i=1,\cdots,n; j_i\in\{1,2,\cdots,n\}$$

或者

$$\sigma_{i_1}=\sigma_{i_{1,2}}=\sigma_{i_{1,2,3}}=\cdots=\sigma_n$$

进一步推导：

$$\bigcup_{j_i} \sigma_{j_i} = \sigma, i = 1, \cdots, n; j_i \in \{1, 2, \cdots, n\}$$

为了实现现代知识服务业渠道透明，知识服务业的 IT 基础设施作为 IT 骨干网是至关重要的。人们把渠道透明度的最终目标视为持续性改进的工作，此工作可以不断优化组织结构、业务流程和知识系统的功能。

在其现有地位基础上，即知识服务业的 IT 基础设施提供服务可用性和所有交易的实时响应，再加上为注册和未来客户提供的在线常见问题解答和基于电子邮件的服务台服务。知识服务业的 IT 基础设施面对的客户群体可以是个体，但重点应放在区域范围、专业知识需求人员以及民营企业、中小型企业、国有企业、非营利性组织及公共部门等群体。

9.3.6　知识传播与服务的螺旋模型

构思和部署 IT 基础设施和知识服务已成为现代知识服务业的两大支柱，但必须采用适当的现代知识服务业战略。现代知识服务业有效服务的部署应采取搭积木的方法，即始于基础、易于理解的过程，为了使有效知识服务服务于知识服务接受者或知识服务对象，要把这些活动整合到支配性战略愿景之中。支持这些建议采用渐进做法，以便于现代知识服务业服务迅速融入社会。

现代知识服务业有效知识部署的战略可以从有效知识服务的"业务"出发，以知识、通信、分布和交易服务命名，把有效服务空间划分为四个相应的象限，整个有效知识服务空间内布满现代知识服务。①虚拟知识空间：电子知识，包括数字新闻公告、数字化文件、数字行业知识、数字化原材料知识、数字化区域市场知识、数字化销售知识、数字化国际市场知识等；②虚拟互动空间：知识服务提供者与知识服务对象之间的虚拟活动及交流，通过网络视频、电子邮件、知识系统等进行相应的沟通、交流与互动；③虚拟配置空间：直接为知识服务对象分配相应的知识服务团队或者相关人员、服务渠道、服务方式等；④虚拟交易空间：进行相应知识服务提供者官方服务系统的注册手续、交易记录、消费记录、所得税的电子申报服务等。

为了部署现代知识服务，需要优先考虑部署的时间规划，以时间规划中知识服务事项的顺序进行安排和实施。通过有序的安排和实施，保证现代知识服务有条不紊地完成。这种按照时间先后进行部署的工作，有利于满足相关利益者的诉求，进而加深他们和公共管理部门及机构的良好有序互动。按照时间紧迫程度进行的部署还可以吸引未来的用户，提升他们的关注和兴趣。如果虚拟服务空间表示为 4 个象限，那么在线知识服务方式为个体和企业提供改进附加值的过程可以描绘为一个螺旋模型，即从虚拟服务空间中心展开，以实现更有价值的主张（见图 9-16）。

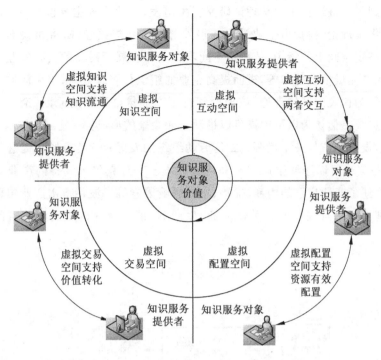

图 9-16 有效知识传播与服务的虚拟螺旋模型

按照这一螺旋模型进行的服务部署是符合如上所述的"从大处设计,从小处入手"这一最佳方法。现代知识服务业采取的战略和经验表明这条路线相当成功。当今,尽管知识服务业的 IT 基础设施提供的服务相对较少,但应该指出的是,单一的新型服务可能会采用多于一个"知识—互动—交易—配置"象限的内容。评估现代知识服务业的现状,可以这样认为,一个成功的有效知识服务策略只能归因于所有四象限的人数,每一象限面对的方向是主张客户价值的价值增值。

9.4 知识传播与服务的产业集群

9.4.1 产业集群

集群的定义来自生态学,是指以共生关系生活在同一栖息地中的生物族群,后来经济学家将其引入经济研究领域中,特指具有相同关系或相似关系的组织或机构集聚在特定区域内的空间积聚体。集群包括两种类型:①经济集群,指具有共性或互补性的相关企业组成的整体,包括上下游企业间的纵向关系和相关企业在空间上的横向关系;②地理集群,指企业在空间上的依赖关系。

产业集群作为当今社会经济发展的重要特征之一,对提升生产力及保持创新和区域竞争优势起到了关键性作用。从理论研究视角出发,产业集群主要包括:①以马歇尔为代表的产业集聚理论,他指出企业为了获得外部经济和规模经济,将相关部门或性质相似的企业在特定空间上的集中,从特定空间获得企业发展所需要的具有专业技能的劳动力、中间投入产品或信息技术等,进而提高企业的组织与管理效益,扩大区域产业发展规模。②以韦伯为代表的区位理论,该理论阐述了产业集群形成的原因,论述了企业集聚的成本和优势。韦伯认为以下因素可以推动企业集聚的形成:一是由于技术设备的专业化提高,技术设备相依赖关系增强;二是劳动组织的发展;三是市场化促进了产业的高速集中;四是集聚可以降低生产成本和运输成本。③迈克尔·波特的产业竞争优势理论,该理论论述了产业集群的内涵、优势、主要影响因素等。波特指出产业集群是在一定区域内,地理上集中且关联的相关供应商、生产商、销售商等构成的产业空间组织。如图 9-17 所示。

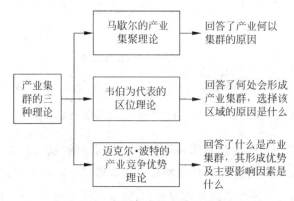

图 9-17　产业集群的三种理论来源

9.4.2　知识传播与服务产业集群

现代服务业集群是现代服务业及有关机构在地理上的空间集聚。知识服务业集群是相互协同的知识服务企业(这些企业是基于地缘、供应链或价值链等)在同一地理或网络空间上的聚集。现代知识服务业集群是由具有产业技术链、地缘关系等的现代知识传播与服务业、相关机构、供应商及顾客、基础设施、政策及人文环境等构成,形成了信息服务的空间组织结构。综上所述,知识传播与服务产业集群是指在一定地理及空间内,相关联的现代知识传播与服务企业及机构的集聚过程,其过程涉及区域知识生态的形成、知识基础设施的完善、相关产业的协同等,并最终形成网状空间结构,如图 9-18 所示。图 9-18 中现代知识服务业产业集群包括现代知识服务业、相关的供应商、竞争企业、互补企业及需求方,还包括大学研究所、风险投资及金融机构、规制管理机构、制造企业以及所处区域的地理环境、政策环境、技术及市场环境、社会文化环境等。这些要素相互作用、相互影响会形成知识服务业集群的价值链,而上下游企业之间会形成知识服务业集群的供应链,其价值链和供应链共同作用推动了知识服务业产业集群的升级。

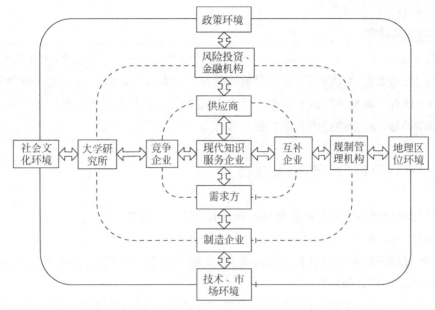

图 9-18 现代知识服务业产业集群

9.4.3 产业集群融合的本质

现代知识传播与服务产业集群融合的本质是指在特定区域内,依据知识服务产业链的延伸而构成相关产业集群融合的动态系统。具体表现在以下三个方面。

1. 强地缘性及产业集中性

在现代知识传播与服务产业集群融合中,各个集群主体在特定地域内柔性集聚,它们在空间分布的集聚程度较高,如北京的中关村、天津的滨海新区等会随着京津冀一体化形成产业集群融合,它们都是属于经济比较发达的地段,交通便利,基础设施完善,知识流通最为密集,在产业集群融合中,现代知识服务企业不仅可以获得知识和技术上的优势,还可以获得地域、政策及环境等优势。

2. 产业关联性和融合性

现代知识传播与服务产业集群融合是多层次的现代知识服务及资源的整合、拓展和升华过程,其产业关联性和融合性主要体现在两个方面:①因纵向经济关系而构成的产业集群融合,即某集群的产出是另一集群的投入,是供应链的节点关系。比如现代知识传播与服务,其业务涉及知识生产、知识存储、知识传输、知识加工和知识使用,而其产出又是数字出版、增值服务、电子商务等信息技术服务业的投入;②因横向经济关系而构成的集群融合,主要指围绕区域的主导产业而形成的产业集群,如以知识传播与服务业为主导的集群融合形成的知识服务、知识产品销售、知识研究、知识推广及传递、知识基础设施制造及技术开发等机构。

3. 协同互动性

现代知识传播与服务产业集群融合的本质还体现在产业集群间的协同互动关系,如协同效应、网络效应、合作创新、外部规模效应等。产业集群融合中的各集群彼此专业分工和相互协作,为维护共同的知识服务市场利益而进行协同与竞合,而竞合必然会激励各集群不断创新,从而增强产业集群融合的活力。

9.4.4   产业集群融合特征及优势

现代知识传播与服务业产业集群融合具有以下四个特征。

1. 知识技术密集型:由于现代知识传播与服务业产业集群产生了空间上的集聚融合效应,各集群间增加了沟通和交流的机会,实现了信息资源共享,降低了交易成本,加快了知识扩散和技术创新。

2. 柔性化特征:主要体现在:①信息服务方式的柔性化,针对不同客户需求,能够快速敏捷地调整信息服务方式;②集群融合中各主体之间关系的柔性化,即信息服务价值链上各个集群的协作关系。

3. 协同网络化:主要体现在信息资源配置的协同性及网络化方面、产业集群融合内信息服务企业间长效合作的契约约束等。各个产业集群在融合过程中形成正式或非正式的合作网络关系。

4. 文化根植性:根植性主要包括共同的创新文化、信息服务集群的关联性、地理位置的邻接性和社会资源共享等。在现代知识传播与服务业产业集群融合过程中,文化根植性是指产业集群内形成的信息服务价值观、信息生态环境、信息服务意识、默认规则等。

现代知识传播与服务产业集群融合的竞争力包括在产业集群内部的经济主体,对产业集群内外部资源不断整合的基础上所产生的效益、创新和扩张能力,体现为经济主体的财富创造力和经济持续发展力。现代知识传播与服务产业集群融合的竞争优势来源于区域内各主体集聚融合而形成的集聚效应。通过区域内的技术、人才、设施、政策、信息资源、地理环境等的集聚及高效配置,使各主体在协同互动过程中,充分利用优势资源,发挥集聚增值效应,体现了产业集群高速发展和不断创新的优势。本书主要从以下四部分分析现代知识传播与服务产业集群的竞争优势。

1. 成本优势。是指产业集群内信息服务企业由于共享区域信息基础设施、信息服务公共平台等,而获得交易成本优势和信息成本优势等。

2. 价值优势。表现为产业集群融合中的各集群会形成竞合关系,进而推动各集群不断创新及提高自身价值,从而推动区域内集群的价值提升。

　　3. 品牌优势。由于品牌是具有增值、扩散的无形资产,产业集群中标杆企业的品牌效应带动了其他企业的发展,良好知识服务品牌可以拓展知识服务市场,聚集知识需求客户群体,并可以吸收外部资金等,从而为产业集群融合创造有利的发展条件。

　　4. 外部经济优势。外部经济优势是指先参与产业集群融合的知识服务企业在其经营中所产生的经济效应,为后进的知识服务企业提供了运营所需要的基础设施、劳动力市场、营销渠道和集群地的知名度等,后进企业可充分利用这些资源快速发展起来,减少进入知识服务市场的障碍。

9.5　知识传播与服务产业集群融合模式

　　在现代知识传播与服务业产业集群融合的过程中,结合各种相关因素综合考虑,建立适合知识传播与服务业发展的模式。根据上述实证分析内容,主要从集群环境、市场效应、创新能力和区域协调发展四个方面进行模式构建,如图 9-19 所示。

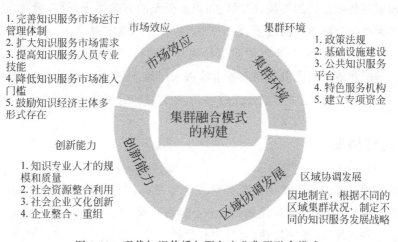

图 9-19　现代知识传播与服务产业集群融合模式

9.5.1　集群环境

　　现代知识传播与服务业产业集群融合需要良好运行的机制环境。在集群环境方面,需要宏观政策的支持,以需求为导向,服务质量为主体。政府要发挥其在产业集群融合中的作用,首先,建立健全现代知识传播与服务业的基础设施,如公共知识服务平台的搭建,包含云服务、物联网、大数据共享平台等,建设面向区域、面向行业的知识公共服务平台。其次,建立现代知识服务企业的信用系统,为现代知识传播与服务业产业集群融合提供良好的融资环境。政府也可以为产业集群融合提供专项资金,对相关的重点发展企业或项目给予特别扶持,如支持知识服务产业基地、公共知识服务平台、知识服务品牌培育等产业环境建设,还可通过免税、补助、奖励等方式,引导社会资源积极地参与到产业集群融合中。同时,政策和法规是影响现代知识传播与服务业产业集群融合最为活跃的因素,政府通过经济、法律、行政等手段对现代知识传播与服务业产业集群融合进行宏观调控,制定符合实际的产业政策、财政政策等,推动产业集群融合的完善,为产业集群融合提供良好运行的集群环境。

9.5.2　市场效益

市场环境是推动产业集群融合的重要因素,因此,政府应根据各区域实际情况,建立完善的市场管理机制和运行机制,保证知识服务市场的公平、公正。知识服务市场机制是由知识服务市场的相关要素组成的,包括知识服务价格、知识服务供给、知识服务需求等,它们相互联系,相互制约。其中知识服务供求关系在知识服务市场机制中居于首要地位,对知识服务市场机制的运行起着重要的作用。而影响知识服务供求关系的重要因素是现代知识服务业市场的规模,即现代知识服务业的有效需求规模,因此,政府要采取相应措施扩大产业集群融合的成效,政府应加强市场其他支撑机构、协调机构等的部门间协作,在制定现代知识服务业发展政策的同时,要与该区域的产业政策和经济结构变动相协调。国家和政府要降低知识服务市场进入门槛,不断优化现代知识服务业集群融合的市场环境,在集群环境中形成公开透明、监督有效和管理规范的市场准入条件。

9.5.3　区域协调

由于我国现代知识服务业的区域经济发展不平衡,东西部发展存在较大差异,因此要因地制宜,根据不同区域的现代知识服务业集群状况,制定不同的产业集群融合战略。东部地区集聚程度较高,发展较快,可利用其优越的经济基础条件,向高端的集群融合发展。中西部地区经济基础薄弱,发展缓慢,现代知识服务业集聚程度较低,可借鉴和引进东部地区较为先进的知识服务经验与技术,同时推动该地区知识服务市场的发展,从而驱动知识产业的提升,实现产业集群融合的协调发展。除此之外,国家和政府应给予中西部地区更多优惠政策扶持,进行知识及通信基础设施的建设,引入市场竞争机制,降低知识服务市场进入门槛,在现代知识服务业产业集群之间宣传和推广产业集群融合,增强产业集群融合意识。

9.5.4　创新能力

创新能力是指在知识服务业产业集群融合中形成的创新意识,推动开放式创新,从而突破知识服务业产业集群的边界,在产业集群间进行资源整合,从而形成知识服务业的创新价值链,进而便于产业集群中各知识服务机构之间进行纵向及横向合作。为了提高创新能力,需要在产业集群中实现知识服务产品、知识服务及知识服务系统等方面的耦合,通过任务导向,将相关知识服务机构整合在一起,从而发挥各自的优势,进而形成集群融合创新效益。随着新的知识服务情境的出现,产业集群中公共服务渠道和公共服务平台需要进行不断更新,以便为知识服务业产业集群提供多元化支持,从而有利于产业集群创新能力的提高。

案　例

🎯 本章小结

1. 知识传播是在一定的社会环境中,一部分社会成员借助特定的知识传播媒介,向另一部分社会成员传播特定知识信息以期达到最初期望传播效果的社会活动过程。

2. 知识服务是从大量隐性和显性信息资料中,依据人们的需求将知识提炼出来,并有针对性地解决客户问题的工作,是以资源建设为基础的高级信息服务。

3. 知识服务模式包括:结构化参考服务模式、专业化咨询团队模式、个性化信息服务模式、团队化信息服务模式、知识管理服务模式。

4. 知识服务模型以企业的业务活动为线索,将与该业务活动相关的企业知识资源(工具、方法、经验参数、场所等)组织起来,对其进行统一的描述,并封装成为具有特定功能的知识服务单元。

5. 知识服务质量管理是组织为使知识服务质量能够满足不断更新的质量要求、达到用户满意而开展的策划、组织、实施、控制、检查、审核和改进等所有相关管理活动的总称。

6. 知识传播与服务质量的决定性因素包括:可靠性、响应能力、便捷性、服务品质、沟通交流能力、可信度、理解力等。

即练即测

🍃 回顾性问题

1. 什么是知识传播?

2. 如何理解知识传播模型?

3. 如何理解知识服务?

4. 什么是知识服务质量,包括哪些内容?

5. 如何理解知识传播与服务的哲学基础？

6. 什么是知识传播与服务的螺旋模型？

7. 什么是知识传播与服务产业集群？

 讨论性问题

1. 谈谈您对知识传播与知识服务的认识和理解。

2. 思考一下如何提高知识服务质量。

3. 谈谈你对知识传播与服务的实施策略的认识和理解。

 实践性问题

1. 如果你是企业最高管理者，如何制定服务质量方针和服务质量目标。

2. 结合实际，谈谈你是如何进行知识传播的。

3. 请结合实际案例，谈谈如何进行有效的知识传播与服务。

第 10 章

知识管理技术

没有强大的知识管理技术支持,组织很难有效实施知识管理。知识管理技术是构建知识管理系统的基础,也是实现知识管理的强大推动力,并随着时间的推移不断进步。知识管理技术是指协助人们生产、分享、应用以及创新知识的,基于计算机和网络的现代信息技术。从这一定义来看,知识管理技术并不是一项特定的技术,而是一个特定的技术体系,包括的技术内容繁多,覆盖了知识生产、分享、应用以及创新的各个环节;同时,它还是多种特定信息技术的集成,这些技术结合起来形成整体的知识管理技术体系。

10.1 知识管理技术的设计规划及分类

10.1.1 知识管理技术的概念

知识管理技术的存在与发展离不开机构(包括企业或政府)的业务活动及其对知识管理的需求,不同的知识管理需求带来了不同的知识管理问题,解决不同的知识管理问题,产生了不同的知识管理技术方案,进而学者对知识管理技术概念有不同认识,对知识管理技术在知识管理中的不同作用也有不同认识,知识管理技术种类也多种多样。

知识管理技术并不仅仅局限于以计算机技术为核心的相关信息技术,而主要是指用于知识管理流程,促进知识的获取、储存、共享和转移的各种有效方法与手段的总和。在以信息为基础的知识经济社会,信息技术对知识管理的贡献非常大,基于信息网络的知识管理技术,已成了知识管理的核心技术。因此,可将知识管理技术定义为:以现代信息技术为基础,能协助组织实现知识管理,应用于知识管理各流程的单项技术及由此构成的技术体系。例如,分布式存储管理、集群系统、Intranet、数据库、电子表格等单项技术,科研构成强大的知识管理系统,使各类知识的获取、分类、存储、查找、更新、传递等变得更加容易。从知识类型来看,知识管理技术能把客户和组织中的隐性知识变为显性知识,存储到知识库中,形成无形资产,为组织实现显性知识和隐性知识共享找到了新的途径,从而建立企业以知识为基础的核心竞争优势。

10.1.2　知识管理技术与数据管理和信息管理技术的关系

知识管理技术与数据管理技术和信息管理技术有着密切的关系。数据管理技术是以数据为管理对象,协助人们生成、检索和分析数据的技术,通常用于处理事实、图形等原始资料;典型的数据管理技术包括数据仓库、数据搜索引擎、数据建模工具等。信息管理技术是以信息为处理对象,协助人们更好地处理信息的技术,如自动化信息检索与查询系统、初级的决策支持系统(DSS)、经理信息系统(EIS)、文档管理技术等。

无论是数据管理技术还是信息管理技术,处理的对象大都是显性知识,对隐性知识基本无能为力,无法把握知识的丰富性和知识背景的复杂性,也难以有效支撑知识管理所强调的知识分享和协作功能。知识管理技术是建立在数据管理技术及信息管理技术的基础之上,针对知识特性而开发的,能够协助知识工作者进行知识生产、分享、应用以及创新。知识管理技术并不排斥数据管理技术及信息管理技术,它反而是现代信息技术在知识经济时代的综合运用和新发展。传统的数据管理技术及信息管理技术仍然会在知识管理中得到进一步的广泛应用,成为整个知识管理技术体系中的重要组成部分。

10.1.3　知识管理技术设计规划原则

知识管理技术系统的设计规划,一般应当坚持以下几条被企业知识管理实践证明是行之有效的原则。

1. 以经验为中心,考虑交互的连贯性、人为联系和自动处理之间的平衡,以及对未来的适应能力等因素;

2. 将收益作为驱动力和面向任务、注重实效的技术规划和设计,保证技术为企业发展战略服务的正确导向;

3. 使用元搜索、分层目录式搜索、标志属性搜索和内容搜索等不同方式或其中几种的组合,建立强大的搜索提取和信息封装机制,以获取和应用有价值的知识;

4. 有选择地使用商务智能工具,并调动现有技术系统协同工作,沟通并综合各种沟通渠道和接入点,提高企业知识管理系统的商务智能化程度;

5. 利用网络集成工具、多媒体、指示器、电子社区、语音 over IP 和智能路由等非正规途径和机制,促进非正规的联系方式;

6. 拓宽技术的应用范围,以提高知识传输和知识实时应用的能力,找出意会性知识的来源,促进合理决策的形成;

7. 用户界面应考虑到功能性、连贯性、相关性、适航性、客户化的能力和持久性等主要因素,以便满足客户的实际需要;

8. 技术系统必须得到后期验证,并且兼具开放性标准和可升级性,满足技术的快速更新已经并仍将带来的新的信息源和无法预测的通信方式、信息转换以及对知识共享服务的需求。

10.1.4　知识管理技术的分类

随着知识管理的不断深入和现代信息技术的飞速发展,知识管理的新技术、新工具日新月异,新手段、新方法层出不穷,新概念、新名词纷繁复杂,可以说是令人眼花缭乱,目不暇接。因此,对知识管理技术的分类介绍难免会存在以偏概全、挂一漏万的现象。但是,为了便于更好地了解和掌握知识管理技术,我们还是从以下 3 个不同的角度,比较全面地考察一下知识管理技术的分类状况。

1. 通过对知识管理技术系统的溯源分类

(1) 内容管理。从内容管理的角度认识知识管理技术是目前的主流态度之一,在这方面,知识管理技术主要聚焦于知识内容的创建、分类、存储等方面。

(2) 门户系统。如果说内容管理建立起了知识的后台,那么门户系统就是连接知识的"通道"。要推开这扇门,走进这个通道,就需要有门户系统的文档索引、搜索以及个性化呈现等技术支持。

(3) 智能系统。如果说内容管理、门户系统建立起了知识管理的基本环境,那么智能系统可以说是锦上添花。专家系统、案例推理、神经网络等智能方法和技术提供了知识挖掘和创新的高级手段。

(4) 业务应用系统。人们通常理解的企业业务应用系统无非是 ERP、CRM 之类,但从知识角度看,可以说知识带来了新的过程——知识过程;它不仅是企业业务过程的支撑过程,也成为企业实现业务优化的激励过程,可以称为业务过程的"业务过程"。

这种分类一方面对知识管理的技术系统进行溯源,另一方面也为知识管理的导入提供一种全面的技术视野。

2. 按照隐性知识和显性知识的相互转化来分类

(1) 隐性知识到隐性知识转化的技术。主要有电子社区、电子邮件、群件、讨论组、即时消息、P2P 应用、专家定位系统等。

(2) 隐性知识到显性知识转化的技术。主要有自助服务、文档工作流、内外网站的内容管理、搜索引擎和全文检索、数据仓库和在线分析、商业智能、数据挖掘和知识挖掘等。

(3) 显性知识到显性知识转化的技术。主要有知识库联网、异构数据库搜索、数据仓库、数据集市和门户、企业应用集成等。

(4) 显性知识到隐性知识转化的技术。主要有电子社区、电子邮件、群件、讨论组消息、P2P 应用、传统教学、e-Learning 等。

3. 从知识管理的过程对知识管理技术进行分类

Compaq 公司在实施知识管理时,将整个路径分为 4 个阶段,即知识收集、知识共享、知识利用和知识拓展,在每个阶段都有相应的支撑技术(如图 10-1 所示)。这也可视为一种知识管理技术的过程分类法。

(1)收集阶段。Intranet 提供了收集企业知识的基本环境,数据仓库和信息仓库能将分散的信息和知识集中化,而数据挖掘则能从无序的数据中发掘有意义的信息和有价值的知识。

(2)共享阶段。消息传递为知识传送提供了支持,而工作流则能保证正确的知识在正确的时刻传递给正确的人,文档管理能实现个人隐性知识的文档化,从而为更多的人共享。

(3)利用阶段。门户提供了利用知识的统一入口,知识地图使无序的知识结构化,专家定位帮助人们快速找寻专家并与其交流,搜索引擎提供了在知识汪洋中快速查找知识的手段,而分析代理则帮助人们更好地分析和利用知识。

(4)拓展阶段。Extranet 使知识应用跨越了企业边界,而商业智能、背景分析、智能代理则赋予知识管理更多的智能。

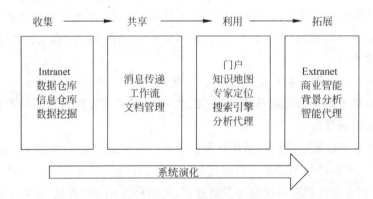

图 10-1 Compaq 的知识管理技术分类(来源:Patti Anklam)

10.2   知识管理工具

知识管理工具是实现知识的生成、编码和转移技术的集合。知识管理工具和数据、信息管理工具有很大区别,不仅仅是数据、信息管理工具的简单改进。从这三种工具的功能来看,数据管理工具处理的重点是支持企业运营的"原材料",如销售数据、库存记录等基本数据。它通过数据图表的方式,使组织能够生成、访问、存储和分析数据。数据管理工具包括数据库、数据仓库、搜索引擎和数据建模工具。信息管理工具主要用于信息处理,例如自动化的信息搜索代理、决策支持技术、经理信息系统和文档管理系统。数据、信息管理工具与知识管理工具的区别在于,这些工具不能捕捉复杂语境信息和知识内涵的多样性。数据、信息管理工具的特点决定了它们不能十分有效地支持知识管理。比如,对于"清风不识字,何必乱翻书"这一诗句,如果没有相应的历史背景知识,对它的理解可能就仅限于字面。但实际上,这一诗句之所以广泛流传,在于其所传递和表现的并不仅仅是一种场景的描述,更多的是对当时社会背景、政体专制特别是文化专制的体现。知识工具的作用就在于,它不仅仅帮助人们完整地保存这一诗句本身,更重要的是,它还能够帮助人们更全面地理解这一诗句及其产生环境。也就是说,知识管理工具是支持知识管理、实现知识管理过程的信息系统。

知识管理工具是技术的集合,广义上来说,就是增加和实现知识的产生、编码和传播的技术。值得注意的是,并非所有的知识工具都是以电脑为基础,例如纸和笔就能够用于知识的产生、编码和传播。因此,只要是能够进行知识的产生、编码和传播的技术和方法都可以称为知识工具。

真正的知识管理工具是不同于数据和信息管理工具的,知识管理工具不仅仅是数据、信息管理工具的简单改进。它们的区别在于数据、信息管理工具不能捕捉复杂语境信息和知识内涵的多样性,这一特点决定了它们不能十分有效地支持知识管理。因此,知识管理工具与数据、信息管理工具的最大区别在于,知识管理工具能为使用者提供理解信息的语境,以及各种信息之间的相互关系。

概括起来,知识管理工具和信息管理工具的区别主要在于以下两个方面:第一,知识管理工具能为使用者提供理解信息的语境,以及各种信息之间的相互关系,而不仅仅是信息管理工具的简单改进;第二,知识管理工具不仅面向显性知识,还面向隐性知识。隐性知识对于组织的技术创新具有更重要的意义。

10.2.1　本地知识管理工具

文件管理系统(document management system)帮助企业进行结构化的文件分类管理,可将电子档案区分为文档库与知识库。

通过文件生命周期管理、分享权限管理、版本管理、文献检索功能、文件存储与提取流程管理等机制,提供文档库与知识库储存与分享的平台。其主要功能有:

- 文件上传/下载;
- 文件编修;
- 文件版本;
- 文件评分(知识评鉴);
- 文件锁定;
- 文件订阅/预约;
- 文件废止;
- 新进文件通知;
- 文件检索,包含分类查询、关键词查询、全文检索、高级条件查询——作者、标题、摘要、日期、部门等。

- 文件排行(依下载次数、评鉴分数、推荐次数、被查询次数等)。
- 文件取阅统计分析;
- 文件编修统计分析;
- 文件读取、打印、下载、机密权限设定;
- 文件审核流程设定;
- 文件履历管理;
- 文件搜寻。

10.2.2　网络版知识管理工具

1. 机构信息门户

信息门户(information portal)指机构通过单一接口,即能有效地整合组织内外对象的信息来源,在组织内部(intranet)开放,供成员、合作者、客户进行搜寻、分析、运用、分享信息,满足其作业、决策等需求,充分达到资源整合与重复利用的目的。通过角色设定及权限管理,能使组织内的文件管理与信息传递更加安全;通过个性化桌面设定,能协助组织内外成员安排例行工作,提升沟通效率,同时亦可根据所需信息来源自行添加订阅或搜寻的平台。其主要功能有:

- 登录身份辨识——组织内部员工、组织外部用户、组织间合作伙伴;
- 公共版面与工具列显示;
- 个性化版面与工具列显示;
- 个性版面区块设定管理;
- 个性化工具列设定管理;
- 个人账号/密码管理;
- 协同作业入口;
- 公共资源查询;
- 在线使用人数显示;
- 即时消息通知;
- 群组通信功能;
- 网站导览;
- 最新公告;
- 在线求助。

2. 知识社群平台

知识社群平台(knowledge community platform)是组织机构通过以专业技术与知识领域为主的讨论区、专栏区、留言板、聊天室、视频会议等形式,让组织内部的知识工作者能够选择特定的专业领域,与其他相同专业领域或对该专业领域有兴趣的跨部门组织成员,进行互动并创造知识、分享知识的平台。其主要功能有:讨论区、留言板、专栏区、布告栏、行事日历、专家库、智库、网址链接、问卷调查、投票机制、E-mail 通知等。

例如:"得到"是逻辑思维团队推出的主打知识服务的 APP,通过订阅专栏、付费音频、电子书等方式每天为网友提供有价值感的知识内容。推行碎片化学习方式,将不同领域的知识经验及学习方式传授给用户,将书籍的内容提炼出来使用户快速获取高质量的内容。"得到"的产品目标不只是为用户提供短期的服务,也追求留住用户,长期甚至终身地服务于用户,真正让学习知识成为用户生活的一部分,而这些知识是由"得到"提供的,也就是说,让"得到"APP 成为用户生活中不可缺少的一部分。"得到"APP 的目标主要是从学生与上班群体切入市场,力求将用户培养为忠实的"终身使用用户"。

3. 协同作业系统

协同作业系统(collaboration system)是指提供进行电子文件交换、声音传递、影像输送,以完成非面对面的项目执行、多边会议、在线学习等远距离沟通作业的平台,例如,BBS、讨论区、留言板、聊天室、视频会议系统、电子白板、在线学习系统、远距项目时程管理等。其主要功能有:项目协同机制、会议协同机制、学习协同机制、电子白板、电子档案交换、实时通信、文字协同机制、声音协同机制、影像协同机制。

4. E-Learning 系统

数字化学习系统(E-Learning System)是利用计算机及全球信息网的学习模式,包括注册登录、进入教室、课程选择、影音视频教学、数字教材研读、与授课老师同学互动研讨、在线缴交作业、在线课程评估、课后问卷等功能的网络学习平台。其主要功能有:教师/学员/管理者登入、注销;课程规划/设计管理;注册管理;选择课程;课程公布栏;课程评估考卷管理;上课状况统计报表与分析;账号管理;学习社群——讨论区、留言板、聊天室、同步视频会议室;学员/讲师/课程/成绩、资料管理;学员/讲师/课程/成绩、资料分析。

5. 云端知识创新平台

在数字网络环境下,以传统的书本知识(book knowledge)、影像/声音知识(audio/video knowledge)、微知识(micro knowledge)和群体知识(group knowledge)四部分为基础延伸,在既有的传统学习方式上做有效整合,从而可以整合形成一个功能性强、链接性深入的云端知识创新平台。

(1)云端知识创新平台与设备的连接

结合静态与动态的学习方法来建立无所不在的知识学习与分享,如书本、杂志、影音、电子书、网络、云端运算等,让知识的扩散与取得更加方便与快速,也让大家乐于从事知识的分享。

在云端知识创新平台的架构下,电子书籍、数字影音、网络信息、社群网站的信息和协同适性学习平台等所提供的服务内容,都能经由网络下载到笔记本电脑、手机、电子阅读器、PDA、平板电脑等移动设备上使用。

（2）云端知识创新平台功能

云端知识创新平台功能以知识类别分为书籍知识（book knowledge）、影像/声音知识（audio/video knowledge）、微知识（micro knowledge）和群体知识（group knowledge）四部分，书籍知识包含了书本、杂志和期刊，影音知识则包含演讲和讲座，微知识包括文章、博客和简报，群体知识包括活动和讨论会。此外以对象/知识划分，则分为知识提供者、知识接收者、主题关联性与类别关联性四部分。

例如，印象笔记（Evernote）的标识（logo）是一个大象的标志。其首席执行官（CEO）PhilLibin 先生的原话是：在美国有一个说法，"An elephant never forgets."（大象永远不会忘记事情），根据这个典故，使用大象的形象作为记忆的标志。而大象的"折耳"则让人联想到文档图标或是一本书的折叠页。"印象笔记"不仅可以记录一段话，还可以记录截图，甚至可以记录整个网址和隐藏广告，是一款功能十分强大的软件。在你的手机和电脑上，使用印象笔记来捕捉、培养和共享灵感。跨平台的印象笔记将带你随时随地快速获取和同步笔记信息。从构想到实践，印象笔记助你高效达成目标。你可以使用任何一台设备打开印象笔记，在这里捕捉点滴灵感、轻松收集资料、一键演示笔记、高效协作共享，笔记会自动在所有设备上同步。

印象笔记企业版作为一款企业知识管理型 SaaS 软件，追求扁平的办公理念，打造极简的操作体验，致力于为中小企业打造的轻量级知识管理平台（见图 10-2）。

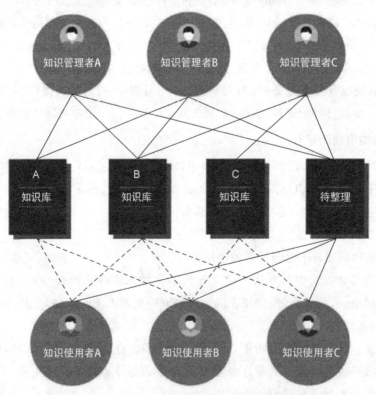

图 10-2　印象笔记企业版知识库结构图

印象笔记企业版的特色之一就是强大的信息聚合功能,将散落各处的信息汇聚到一处,进而降低了信息的获取成本。网页、微信、微博、邮件、Word、Excel、PPT、PDF、纸质资料等都可以随时随地在手机、平板、电脑上进行存储和读取。

印象笔记企业版通过三级目录来组织管理信息,笔记本组、笔记本和笔记。企业可基于此构建轻量级的知识管理架构。除此之外,还提供了"标签"和"内部链接"功能,用于为知识之间建立横向联系。

印象笔记提供三级目录分类管理知识:笔记本组、企业笔记本和企业笔记。"企业笔记"存放在"企业笔记本"中,而多个相关联的"企业笔记本",则可以集合为一个"笔记本组"。将相同类别的笔记本拖拽到一起,即可自动生成一个笔记本组。

印象笔记知识库通过"工作群聊"、电子邮件、发布到企业主页,可以和团队、全公司或公司外部人士共享,让资源得到优化配置,进而降低重复劳动,提升团队效率。

10.2.3　思维导图工具

1.思维导图的概念

思维导图(mind map)是英国学者托尼·巴赞在 1970 年前后提出的,又被称为心智图、脑图,有时被人混称为概念图,是一种模拟人脑思维方式、表达放射性思维的图形工具。思维导图是用来表达人们发散性思维的有效的图形思维工具,操作简单且极其有效,是一种革命性的思维工具。思维导图最突出的特点是巧妙运用图画和文字,把主题之间的递进、隶属关系表现出来,鲜艳的色彩能刺激人的大脑,充分发挥左右脑的技能,利用记忆、阅读、思维的规律,协助人们各方面平衡发展,开启大脑的无限潜能。

思维导图应用于生活、工作的多个方面,主要包括学习、写作、演讲、管理、会议等,思维导图能给人带来清晰的思维方式,从而改善诸多行为表现:激发使用者的联想与创意,把各种零散的创意、资源等融汇成一个系统;让使用者形成系统学习、系统思维的习惯,并能实现目标;能使使用者高速、高效地思维和学习,而且能更快地复习、整合旧知识,学习新知识;开发使用者大脑的潜能,帮助他们更清晰地思考,更有效地学习。

2.思维导图进行知识管理的意义

(1)有利于将隐性知识转化为显性知识。大家都有这样的体会,平常我们的大脑可以记住很多知识,但是随着时间的积累和知识的增长,这些知识的存放没有顺序和规则。这些隐藏在人脑中的知识不利于管理,通过人与人之间的交流得到传播的可能性也很小。只有将头脑中的隐性知识转化为显性知识,通过人与人的沟通、交流,这些知识才能得以传播和共享。由此可见,隐性知识转化为显性知识意义重大。

(2)利用思维导图进行知识的巩固。思维导图采用多种色彩,能有效刺激大脑,且中心关键词突出,不需要记忆无关的词。运用思维导图梳理知识,可以让人们一目了然,宏观把握知识全貌,能够尽快且有效地把握知识的关联和脉络。

（3）有利于发散性思维和创新意识的培养。思维导图可以使用便于人脑记忆的形象图片，或者绘制便于自己记忆的图像，而且中心关键词突出，有利于学习者在无形之中将不同的关键词联系起来，发散思维，迸发出新的灵感。

3. 常用的思维导图软件

（1）Mindjet MindManager

Mindjet MindManager 不仅是一款思维导图软件，还是一套完整定制的软件和工具，用来帮助用户进行头脑风暴、掌控项目、任务协作并保证项目高度协调一致执行。Mindjet MindManager 更像是一套完整的项目管理与协作方案，包含了非常强大的思维导图和头脑风暴工具，从头到尾完美设计，帮助用户组织项目；从项目各分支分配任务给不同的人，将所需单独的待做事项和工作，完整规划从而保证项目成功，无论你是管理自己的待做事项还是与几十、几百个人协作，都可以得心应手。另外，Mindjet MindManager 还完美结合网络服务及各种软件、工具，如 Microsoft Office、Box、.net 等，Mindjet MindManager 获得了更多企业用户的青睐。

其 2018 版功能包括：

① 优先级视图。对于思维导图中已标有优先图标的主题将自动显示在优先视图中，需要标记的主题可直接拖放到优先级视图中。

② 计划视图。对于思维导图中已标有日期的主题将自动显示在计划视图中，可直接拖放时间安排，将日期附加到头脑风暴或思维导图项目中。

③ 增加新视图。维恩图：数学分支中表示集合（或类）的一种草图，可用于分析问题、解析问题等。洋葱图：为人员选拔、人员测评、培训与开发提供平台。时间线：可用于梳理产品路线图、项目里程碑和营销发布计划等。

④ 任务过滤器。智能过滤，筛选出自己所需信息，突出重点查看，同时保持其余视图在背景中依旧可见。过滤任何同步属性，使用单个命令同时更改所有选定的主题。

⑤ 互动演示导出。HTML5 互动视图导出，可在浏览器中浏览思维导图，消除内容与受众之间的障碍。收件人可以访问和控制演示设置，更轻松地共享和传播视图。

⑥ 发布功能。使用发布功能可以快速地与同事分享想法，向客户展示计划，提高效率或者直接放在那里，供别人学习。

⑦ 改进的链接标题。简洁的超链接文本显示目标页面标题或自定义措辞，每个人都知道其链接方向，然后点击。

⑧ 完善甘特图功能。完善的甘特图提供了 Gantt Pro 高级项目工具，更平滑的导航，增加了管理任务信息、下拉菜单添加资源，可以更智能地控件查看和管理资源。

⑨ 关键路径跟踪。显示关键路径任务/隐藏关键路径任务，在导图或者甘特图中显示关键路径。

⑩ 项目仪表盘。更新主题文本值和属性、任务信息、标记、属性等在内的各种值设置

标准。

⑪ 模板库更新。使用 700 多个新增的主题图像添加视觉风格到主题,这些图像都可以轻松调整大小而不丢失图像质量。MindManager 的模板也随着新增图像库中图像的更新而更新。

Zapier 集成支持超过 25 个任务应用程序。Zapier 是第三方网络应用程序,通过 Zapier 发送计划,在项目管理和任务应用程序中进行管理。MindManager 还可以从这些应用程序里接收更新,创建动态仪表盘。现已超过 25 个任务应用程序。

（2）XMind

XMind 是一款非常实用的商业思维导图软件,应用全球最先进的 Eclipse RCP 软件架构,全力打造易用、高效的可视化思维软件,强调软件的可扩展、跨平台、稳定性等性能,致力于使用先进的软件技术帮助用户真正意义上提高生产率。XMind 特别灵活,可以在任何桌面系统上完美运行,便于用户轻松通过多种样式、图表和设计形式组织想法和思维。用户可以使用简单的思维导图,也可以选择"鱼骨图"样式的流程图等,还可以添加图片、图表、链接等都对应在主题上。如果你是项目经理,还可以使用 XMind 内置的甘特图管理任务。

XMind 不仅可以绘制思维导图,还能绘制鱼骨图、二维图、树形图、逻辑图、组织结构图（Org、Tree、Logic Chart、Fishbone）,并且可以便利地从这些展示形式之间转换,导入 MindManager、FreeMind 数据文件。

（3）FreeMind

FreeMind 是一款基于 java 的免费思维导图制作与管理软件。FreeMind 是一套由 Java 撰写而成的实用的开源思维导图/心智（MindMap）软件,可用来帮助你整理思绪,可将每一个环节用图形表示,通过将思路图形化、结构化,帮助你了解整个作业流程。FreeMind 开发项目组致力于使其成为一款高效率的工具。FreeMind 具有一键"展开/折叠"功能以及"链接"跟随操作,因而比 MindManager 的操作与导航更便捷。FreeMind 是一款跨平台的、基于 GPL 协议的自由软件,用 Java 编写,是一个用来绘制思维导图的软件,其产生的文件格式后缀为. mm,可用来做笔记、思维导图记录、脑力激荡等。FreeMind 包括了许多让人激动的特性,其中包括扩展性、快捷的一键展开和关闭节点、快速记录思维、多功能的定义格式和快捷键等。如图 10-3 所示。

（4）MindMaster

MindMaster 是亿图软件最新推出的一款跨平台、多功能的思维导图软件,能为用户快速成为思维导图设计能手提供全面解决方案。MindMaster 软件提供了丰富的智能布局、多样性的展示模式、精美的设计元素和预置的主题样式,自推出以来深受广大用户的欢迎,被广泛应用于解决问题、时间管理、业务战略和项目管理等领域中。目前支持 Windows、Mac 和 Linux 使用。如图 10-4 所示。

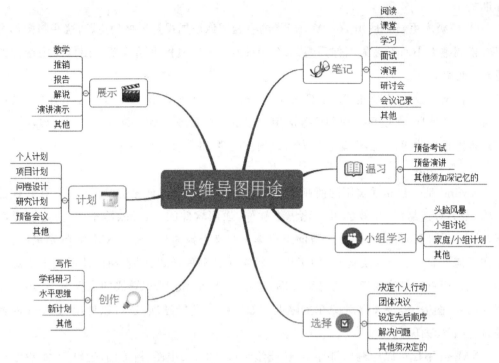

图 10-3　思维导图

MindMaster 6 的特征如下。

① 丰富的模板：MindMaster 的内置模板全面涵盖所有相关领域。新颖的设计和多样化的风格成为 MindMaster 的核心竞争力。

② 任务管理功能下的甘特图视图：任务管理功能允许用户以思维导图模式和甘特图模式管理项目任务。

③ 幻灯片演示：幻灯片演示功能使思维导图和展示介绍完美结合。一键点击便可自动创建幻灯片页面。

④ 样式和主题：MindMaster 提供各种精美的主题和布局，供用户选择。字体、形状、颜色和线条尺寸等都精心设计，以适应不同的风格。

⑤ 强大的工具栏

* 关系线：用户可以在两个主体之间插入关系线来建立一种非正式的关系。MindMaster 会自动调整箭头方向的位置，用户可以修改关系线的形状样式、颜色和说明文字。
* 标注：对特定主题的附加信息，可以形成自己的分支。
* 边界线：边界线用来强调主题和子主题之间的关联，在导图上围绕某个区域插入轮廓将特定的主题分在一组，以强调具体内容。MindMaster 提供不同风格的边界线供用户选择。

- 概要：摘要用于将一组子主题归纳为一个单一摘要主题，并允许该主题再次扩展。
- 图标：图标使用独特的视觉元素辅助阐释主题内容，赋予思维导图生动的观看体验。MindMaster 有许多预定义的图标组，用户也可以创建自定义图标组。
- 剪贴画：MindMaster 的剪贴画图库包含数以万计的专业设计剪贴画，帮助用户制作有良好视觉体验的导图。
- 图像：用户可以从计算机中选取任意图片插入导图里。尺寸过大的图片可通过压缩来适应思维导图的尺寸，同时保持清晰度不变。
- 超链接：超链接作为外部文件，包括网址、其他文件、当前文件的指定图形或页面以及文件夹。使用超链接可以避免在插入或复制信息时将导图弄乱，确保每次点击超链接时能看见更新的文件或页面。
- 附件：用户可以向主题插入外部文档作为导图的一部分。
- 注释：思维导图的可读性强是因为它简明扼要。对于需要更多细节的主题，可以插入注释来补充信息，注释支持格式化的文本和图像。
- 评论：对于使用团体云的协作团队，各成员可发表实时评论以改善合作成果。
- 标签：在任务管理功能中，用户可以向主题插入标签来标记任务信息，标签文本会显示在主题下方。

⑥ 彩虹色：彩虹色功能让用户快速切换导图的色彩搭配模式。

⑦ 手绘风格：MindMaster 让用户将导图由常规风格一键切换至手绘风格。

⑧ 大纲模式：大纲模式使用户在文字大纲格式下对导图内容一目了然。

⑨ 云分享：MindMaster 云分享包括个人云和团队云，可轻松保存和分享用户的导图文件。团队云支持团队成员在不同电脑上随时随地进行合作，实时更新并同步合作进度。

⑩ 上钻/下钻：通过下钻功能来折叠或展开主题，有助于制图者集中注意力于特定主题，避免了其他主题对思维的干扰。

⑪ 文件恢复：如果导图意外关闭导致用户来不及保存，MindMaster 可以恢复未保存的导图文件。

⑫ 分享：用户可以将在 MindMaster 里生成的导图分享链接直接发布到社交媒体上。

⑬ 导入：MindMaster 支持用户从其他软件导入思维导图，如 MindManager、XMind 和 Edraw。

⑭ 导出：MindMaster 支持将文件导出到各种图形格式，以及 PDF、Word、Excel、PPT、Html、SVG、MindManager 等更多文件格式。

⑮ 快捷绘图：多样齐全的快捷键操作极大地提高了用户的绘图效率。

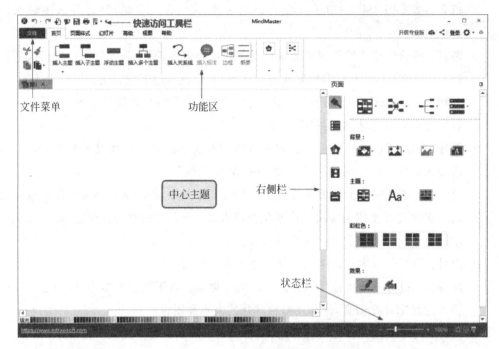

图 10-4 用户界面和功能区

10.3 Web2.0 环境下的知识管理工具

10.3.1 Web2.0 下的知识管理工具分类

Web2.0 以其独有的技术优势为知识管理工具的多样化设计与开发提供了有力的支撑。Web2.0 兴起后,人们将社会性网络工具(微信、微博、博客和维基等)融入知识管理实践中。

现阶段 Web2.0 环境下伴随着博客(Blog)、维基(Wiki)、信息聚合和订阅(RSS)、社会性网络服务(SNS)、标签(Tag)、网摘(Social Bookmark)、IM(即时通信)等技术的出现,进一步推动了知识管理的发展,促使知识管理工具向正式化和非正式化、云端化和协作化、移动化和个性化、多样化和综合化方向发展。

当前 Web2.0 环境下主流的知识管理工具可按知识类型划分为文献管理工具(文献信息)、数据分析工具(数据信息)、概念地图工具(隐性信息)、云端笔记(印象笔记、为知笔记、有道笔记)和网络资料管理工具(OneNote、笔记和日常信息)、社会性网络工具(微信、QQ、推特、Facebook)等几大类。各类工具之间既有共性又各具特性,如图 10-5 所示。

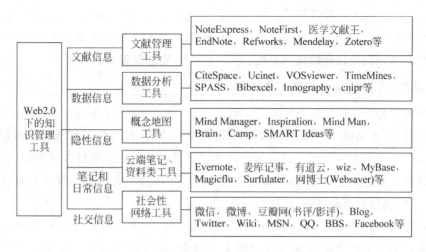

图 10-5　Web2.0 下知识管理工具

10.3.2　Web2.0 下的知识管理工具设计

1. 推动"社会化"知识管理工具的设计

社会化过程即隐性知识到隐性知识之间的传递,与之相对应的是知识管理活动的交流共享环节,这是知识管理的创出场,即原始场。在这一过程中,个体一般是通过"内隐学习"与"交流同化"方式直接从他人那里获取新的知识。针对 Web2.0 环境下的知识管理,这一过程可借鉴社会性网络工具良好的交流协作共享机制进行改进设计。

现实生活中隐性知识的转化是在面对面的交流中进行的,但在 Web2.0 环境中,可利用 Wiki、Blog 等技术在知识管理工具中嵌入线上虚拟学习交流社区,功能包括话题发布、消息提示、评论留言区、讨论交流区、团队协作区等以促进知识工作者在学习、工作中打破时空的限制随时随地交流、协作、共享,从而激发新的灵感,实现知识创新。

2. 推动"外化"知识管理工具的设计

外化过程即隐性知识到显性知识的显露或表现过程,在知识管理活动中相对应的是知识分类获取和知识分析发现环节,这是知识管理的对话场,也称交互场或互动场。

在这一过程中,外化是在社会化所产生的隐性知识的基础上,如研究主题、想法、灵感、学习心得等,通过知识图谱与正式或非正式的资料收集,转变为可用题录、条目等表现的可定义的显性知识。可从以下两个方面对该过程进行改进设计:

(1) 知识收集的方式和类型多样化。知识工作者可根据自身的需求通过 RSS 订阅推送、在线检索、浏览器插件保存、数据库导入、网页抓取、手工录入、日常记事、拍照等多种收集方式,把内外正式和非正式的资料类型需求纳入知识管理中,使得隐性知识需求显性化。

（2）设计可视化知识图谱工具栏。概念地图工具可以很好地将知识工作者的隐性知识通过图谱的网络结构外化成系统性的显性知识。它不仅可以帮助个人决定知识需求，而且在将隐性知识显性化的知识分析、分享过程中，也会发现新的灵感。

3. 推动"组合化"知识管理工具的设计

组合化即将外化过程所收集的知识通过组织、分类、查重等条理化、系统化的方式加以整合梳理，形成新的知识体系，这是知识管理的系统场，即与知识管理活动的存储管理和评估组织环节相对应。这一过程是通过把较零散的显性知识加以有序聚合，是知识管理的关键性流程。据此，可借鉴文献管理工具和云端笔记、资料类工具从知识仓储和文档管理、内容管理加以改进设计。

（1）系统可根据知识工作者的不同需求构建多样化、多类型的知识库，且该知识库可同步云端。知识工作者把外化过程所收集的知识，通过建立相关类型的知识库存储管理，如某个研究专题知识库、某个课程知识库等。

（2）有序化资源管理。在知识库中，可进行各类资源的查重清洗、整理归类、编辑更新、多种排序、标记重点、设置自定义标签等一系列组合化、系统化过程。同时，参照"Dublin Core"规定的 Web 资源的 15 项信息，为收集的资源增添题录信息，例如：Type（类型）、Format（格式）、Title（标题）、Year（年份）、Author（作者）、Subject（主题）、Keyword（关键字）、Date（日期）等。在检索时，可以同时满足库内和跨库检索，按照标题、作者、年份、关键字、主题等词条设置简单检索和高级检索入口。

4. 推动"内化"知识管理工具的设计

内化过程即显性知识到隐性知识的转化，相对应的是知识管理活动的分析发现和应用创新环节，这是知识管理的实践场，即实施场、练习场。这一过程在知识管理流程中，即将组合后的知识库中的显性知识结合自身实践和经验进行学习、阅读、分析、书写，将所学知识具体运用到实际学习、工作和生活中，进一步对知识进行认知、理解、消化与运用，最终成为自有的隐性知识，更好地实现知识的创新。因此，改进设计为：可利用 Blog技术为 Web2.0 知识管理工具设计"个性化创造空间"，在知识库的基础上，知识工作者可在此进行反思、总结、创作。该空间功能细分为阅读笔记、图谱解读、数据分析、文章写作、报告撰写、任务安排、随感杂谈等，整合了 5 类常见知识管理工具的创新应用。此外，也可发展成为"开放式创新社区"（OIC），不断提升知识创造能力。

10.4 知识管理工具的误区

很多组织机构认为完成知识管理，就是买一套完整的知识管理平台。有的机构认为导入知识管理，只要买一套文件管理系统或买一个文件搜集引擎就可以。但是事实上，知识管理跟工具、平台之间并不是可以互换的代名词。知识管理是将流程进行优化，再利用知识管理工具,让知识得以更顺利地进行分享、储存或是蔓延扩散。也就是说,知识管理工具仅仅是手段,而非目的。

但在很多情况下,机构寻找知识管理工具的时候,期待它能发挥非常强大的功能。举例来说,有些人认为信息要变成知识,这一段的筛选不应该由人来做,因为人太过主观,加上每个专家对于知识的界定都不同,因此,应该由一个自动化的知识撷取系统完成。然而强大的知识撷取系统是不是真能满足企业的需求?在现阶段人工智能、人工机制尚未成熟的情况下,组织的思考点需要做些转换,不能期待通过科技解决推动知识管理过程中的人性问题。因此,在导入知识管理的过程中,对于信息科技导入程度,应根据机构不同的需要而定。有些知识管理平台的设计远超过机构所需功能,这些多余的功能都是不必要的成本支出。所以,在推动知识管理的过程中,过于复杂或华丽的功能,如果超过用户需求,不但影响其亲和性,亦是不必要的投资。很多机构对于知识管理的观念,常被工具平台主导,最后陷入泡沫化的危机。

案　例

🎯 本章小结

1. 知识管理技术定义为:以现代信息技术为基础,能协助组织实现知识管理,应用于知识管理各流程的单项技术及由此构成的技术体系。

2. 知识管理技术的分类:通过对知识管理技术系统的溯源来分类;按照隐性知识和显性知识的相互转化来分类;从知识管理的过程对知识管理技术进行分类。

3. 知识管理工具是实现知识的生成、编码和转移技术的集合。

4. 知识管理是将流程进行优化,再利用知识管理工具,让知识得以更顺利地进行分享、储存或是蔓延扩散。也就是说,知识管理工具仅仅是手段,而非目的。

即练即测

回顾性问题

1. 什么是知识管理技术,其设计规划原则包括哪些?

2. 什么是知识管理工具,包括哪些?

3. 谈谈你对 Web2.0 下知识管理工具的认识。

讨论性问题

1. 如何理解知识管理技术和知识管理工具？
2. 如何进行知识管理技术的设计规划和分类？
3. 如何理解 Web2.0 下的知识管理工具？
4. 谈谈什么是知识管理工具的误区。

 ## 实践性问题

1. 请结合自身情况，采用思维导图软件进行知识脉络图的绘制。
2. 结合自身情况，谈谈你平时是采用哪些知识管理工具或者知识管理技术的。

第 11 章

个人知识管理

作为一种全新的管理思想和管理方法，知识管理(knowledge management,KM)受到中国学术界的广泛关注。目前，国内对知识管理的研究已经进入相对成熟期，知识管理学科研究范围丰富、层次多样。知识管理是获取、利用并创新知识，提高组织创新和创造价值的能力，是保障组织生存发展的一种活动。然而，任何组织层面上知识管理的成功实施都要依赖于"个人"这个重要因素，实施个人知识管理(personal knowledge management,PKM)。

11.1 个人知识管理的内涵

11.1.1 个人知识管理的定义

个人知识管理(PKM)的宽泛定义由美国密歇根大学 Paul A. Dorsey(2000)提出："个人知识管理的过程不仅包括逻辑层面的技巧，还包括实际操作层面的方法，其旨在解决学习者自身知识的问题，这也是 21 世纪知识工作者必备能力之一"。截至目前，针对个人知识管理的确切定义，国内外相关研究学者还未形成统一定论。

有的学者对知识管理进行探讨后，研究其内涵，在理性概念层次上，把个人知识管理看作个人的一种战略措施。持这种观点的包括 Frand 和 Hixon。Davenport 和 Prusak 认为知识管理是一种系统化的创建、收集、传播和利用知识的企图。Lethbridge 将知识管理形容为一种对事物及相互关系的分类、标识和定义的获取、表示、存储和运用的过程。在此基础上，Frand 和 Hixon 将个人知识管理定义为"是一种概念框架，来组织和集成个人看来重要的信息，使其成为我们知识库的成员。它还提供一种将无序的信息片段转化为可以被系统性应用并可以扩展我们的个人知识的战略"。

美国的 Paul A. Dorsey 认为个人知识管理应该被视为一套问题解决的技能，既有逻辑概念层面又有实际操作层面。Skyrme 从信息的需求、获取、选择、处理、存储、评估等角度来界定个人知识管理，并在具体实施的操作层面上对个人知识管理作了分析，提出个人知识管理的含义是：明确自己的信息需求，制定一个(知识)获取战略；设定信息的优先级，确定哪些信息可以丢弃、哪些信息可以收取，确定如何和何时处理手上的信息；

为需要归档和保存的知识建立规范,创建个人的文件系统,可以兼顾(管理)自己的工作、生活和其他知识活动;为不同用途建立信息目录(书签)和索引,经常评估/评价所存储信息和目录的价值。

Hyams 改变了 Skyrme 等单纯从信息视角来界定个人知识管理的状况,拓宽了视野,从时空、环境、目标、组织多角度地观察个人知识管理,拓展了个人知识管理的技巧。他认为个人知识管理包括以下层次内涵:(1)时间控制;(2)良好的工作环境;(3)快速阅读符号和研究;(4)文件结构;(5)信息设计;(6)目标制定;(7)处理基础设施(对于组织而言);(8)选择技术。

美国知识管理专家 Mike Cope 认为个人知识管理的本质是一种选择过程,是确定优先标准,通过对自身掌握的知识进行有目的的选择并加工共享,最终实现个人价值的过程。

Jefferson 认为个人知识管理提供了个人在克服工作中遇到的信息淹溺时所需的工具和技能,使其提升了个人的生产力。

丹麦皇家图书情报学院 Trine Schreiber 教授认为"个人知识管理是创建信息结构的过程,这个过程支持个体的学习。个人知识管理是一种方法,这种方法减少信息过载带来的不便,同时又不减少个体学习的机会"。

国内有些学者侧重于从个人知识管理的目的性方面考察其定义,例如田志刚从个人知识管理目的的角度对其下定义,认为其目的"在于帮助个人提升工作效率、整合自己的信息资源、提高个人的竞争力。通过个人知识管理,让个人拥有的各种资料和随手可得的信息变成更多价值的知识,从而最终利于自己的工作、生活。"他觉得,个人知识管理并不复杂,在日常之中,个人都会有意无意地运用知识管理,只是可能还未达到有意识规律性操作状态。假若个人能在意识上更多关注、思想上更为重视,那么在平常的学习、工作中进行个人知识管理就是一件简单的事情。

甘永成更多地从关注信息的运行、信息与知识的转化及知识过程的管理三个层面来界定个人知识管理,他认为在现代信息如潮的时代,个人的知识管理就是指个人要利用先进的信息技术高效地将信息过滤、吸收并系统存储于个人的知识库中,更为重要的是把信息整合转换成个人的知识,进而对知识进行识别和评估、交流与共享、应用及创新。在此过程中,注重于个人知识管理的各种能力的提高,如创新能力等,最终的目的是解决个人的实际问题。

任密迎在综合上述研究的基础上,认为个人进行知识管理首先应把零碎、随机的信息整理吸收成系统的个人信息资源,然后转化整合成为本人知识体系的一部分,提升信息和知识的价值。他所说的个人知识管理的目的与田志刚所提类似,即有助于个人工作成效的提高,增强竞争力,以利于个人生活和工作的开展。

孔德超从三个层面对个人知识管理进行了界定:第一层定义是个人要管理现存知识;第二层定义是个人要不断获取吸收、交流共享获取新知识,合理调整本人的知识结构；第三层定义是个人要充分利用自己的知识资源，努力使个人知识储备转化为可创造价值的新知识，即激励本人的创造潜力，进行知识创新。

个人知识管理是一种新的知识管理的理念和方法，能将个人拥有的各种资料、随手可得的信息变成更具价值的知识，最终利于自己的工作、学习和生活。通过对个人知识的管理，人们可以养成良好的学习习惯，增强信息素养，完善自己的专业知识体系，提高自己的能力和竞争力，为实现个人价值和可持续发展打下坚实基础。虽然上述定义各有不同，但是可以提炼出一个共同点，即个人知识管理是一套方法、技能、手段，通过对知识进行获取、存储、共享、应用、创新等一系列活动，实现知识转化，满足个人的知识需求，从而提升个人核心竞争力，满足个人生活和工作上的发展要求。

11.1.2　个人知识管理的动因

数字时代赋予个人知识管理（PKM）新动因，成为个人知识管理（PKM）研究领域发展的不竭生命力。从个体角度看，个人知识管理（PKM）有助于应对个人信息及知识的盈余，在知识型社会中提高个人核心竞争力，满足个人知识分享需求，并提升基于移动环境的碎片化学习效果，这四个方面构成当前个人知识管理（PKM）的主要动因。

1. 应对个人信息、知识盈余

随着互联网时代到来，信息量与知识量迅速增长，个人被盈余的信息和知识包围，个人知识管理（PKM）成为知识学习不可或缺的技能。面对信息盈余，个人知识管理（PKM）辅助个人鉴别有价值的信息、分析并挖掘其中价值，并将其吸收、转化为个人知识；面对知识盈余，个人知识管理（PKM）辅助个人高效地进行知识识别、采集、吸收和应用，提高学习知识的效率，实现个人知识库的丰富和知识体系的完善。

2. 提高个人核心竞争力

在当前知识型社会中，知识是个人核心竞争力的源泉。个人需要不断寻找新知识、新经验，不断学习并更新自我知识体系来应对不断变化的环境，进而保持个人竞争力、创新力以赢得成功。个人知识管理（PKM）帮助个人有针对性地吸收必要的知识，培养个人终身学习的习惯和意识，为个人的知识学习和能力提升奠定基础，从而提高个人专业技能和竞争力，促进个人发展。

3. 满足知识分享需求

在知识型社会中，个人知识分享为知识贡献者带来收益并促进个人知识学习。随着社会网络发展和共享经济的崛起，知识分享已成为一种热潮。同时，知识分享、知识问答平台为个人知识分享提供便捷途径，激发个体产生浓厚的知识分享意愿。知识分享是个人知识管理（PKM）的重要组成部分，因此提高个人知识管理（PKM）水平有助于提升个人知识分享的效果，更好地满足知识分享需求。

4．提升碎片化学习效果

随着移动互联网技术以及社交网络的发展，基于移动设备的碎片化学习成为新型学习方式。个人利用碎片化时间学习的知识也多为碎片化形态，若不对其进行有效管理，将为学习者深度学习带来障碍。因此，亟待将个人知识管理(PKM)引入碎片化学习，使个人加强对碎片化知识的组织、整合，与原有知识体系和知识库进行联系，以提高碎片化学习效果。

11.2 个人知识管理理论发展及意义

11.2.1 个人知识管理理论发展

个人知识管理(PKM)理论研究以文献调研为主，研究成果多已形成具有代表性的思想，根据其思想流派从技能论、过程论、技术论和目的论来探讨个人知识管理(PKM)理论发展过程。

1．技能论

技能论认为个人知识管理(PKM)由实际操作层面中一系列的技巧和方法组成，Avery 等对个人知识管理(PKM)的定义被奉为经典，他将个人知识管理(PKM)视作更好地解决问题、作出决策、开展知识工作的七项能力(检索信息、评价信息、组织信息、信息协作、分析信息、表达信息和信息安全保护)。以其思想为理论基础，相关学者提出个人知识管理(PKM)还应包括时间管理、基础设施管理、组织性工作等方面的技能。随着社交网络发展成熟，社交能力被纳入个人知识管理(PKM)的技能体系。

2．过程论

过程论将个人知识管理(PKM)视作知识转移的连续过程。过程论思想由 Efimova 提出，即个人知识管理(PKM)是个人、社群、思想三者间的交互过程。随着研究的深入开展，该学派对其进行细化描述，主要包括个人知识管理(PKM)是知道个体拥有何种知识、如何组织、如何调动、如何利用其达到目标及如何在此基础上创造新知识的过程，是识别、获取、开发、共享、利用、评估知识的过程，也是个人了解信息、观察、想法的有序过程。

3．技术论

技术论强调技术工具在个人知识管理(PKM)中的地位和作用，研究集中于对技术工具的总结和分类。技术论源于 Tsui 提出的个人知识管理(PKM)应以技术为中心。该学派以提高知识工作者生产力为研究目的，认为个人知识管理(PKM)是将技术、个人能力、实践、方法联系起来的理论框架。技术是关键部分，利用恰当的技术工具是高效地进行个人知识管理(PKM)的基础，技术工具使用会极大地影响最终成效。

4．目的论

目的论学者主要进行个人知识管理(PKM)意义探究，早期研究尚未脱离组织知识管理视角，从组织知识工作者的角度提出个人知识管理(PKM)，使个人工作更高效、创造更多自我价值并对组织更有价值。随着个人知识管理(PKM)理论体系建立与完善，学者从个人角度提出个人知识管理(PKM)能更有效地促进认知、沟通、协作、创造、解决问题、管理社交网络等。随着知识经济到来，社会竞争加剧，学者普遍认同个人知识管理(PKM)能促进个人知识应用、能力发展，进而提高工作效率和个人竞争力。

简言之，技能论、过程论、技术论、目的论四个思想流派从不同侧重点对个人知识管理(PKM)进行理论阐释，四者相互关联、相辅而行，共同构成了完整的个人知识管理(PKM)理论体系。

11.2.2　个人知识管理意义

个人知识管理(PKM)的实施在信息时代对学习者具有重要意义：首先，随着现代信息技术的迅速发展，网络中充斥着各种杂乱和无序的信息，如何从信息的海洋中提取有用的信息，成为学习者必须面对和解决的问题。而个人知识管理(PKM)是突破当前信息环境对个体发展的制约和对他人经验智慧的借鉴，提高工作、学习效率，提升个人的核心竞争力的需要。其次，学习方式的变革使自主学习和合作学习都强调以学习者为主体，学习者需要培养自我管理的能力，并且在自主学习过程中实施个人知识管理，有助于信息获取、信息评价、整理加工、表达等能力的不断提高。最后，更是提高个人工作效率、平衡知识产出的需要。知识的储备可以大大降低以后的知识搜寻成本，减少重复劳动。此外，基于保存社会共有知识的需要，个人知识管理(PKM)有助于更好地实现知识的交流和传承。同时个人知识管理(PKM)在学习中具有如下重要作用。

(1) 有利于培养良好的学习习惯。在自主学习过程中有意识地对知识进行获取、整理并分类存储，随着知识资源内容的增多，初步建立个人知识体系，并有针对性对知识体系中的知识进行补充、更新，通过对知识的应用、交流与共享，完善个人知识体系结构，使个人知识网络更加科学化、条理化。

(2) 有利于提高个人工作、学习效率。个人知识管理(PKM)通过建立个人知识体系，有针对性地获取和积累知识，便于个体知识的检索与提取，减少个人时间与精力的耗费，从而提高个人学习能力。

(3) 有利于提升个人专业知识和竞争力。通过建立个人知识体系，在学习过程中不断获取、应用与交流知识，持续地更新个人专业知识，促进显隐性知识转化，更新与完善个人知识体系，从而提升个人价值和核心竞争力。

总之，学习者通过个人知识管理(PKM)加深对事物的理解，并留下个人完整的档案，这有助于总结经验教训和知识创新，使别人为自己提供的帮助更有针对性，更有助于增强自信和自我评价，帮助实现自我管理，实现自己的梦想。

11.3　个人知识管理的流程及系统

11.3.1　个人知识管理的流程

每个人都有一套自己处理信息、管理知识的方法和策略,知识管理流程的每个环节都对个人知识管理的绩效产生影响。研究个人知识管理能力的影响因素首先应该从个人知识管理的每个环节进行评估。由于网络学习环境具有获取便捷性、形式多样性、交互性、实效性等特性,因此,个人知识管理一般流程可以归纳为以下几个部分,如图 11-1 所示。

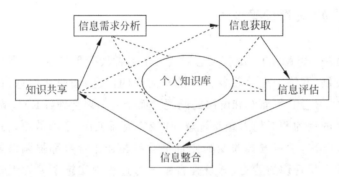

图 11-1　个人知识管理(PKM)一般流程

1. 信息需求分析

学习者进行学习时,为了达到学习目标,解决问题,就会产生知识需求,这样的需求越强烈,学习的主动性就会越强,吸收和利用知识的效果越好,知识管理的效率就越高。学习者的学习需求越明确,知识管理的行为就越明显。

在学习者进行需求分析时,学习者会对原有知识体系进行整理,知晓自己知识存在的优势和不足,有计划地吸收和选择所需的知识类型和资源。学习者对自己的知识需求分析程度、学习目标的明确程度、学习者的学习动机等因素都会影响到个人知识管理的效果。

2. 信息获取

一旦知识需求确定,学习者将从学习环境中搜寻可以利用的知识,用以达到学习的目标。在学习中,知识获取能力是学习者能够顺利完成学习目标的先决条件,能够准确、快速、全面地获取知识的能力为知识管理提供了坚实的基础。一般来说,学习者在进行知识获取时通常会表现为两种行为:信息浏览和信息检索。信息浏览行为不一定具有明确的信息需求目标,也不一定具有计划性,不过它还是能够让学习者获取到一定的信息,能够增加学习者对相关内容的了解程度。信息检索行为则是学习者通过有目的的资源搜索行为,获取相关知识内容,利用一定的策略进行信息检索,从而获取自身所需要的知识。在知识获取过程中,学习者是否能够准确判断所需要的知识类型、能否使用合理的检索工具、学习者掌握的信息检索方法、检索表达式的使用等能力都将对知识获取的效率产生影响。

3. 信息评估

学习环境信息丰富,知识内容也参差不齐,学习者对所获取知识的质量的评估能力直接决定了学习效果的好坏。学习者在进行知识管理时,应该具有对知识质量评估的能力,能够对所获取的知识进行筛选和评价,甄别出对自身有价值的知识内容并将其内化到自己的知识体系中。因此,在评价个人知识管理能力时,应该充分考虑知识管理者对信息的辨别能力,以及判断知识的可信度、准确性、相关性等方面的能力。

4. 信息整合

信息整合是个人知识管理(PKM)的中间环节,是将获取的数据、信息和知识与自身原有的知识体系建立联系的过程。在这个过程中,学习者将零散的知识内容在个人知识库中进行建构和迁移,把客观的知识内容通过同化和顺应的形式转化成个人知识,完成信息的整合。这是知识管理的关键环节,是个人知识增长的主要形式。

学习者知识的组织形式、知识建构方式、对信息的加工方式、对知识挖掘的深度和广度、进行个人知识更新的方式都对个人知识的整合程度影响很大,直接影响了个人学习的效果。

5. 知识共享

信息通过前面的知识管理流程转化成了个人知识。只有在与他人的知识交流过程中,对知识的理解才能得到进一步的深化。知识共享的过程,可以促使学习者将所学到的知识进行深度加工,并且转化成自己的方式共享出来,是学习者将自身的知识显性化的过程。知识拥有者在相互交流的过程中,可以碰撞出更多的知识灵感和火花,为知识的创新提供机会。

知识的共享过程,可以说是学习者学习成果的一种展现方式。学习者可以利用各种形式来表现自己学习到的知识,并且用显性化的方式再现内容,表明学习者对所学知识的掌握程度以及熟练使用程度。因此,评估学习者知识共享的程度,以及共享作品的质量,能够促进知识的传播与进一步转化。

11.3.2　个人知识管理系统的阶段

个人知识管理系统(personal knowledge management system,PKMS)作为辅助个人进行知识管理的重要工具,引起国外学者广泛关注。有学者利用系统工程的方法围绕

PKMS 的设计与开发进行了大量研究,通过提高 PKMS 性能以最大化提升 PKM 的效率和水平。基于对 PKMS 的核心思想分析,本书提出 PKMS 发展演化的三个阶段,分别是个体阶段(individual)、交互阶段(interactive)、集成阶段(integrative),简称"3I"。

1. 个体阶段

早期 PKMS 具有区别组织知识管理系统的本质特征,即以"个人"为核心,强调个体在 PKM 中的角色。其主要功能是辅助个体对其知识库的构建和管理,是一种封闭的个人管理过程,不具备与他人交流、分享知识的环节。此阶段较典型的 PKMS 包括电子概念地图、电子笔记本、文献管理系统等。电子概念地图能可视化 PKM 过程(包括获取、组织、表达、评价、利用知识),主要支持知识的组织和表达,即可视化呈现某领域内的概念、知识,促进隐性知识显性化;电子笔记本帮助个体记录生活和工作中各种形式的信息、知识,帮助用户对个人知识进行有序组织;文献管理系统用于辅助学者对文献知识管理,高效识别文献特征,有助于促进学者对文献内容的学习和吸收。

2. 交互阶段

"交互"指个体间的交互,包括知识交流、共享与协作。PKMS 在该发展阶段的特点是提供交互功能,扩展知识获取途径,提高知识获取效率,使个体在知识交流、共享与协作过程中实现知识传递与知识价值增值。以交互为特征的 PKMS 面向协同环境,即群体内的成员都配有同一系统,实现群体内个体的知识交流、共享和协作。面向学生的 PKMS 是其中的典型应用,Li 等设计了学生 PKMS,在管理学生个人日常学习活动的同时,通过在线聊天与同学沟通分享知识、传输学习文件,促进知识交流。Shukla 等针对学者设计开发了文献注释管理工具,通过分析学者对文献的注释内容(如下画线、高亮文本、标签等)对文献进行排名和分类组织;此外,学者可与同行进行知识交流、共享知识库,辅助学者进行高效知识管理。

3. 集成阶段

随着人工智能、云计算、数据挖掘等信息技术的发展,PKMS 进入新阶段即集成阶段。"集成"指在个体间知识交流、共享与协作的基础上,利用前沿信息技术实现对个体知识的综合、组织、分析、挖掘,以集成新知识和建立更完善的知识体系的形式反馈给个体,提高 PKM 智能化水平。针对学术会议环境,Windhager 等开发了可视化会议分析系统,通过分析会议内容、参与者时间表及个人兴趣提供会议推荐,促进个体对知识源的识别;通过分析会议参与者的相似性网络,为参与者推荐学术交流伙伴,帮助建立个人知识网络。以协同环境下的 PKM 为关注点,Schmitt 基于模因论和商业基因论设计开发创新性的 PKMS——Knowcations,辅助团队成员更好地进行学术、专业领域的知识管理,提高个人和团队绩效;Zhen 等设计个人知识推荐系统模型,通过计算成员间兴趣、知识需求的相似性,将成员的个人知识推荐给其他人员,旨在促进协同环境下的成员高效创造、分享个人知识。

"3I"发展阶段体现出 PKM 研究视角从个体层面向协作层面转变,即从个体闭合的知识管理过程发展为以知识交流和共享为核心的交互式知识管理过程。此外,当前先进的信息技术支持知识分享、知识整合、知识挖掘等功能,使 PKMS 成为辅助个人进行高效知识管理的重要工具。

例如,在获取知识阶段可以采用 RSS 订阅、鲜果阅读器、一点资讯、头条新闻、微博、微信等,还有搜索引擎类,如谷歌、百度;百科类,如维基百科、百度百科;问答社区类,如 StackOverflow、Quora、知乎、百度知道;文库类,如百度文库、爱问共享资料、豆丁;信息评价类,如豆瓣读书。

在保存知识方面,可以采用浏览器保存书签、云盘、云笔记、微云、百度云、有道云笔记、Evernote(印象笔记)、Wiz(为知笔记)。

学习知识的途径包括在线教育,如沪江网校、新东方、网易云课堂、腾讯课堂、插座学院等;知识付费平台,如知乎、在行、分答、得到、喜马拉雅、豆瓣时间、百度问咖、千聊、大弓、三节课等;专业网站的知识付费,如 36 氪、雪球、丁香医生、餐问、问校友等;社交媒体的知识付费,如微博付费问答、付费阅读、微信付费阅读(筹划中)等。

分享知识的途径包括社交网络分享(SNS),例如新浪微博、腾讯微博、Twitter、微信空间、微信公众号、百度文库、豆丁、云笔记分享(有道云笔记、Evernote、Wiz 等)、微博分享等。图 11-2 给出了个人知识管理过程中,从获取知识、保存知识、使用知识到分享知识采用的不同工具和方法,这更加有力地展示了如何发挥个人知识管理的价值。

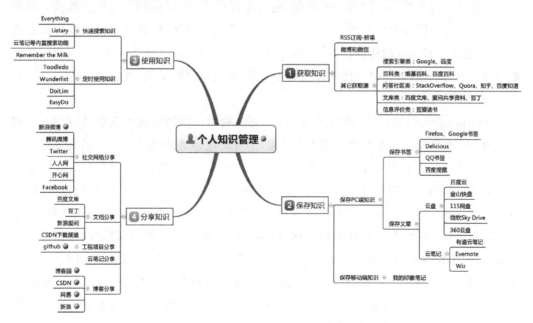

图 11-2　个人知识管理工具

11.3.3 个人知识管理系统框架

基于简单有效和经济实用的原则,个人知识管理系统的构架包括两部分:信息网络和知识系统。

1. 三维信息网络架构

获取大量的有用信息是进行个人知识管理的基础。信息网络代表了收集信息的能力,数据的多少与品质的好坏,成为决定知识产出品质的第一影响因素。一般而言,PKM至少应该建立三个方面的信息网络:人际网络、媒体网络和 Internet 资源网络。

(1)人际网络

人际网络是一种无形的网络,也是个人学习知识的一个重要途径。人际网络的建立和维持并不容易,一旦建立,往往成为可以获得最直接、最深入问题的信息来源。人际交往中可以学到很多书本上、软件中学不到的知识——隐性知识。人际圈子越广,交往人员的素质越好,可以学到的知识越多。因此,要扩大自己的交往圈子,充分利用各种软硬件工具,如 QQ、微信、MSN、推特、Facebook、Email 等,多与“柏拉图”为友,多与朋友交流、沟通和讨论,提高自己。

(2)媒体网络

媒体是一种实时与广度的信息来源,通过电视广播杂志与报纸,往往可以获得最新的讯息与来自不同角落的新闻。结合自身学习、工作的需要,将经常用到的媒体信息进行分类、鉴别。对主要的媒体保持长期密切关注,让信息的收集成为系统的,而非随机性的临时行为,及时收集主要媒体来源的数据信息,促进自己的知识结构良性发展。

(3)互联网络

Internet 是人们进行学习的重要工具,能充分利用互联网的强大功能进行学习是现代人的一个重要标志。不论网站还是电子报,不管质量还是数量,Internet 的资源都已经超过现有的单一图书馆与媒体。有效地建立网络资源清单,熟悉相关资源,将大大提升工作效率。利用互联网进行学习,必须擅长搜索引擎工具,充分利用 IE 的收藏夹,定期备份信息。此外,Blog、Wiki 等网络工具也已逐渐被人作为个人知识管理系统所使用,个人可以利用自己的博客进行知识的传播、服务、共享、交流等。例如,科学网是由中国科学院、中国工程院和国家自然科学基金委员会主管,科学时报社主办的综合性科学网站,主要为网民提供快捷权威的科学新闻报道、丰富实用的科学信息服务以及交流互动的网络平台,目标是建成最具影响力的全球华人科学社区。科学网博客成为众多专家和学者进行知识交流、分享和沟通的平台,如图 11-3 所示。

2. 个人的知识系统架构

收集数据只是知识管理的第一步,接下来还要建立起自己的知识系统架构。知识系

图 11-3　科学网博客

统架构,简单说就是储藏知识的架构。知识架构的系统化,有助于将收集到的数据有效储存和在未来快速索取。

(1) 对所需管理的知识进行分类

从个人的角度讲,需要管理的知识资源无外乎以下内容:人际交往资源(如联系人的通讯录、每个人的特点与特长等)、通讯管理(书信、电子信件、传真等)、个人时间管理工具(事务提醒、待办事宜、个人备忘录)、网络资源管理(网站管理与连接)、文件档案管理等。

对知识的分类,应根据自身需求,按照"我需要什么信息,如何最快找到它"的原则进行操作。知识的专业分类可以根据学习的专业科目来划分,也可参照图书馆文献的分类方法。对于分类学无须深究,只要根据个人情况,在实践中逐渐摸索出自己知识库的最佳分类方法。

(2) 选择合适的知识管理工具

对个人来说,针对不同的信息可以采用不同的工具,不需要采用统一的入口,只要简单易用,适合自己就行。比如邮件管理,通讯录管理,这是最常见的个人知识管理的一部分。还有就是知识内容的管理,可以采用 Wiki 和 Blog。

(3) 建立个人知识库

在知识库中,所有知识都以目录结构分类存放。可以设置一个临时目录以存储那些无法及时处理的信息,待以后再分类,从而保持知识库的干净。此外,文件命名应该简单明了、见名知义,辅以数字编码、时间、来源等为原则。同时,也要建立文件安全、资源删除与更新、交流与共享的规则,以文件的形式妥善地保存下来,并在以后的实践中逐步扩展和完善,建立自己的知识结构体系。这样可以方便信息资源的分类存储、查找和操作,也可避免因时间推移和遗忘而导致的混乱管理,造成大量资源浪费。可以采用知识管理软件,例如印象笔记、简书等。

选择有效的个人知识管理工具,对所有资源进行分类、命名以后,就可以将知识分批放入个人知识库。个人知识库建立起来之后,能否快速而方便地访问至关重要。一个可以借鉴的方案是网络日志。这种个人发布系统现在越来越多地被用作个人知识管理系统。随着知识的不断丰富和能力增强,也要持续不断对个人知识库进行维护和管理。一般而言,个人应主要做好以下工作:增添新的学习资源和知识类别;删除、修改和更新部分资源;进一步完善个人知识管理准则;协作学习以交流和共享知识;在知识管理的实践过程中,逐步完善个人知识结构。

(4)应用已有的知识

在个人知识管理上,我们不仅要关注知识积累,也要注重知识能量的释放。知识学习和积累的出发点就是对知识的使用,并在知识的利用、交流中创造新的知识。在知识的利用上,一些传统的方法可能对个人知识管理有所帮助,例如归纳和演绎。想要利用已有的知识,一方面可以在个人掌握大量知识的基础上进行归纳,找出事物间的规律,应用于实践,从而对这种归纳结果进行检验,再从实践中修正归纳出知识;另一方面也可以对原有知识进行演绎,指导新的实践。

知识管理中知识的利用方法目前还处于探索阶段,因为它涉及不同个体的知识背景、生活环境、价值观等因素。一般来说,应用知识可以遵循下面的规则:首先,进行知识收集,把与问题有关的知识找到,在互联网时代这一点并不难做到;其次,进行消化吸收,也就是阅读有关资料,包括向专家请教;然后,建立可比较的模型,以专业知识为基础,设计出比较及评价方案;最后,评估报告将完成知识应用过程,在这些模型中挑选出支持决策或得出结论以完成知识应用。头脑风暴、专业论坛、沙盘模拟甚至聊天谈话,也都是知识应用的准备阶段,可以帮助个人进行知识加工,形成应用知识的规则意识。

11.4　个人知识管理的价值

PKM 的具体作用表现在以下方面:帮助我们有计划地建立个人专业知识体系;有针对性地吸收和补充所需的专业知识资源;持续性地学习、更新、提高个人专业知识和工作技能以提升个人价值和竞争力;有效率地提取所需的专业知识资源用于实际工作以获得良好的工作绩效;更好地展示个人的学习能力和工作能力;在所在的机构中成为知识交流的重要元素并获得更好的事业发展机遇。

案　例

本章小结

1. 个人知识管理是一套方法、技能、手段,通过对知识进行包括获取、存储、共享、应用、创新等一系列活动,实现知识转化,满足个人的知识需求,从而提升个人核心竞争力,满足个人生活和工作上的发展要求。

2. 个人知识管理(PKM)动因包括:应对个人信息、知识盈余;提高个人核心竞争力;满足知识分享需求;提升碎片化学习效果。

3. 个人知识管理的流程包括:信息需求分析;信息获取;信息评估;信息整合;知识共享。

即练即测

回顾性问题

1. 什么是个人知识管理?

2. 个人知识管理的动因包括哪些?

3. 个人知识管理的流程包括哪些?

4. 谈谈什么是个人知识管理系统。

讨论性问题

1. 你是如何理解个人知识管理的?

2. 谈谈你对个人知识管理流程的认识和理解。

3. 谈谈你会如何进行个人知识管理。

实践性问题

1. 请结合自身情况,谈一谈如何更好地做好个人知识管理。

2. 请举例说明,你是采用哪些工具进行个人知识管理的? 请推荐一些比较好的个人知识管理工具,并说明这些工具有哪些优势。

第 12 章

知识管理审计与评估

知识管理的审计与评估是知识管理实践操作的重要步骤,是组织发展知识管理战略的重要一步。知识管理审计是对组织知识资产和关联的知识管理系统的评估,包括人力资本、结构资本和客户资本。知识管理的审计与评估既是组织知识管理的起点,又是组织知识管理的重点,在组织的知识管理循环中,起到了承上启下的重要作用。

12.1 知识管理审计职能及必要性

12.2.1 知识管理审计职能

知识管理审计是知识管理实践活动中的一项重要内容。知识管理审计是管理审计的重要组成部分,它是指知识管理责任机构或人员按照一定的程序和方法,以知识管理的管理活动和管理的对象资源为主要审计对象,查明问题并提出解决问题的办法,以改善管理素质,提高管理水平和效率为目的,从而促进知识管理的绩效提高而进行的一种审计和知识管理相结合的活动。

知识审计是对组织当前拥有的知识的数量和质量进行核查,对组织知识的价值进行评估。知识管理审计包括知识审计、安全审计、能力审计等知识管理实践过程中全方位的知识管理对象和活动的审计,它是一个动态的、循环的流程。知识管理审计是对组织知识资产和关联的知识管理系统的评估,包括人力资本、结构资本和客户资本。知识管理审计是系统冷静地对重要的组织资产和组织系统进行足够完整的评估。

知识审计的价值在于:①准确地显示价值是怎么样通过人、机构和客户资本创造的;②突出怎样才能通过知识共享和组织学习最好的应用杠杆作用;③帮助试点项目提高知识管理实践;④向股东展示组织的能力;⑤如何成为知识导向型组织的战略计划的主要部分。

12.2.2 知识管理审计和评估的必要性

知识管理审计包括知识审计、安全审计、能力审计等知识管理实践过程中全方位的知识管理对象和活动的审计,它是一个动态的、循环的流程。知识管理审计是组织发展知识管理战略的重要一步,是对组织知识资产和关联的知识管理系统的评估,包括人力资本、结构资本和客户资本。知识审计对于知识管理的实施尤为必要,体现在如下方面。

1. 知识审计是实施知识管理的第一步

知识管理是一项涉及多个方面的复杂工程。在理论方面,人们已经开始利用系统科学来研究知识管理。完整的知识管理由五个阶段构成:战略、建模、行动、调整、转移。知识管理战略确立之后,知识管理从建模阶段开始实施。知识审计是建模阶段的第一步,用于实现知识管理战略的概念建模。

2. 知识审计是组织知识战略的需要

在知识经济时代,组织为在市场上存活并获得可持续竞争优势,纷纷建立以知识为基础的战略。但是,组织的很多高层管理人员,并不完全了解组织的知识资产,也不知道如何识别这些知识资产。由于知识资产是显性知识的一部分,因此,知识审计可以帮助组织了解自己的知识资产。

3. 知识审计是应对信息超载、重复劳动等现象的有效方法

自信息时代以来,人们普遍感觉到信息超载带来的压力,尤其是研究人员,要花费大量的时间用于信息的查找。组织发展到一定规模后,部门与部门、人与人之间的交流成本会变得很高。在实践中,交流会减少,再加上条块分割、重复劳动的现象普遍存在。知识的查找和交流难于信息的查找和交流。所以,在知识社会中,组织进行知识审计,是降低成本、提高效率的有效手段。

知识管理的评估本身就是知识管理的一个重要组成部分,管理的过程就是评估的过程。首先,知识管理不同于有形资产的管理,它是围绕组织的知识展开的,但组织的显性知识和隐性知识的管理没有统一的标准,有效管理存在一定的难度。因此,为适应日益加剧的竞争环境需要,探索和建立适合组织自身的评估体系显得尤为必要。其次,逐步建立和完善知识管理的评估体系,形成评估信息库,有利于组织的科学决策,有助于发现知识获取、开发、利用、共享等环节的问题。有效的评估和激励机制相结合,有助于激发团队和员工的积极性和创造力,提高组织的知识共享程度。因此,评估过程也就是创造组织价值的过程。组织知识管理评估可以有效地沟通和了解知识管理推动的过程和目的,管理员工行为,确切了解组织本身知识能力的竞争能力,寻找推动知识管理失败的症结,明确把握资源的投资回报率。

12.2　知识管理审计模型

按照审计理论,知识管理审计模型包括了知识管理审计的对象、审计团队和审计内容这些因素,以及这些因素的关系,知识管理的审计模型如图 12-1 所示。

1. 知识审计团队

知识管理审计需要由一个审计团队来实施。组织组建的知识管理审计团队要由不同的专家组成,包括公司战略制定者、财务专家、人力资源专家、知识分析家、知识产权专家、市场营销专家以及信息技术专家等。由多部门组成的知识审计团队,难免会有不同程度的意见分歧,因此,知识审计团队成立之后,各成员要对审计的原因和目标达成一致。

一般而言,组织的首席知识官(CKO)是组织推行知识管理的总负责人,因此,知识管理审计的团队也是以首席知识官为核心的跨部门协调的虚拟组织。

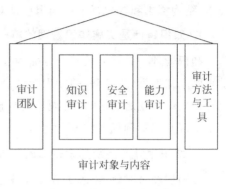

图 12-1　知识管理审计模型

2. 知识管理审计对象

知识管理的审计对象包括知识资源、安全和能力。

知识审计是对组织知识资源进行系统的、科学的考察和评估,分析组织已有的知识(知识存量)与需要的知识(知识需求),分析知识的短缺状况,针对组织的知识管理目标,提出诊断性和预测性的审计报告。知识审计能够回答的问题是:为解决特定的问题,组织已经拥有哪些知识? 缺乏哪些知识? 谁需要这些知识? 谁或者哪里能够提供这些知识? 他们如何利用这些知识?

安全审计是对组织知识资源的合理和安全使用的审计。组织知识管理的安全体系既包括知识管理系统的安全设备、软件和其他安全装置,也包括为使知识管理安全使用的安全政策、措施、策略和规章制度等。安全审计就是要审核在知识管理实践过程中,特定的人对特定的知识资源拥有的安全和权限级别,以保证需要知识的成员能够共享到需要的知识,而对于安全保密的内容能够有效保证安全限制。

能力审计是对知识管理人员的素质和知识管理绩效的审计,包括对组织人员在知识管理实施过程中的素质整体的审查评估和组织主要管理人员个体对知识管理能力的审查评价。整体能力评估是对组织管理人员群体素质的审查和评价,它包括以下基本内容:一是管理人员群体的知识管理水平是否达到现代化管理的基本要求;二是管理人员群体的专业知识结构的合理性,即人才和知识分布与生产经营领域是否相一致;三是管理人员的知识供需安排的适当性。组织管理人员的配置是否做到了开拓型人才与稳健型人才相结合,管理人才与技术型人才相结合及知识的供需是否合理等。

组织主要管理人员个体知识管理能力的审查。组织主要管理人员指组织内部的高层管理人员以及主要岗位的管理人员。对这部分管理人员素质和知识共享能力的审查内容主要包括如下方面:一是审查组织主要管理人员的知识贡献与知识管理的规划是否一致;二是审查组织主要管理人员的知识运用能力、分析问题能力、发现问题的能力、搜寻知识的能力;三是审查组织主要管理人员知识创新的能力,看其是否合理地将知识用于创新实践。

12.3　知识管理审计的流程及方法

12.3.1　知识管理审计的流程

知识审计是动态的、循环的,完整的知识审计过程,一般来说包括 7 个阶段。

1. 计划阶段

这个阶段要清楚了解组织现状、定义知识审计的目标、识别各种限制条件、制订知识审计的计划、确定知识审计的指标体系、选择审计方法和协作策略、取得管理者的支持等。定义审计目标,是为了规范审计的目的、对象和范围,所以目标要尽可能具体;识别限制条件和制订计划,是为了在知识审计的实施过程中,能有的放矢,并把成本控制在预算之内。限制条件,包括财务预算上的限制、组织内部基础设施的限制、时间限制等;确定知识审计的指标体系是为知识审计提供比较的基准,前提是要对理想的状态有清楚的认识。

2. 数据收集阶段

数据收集阶段是要根据需要完成的审计目标收集数据。数据可以通过问卷、个人面谈或集中集体面谈,从知识管理软件系统中统计数据等方式收集。通过问卷或面谈方式,可以针对关键的问题,为合适的人设置相应的问题。一个核心的问题是设置问题的答案内容、形式和数量是可用的。一般而言,如果组织拥有知识管理系统,则从系统中软件直接统计的数据是审计的主要依据。

3. 数据分析阶段

数据分析可以由组织内部专家完成,也可以通过外聘专家来分析,这取决于内部可以利用的资源、收集的数据容量和复杂性。有许多的工具和方法可以用来分析数据。如果数据量小,则可以通过简单的运算表就可以分析,对于复杂的大规模数据,则需要编制相应的计算机处理程序,运用复杂数据模型和算法才能实现。对于收集的数据一般有三类分析:一般性分析、策略重要性分析和数据流程图分析。

4. 数据评估阶段

数据分析完成后,就可以对数据所产生的问题和机会进行解析和评估。并非全部问题都能够准确定位,有些问题因为组织资源的限制而不能定位,如人力资源、财务资源、技术或物理资源等限制。但许多问题可以被识别,并且有机会得以不断改进,这使得知识质量不断得到优化,如信息的存储、资源的不公平分配、资源的非标准和规范、信息超负荷、透明和会计责任的缺乏和不可跟踪等。

5. 推荐沟通阶段

沟通策略在整个知识管理审计阶段都是非常重要的,一旦建议案提出后就更加关键。因为建议案一般都是对现有问题的解决方案或绩效的改进方式,可能引起相关人员的误解、不满甚至抵制。在这个阶段,要整理和评价知识审计完成后得到的数据,形成审计的意见和建议,编写知识审计报告。一般来讲,需要绘制知识地图,描述组织的知识流,找出组织的知识差距,然后与相关不满人员进行交流和沟通。

6. 实现建议阶段

如果知识管理审计形成策略,此策略生成的建议报告被充分沟通和认同,就必须制订落实建议方案的行动计划。

7. 持续优化阶段

知识管理审计的目标是持续优化管理过程,达成最佳管理实践。因此,知识管理的审计不是目的,而是改进知识管理绩效的一种措施,需要定期对照审计发现的问题,依据审计报告和建议不断对照,使得管理过程更加可控。

12.3.2 知识管理审计的方法

知识管理审计使用的方法除经常用查询法了解被审计单位的知识管理情况和用观察法到现场观察知识管理工作外,常用的知识分析方法如表 12-1 所示。此外,还可以有选择性地采用以下几种方法组合。

1. 调查表法

调查表法是根据审计工作的要求事先拟好需要了解的问题,设计好调查表格,发给有关人员征求意见的方法。这是知识管理审计搜集审计证据的一种重要方法。调查表一般设计成问题式,又称问题式调查表。设计调查表时应注意它的必要性、可行性、准确性和艺术性。调查表可以发给相关人员,也可以发给全体职工;填表人可以署名,也可以不署名;填表时可以由审计人员现场填写,也可由被调查人员填写。

表 12-1　知识审计中的知识分析方法

序号	知识分析方法	知识审计应用
1	知识问卷调查	获得操作知识的总体概况
2	中间管理目标的小组会议	识别需要管理注意的知识相关条件
3	任务环境分析	详细了解哪些知识呈现及其角色
4	口头语协议分析	识别知识元素、片段和知识原子
5	基本知识分析	识别整体或详细的知识
6	知识地图	开发概念地图和知识网络
7	关键知识概念分析	定位知识感应区域
8	知识使用和需求分析	识别哪些知识被用于商业计划,并确定如何优化
9	知识描述	识别知识密集型工作的详细情况和识别哪种知识充当了提高产品质量的角色
10	知识流程分析	获得知识交换、折旧、业务流程或整个组织的知识输入

2. 流程图法

流程图法是用各种符号将某一种业务程序绘制成一张工作流程图的方法。此方法可用于反映管理工作中各部门的联系和某一管理工作的程序。可以采用调查内部控制的流程图符号绘制，也可以创意其他符号。但是，一个审计团队和审计项目所采用的符号必须一致，以便于我们正确识别。

3. 组织系统图法

将被审计单位的各级组织机构绘制成一张图，用以反映被审计单位从上到下和各部门机构间的领导关系和知识供需关系。这是审计被审单位的知识管理组织机构是否健全，知识供需分工是否明确的主要方法。

4. 知识管理统计测评法

知识管理统计测评法是将知识的识别、存储、使用和创新进行数量化，用识别货币数量来表达的一种方法，它是计算知识管理价值的一种算账法。如知识按累计分布（以应用模块和部门为单位，统计累积的有效文档数，图标展示）、知识按周期分布（以应用模块和部门为单位，统计按月、按季度、按年的有效知识文档数，以图表展示）和知识增长分布（提供对比图表、按周期以模块和部门为单位进行对比）。

12.3.3　知识资源审计

知识资源审计（又称为知识审计、知识盘点）是经有计划性地流程设计与检视，针对组织内部的专业领域与组织外部的客户需求，进行系统式的调查与分析。知识审计的目的，是希望借由知识审计的结果，完成知识文件与核心优势调查，系统地挖掘组织与个人的竞争优势，引导组织在组织变革、流程改造、策略规划与任务指派时的方向，达成优势转型的目的。

组织在进行知识审计时，需要清楚界定以下问题：组织的专业知识种类及知识来源渠道为何？客户需求的服务领域种类及需求渠道为何？再针对组织员工的专业领域与客户所需的服务领域，进行知识审计的问卷设计，以便找出文件管理的分类、编码方式，及核心竞争优势与核心服务优势等项目。最后再针对组织员工与客户需求的专业领域与来源渠道调查结果，以作为绘制知识地图以及未来优势转型的依据，提供组织具体的知识流通与知识追踪方向。

针对组织审计问卷的设计重点，以组织员工的专业领域进行知识审计项目如下：

① 组织目前有哪些渠道可获得各项专业领域的知识？

② 组织未来还希望通过哪些渠道获得各项专业领域的知识？

③ 组织内部来自不同渠道的各专业领域知识中，哪些常被忽略或可能流失？

④ 组织内部各专业领域的知识在不同来源渠道的被使用率（或重复使用率）如何？

⑤ 组织来自各渠道的专业知识领域中,对组织员工及整体竞争力的重要性如何?

⑥ 组织员工所了解的各专业领域范围,专业度评比前五名的组织内部专家姓名?

⑦ 组织员工请教(或咨询)过的不同专业领域的组织内部专家姓名?

⑧ 各专业领域知识及其分类、关键词、分享/取悦、审核/管理权限。

以客户所需的服务领域进行知识审计项目如下:

① 客户目前有哪些渠道可获得各项需求领域的服务?

② 客户未来还希望通过哪些渠道获得各项需求领域的服务?

③ 组织外部来自不同渠道的各需求服务领域中,哪些常被忽略或可能流失?

④ 组织外部各需求领域的服务在不同来源渠道的被使用率(或重复使用率)如何?

⑤ 在组织客户所了解的各服务领域范围,满意度评比前五名的组织内部专家姓名?

⑥ 组织客户请教(或咨询)过的不同服务领域的组织内部专家姓名?

⑦ 客户所需的各服务领域知识及其分类、关键词列表、分享/取阅、审核/管理权限。

经过完整的设计与知识审计后,组织可根据盘点结果,绘出整合组织员工知识与客户服务需求的知识流与知识追踪的知识地图,为下阶段的知识价值链布局作准备。

总体而言,知识管理审计流程可见图 12-2。

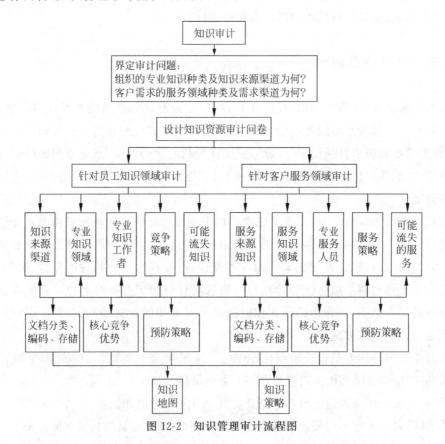

图 12-2　知识管理审计流程图

12.4　知识资产的统计与度量

知识经济时代,组织的价值在于其拥有的知识资产,对知识资产实施有效的管理对于组织保持持久的竞争优势至关重要。知识资产的统计与度量有许多不同方法。

12.4.1　平衡计分卡

罗伯特·卡普兰(Kaplan)和戴维·诺顿(Norton)于 20 世纪 90 年代提出了平衡计分卡的概念,平衡计分卡方法主要从以下视角全面计量组织的知识资产。

(1)财务视角,主要对包括传统会计体系使用的各种财务指标进行计量,如组织的资产回报率、现金流量、项目盈利能力、预期利润的可信程度、销售储备等。

(2)顾客视角,主要对与目标顾客群相关的目标客户进行计量,如定价指数、顾客排序调查、顾客满意度指数、市场份额等。

(3)业务流程视角,主要对与组织提供满足顾客要求的产品和服务有关的所有流程进行计量,如投标成功率、返工率、安全事件指数、项目业绩指数、项目终止周期等。

(4)创新与学习视角,主要对推动组织员工学习和知识传播系统进行计量,如新服务收入比例提高指数、员工态度调查、员工建议数、员工平均收益等。

与传统财务计量方法相比,平衡计分卡方法增添了顾客角度、内部业务流程角度和创新与学习角度层面的计量指标,从财务和非财务多种角度全面计量组织知识资产的价值。多种视角对组织成功的关键因素进行计量。从财务会计角度分析,能使各类组织外部的信息使用者在了解企业财务结果的同时,监督组织在知识资产方面取得的进展,对组织未来的发展能力和潜力做出恰当的判断;从管理会计角度看,能够促使组织管理者全方位地审视组织的发展前景和发展战略。利用平衡计分卡将组织的整体目标和战略转化为一系列具体的计量指标,一方面,可以清楚地表明组织长期的价值和竞争业绩的驱动因素,从而把组织战略与一整套包括知识资产在内的财务会计信息系统成功地联系起来;另一方面,组织管理人员可以更加有针对性地确定组织如何为当前和未来的顾客创造价值。随着平衡计分卡的推广,其用途日益得到发掘,如阐明战略并就战略达成共识;在整个组织中传播战略;把组织、个人的目标与战略相联系;把战略目标与具体目标相衔接;对战略计划进行确认和联系;对战略进行定期和有序地总结;利用反馈的信息改进战略。平衡计分卡的出现是管理会计学科的一个重大发展,并将成为企业未来业绩评价的主流。

12.4.2　知识计分卡法

迪肯(Ingo Deking)提出的知识计分卡方法是对平衡计分卡的改进,在知识计分卡的基础上把知识内涵带入平衡计分卡。迪肯通过以下计量流程对知识资产进行分解与计量。

(1) 知识资产内涵的界定。迪肯将知识资产划分为以下内容:人力资产,是指公司员工的综合知识、技能、创新和其他能力;组织资产,包括组织支持雇员生产率的能力;关系资产,专指与顾客、供应商以及其他合作方的关系价值。

(2) 知识资产维度的划分。在界定了知识资产的内涵以后,迪肯从知识的角度将知识资产划分为四个知识维度:精通(proficiency)、传播(defusion)、成文(codification)、创新(innovation)。

(3) 确定知识目标。从上述四个维度将知识资产分解为可执行的知识目标。精通维度的知识目标是:组织拥有一流员工的数量;科研机构学习的员工数。传播维度的知识目标是:组织内部学习环境的接受程度;组织外部环境的知识社区现状。成文维度的知识目标:组织成文的优秀惯例;组织项目报告质量。创新维度的知识目标是:组织产品创新竞争的结果;新产品占产品目录的比例。

(4) 分解知识标准。将知识计分卡确定的知识目标进一步细分为具体的知识标准,如将组织项目报告质量细分为可行性报告占所有报告的比例;将组织外部环境的知识社区现状进一步细分为系统评价指标等。

(5) 建立知识计分卡。将上述分解后的知识标准分项建立知识计分卡逐项打分、登记、汇总和报告。知识计分卡关注的是知识资产的管理,它和组织的知识战略密切相关。其指标设定参照了知识战略的目标和标准,构造方式是对知识资产的投入产出分析。知识计分卡中的指标直接与组织业务相联系,其目的是在知识战略与知识资产管理之间建立直接联系。

12.4.3　知识资产指数

知识资产指数也是由斯堪的亚公司于1997年在其年度报告中首次使用的数据模型。该指数是由Roos等人开发的"第二代"知识资产计量评价模型。该模型认为,一旦公司对其战略有一个清晰的认识,就可以运用长期目标去识别两组变量:一组是真正驱动公司创造超额利润的知识资产种类;另一组是描述企业成功的主要特征指标。将这两组变量整合在一起,就可以创建一个知识资产价值系统。该方法通过计算知识资产指数来反映企业知识资产的存量变化,从而实现对知识资产的确认和计量。这种对知识资产计量的分析方法给企业知识资产会计的研究提供了新的视角。

同时,知识资产指数也反映了企业潜在知识资产组成要素的变化,可以显示企业未来超额利润的产生源泉和变化信号。知识资产指数的设计功用远远超过平衡计分卡和知识计分卡等第一代知识资产计量方法,这一方法将知识资产的变化情况与市场变化协调起来,把所有不同的单个指标合并成一个单独的指标,从而提高公司超额利润创造过程的可观察水平;有利于企业管理者通盘评估企业的知识资产状况,实现对知识资产的全面管理。

知识资产指数有如下特征:是特殊的计量方法;是对货币价值(C)和效率系数(I)动态的监控;能够从重要时期中关注绩效;为公司认识知识资产提供全新的、清晰的视角;是能够自行纠错的指数。但知识资产指数在选择权重指标方面需要加入人的主观判断,势必影响结果的客观性;同时由于知识资产指数的内容具有较强的针对性,只适用于企业,限制了其在其他领域的应用。

12.4.4　无形资产监视器

无形资产监视器模型是 1997 年由 Sveiby 首次提出的。Sveiby 认为,成功度量无形资产的关键在于建立一个有效的无形资产分类框架。在该监视器中,Sveiby 首先给出了一个知识资产的分析框架:(1)外部结构(external structure),包括商标、顾客、供应商关系等;(2)内部结构(internal structure),包括组织、管理、法定结构、员工态度、R&D、软件等;(3)员工能力(individual competence),包括教育状况、工作经验等。无形资产监视器还分别列出了专门的评价指标,并将这些指标划分为成长与更新(growth and renewal)、效率(efficiency)和稳定性(stability)三类,如表 12-2 所示。

表 12-2　无形资产监视器中知识资产评价指标示例

类别	外 部 结 构	内 部 结 构	员 工 能 力
成长更新	每个顾客的平均收益	组织成长、内部结构投资、信息处理系统投资、顾客对内部组织的贡献	从业时间、教育程度、培训与教育成本、主管级别、专业人员流动、可提升能力顾客
效率	顾客满意度指标、盈亏指标、每个顾客的平均销售额	辅助员工比例、每个辅助员工平均销售额、价值与态度指标	专业人员比例、专业人员杠杆作用、专业人员价值增值
稳定性	大顾客比例、年龄结构、忠实顾客比例、重复订单比例	组织年龄、辅助人员年龄比例、新员工比例	平均年龄、资历、薪水相当的岗位、专业人员流动率

表 12-2 中将企业员工分为专业人员和辅助人员两类。专业人员是指那些计划、生产、加工和提交产品或解决方案以及直接参与顾客工作的人员。模型将其列入员工能力指标进行评价,而对其他从事保护、维持和发展内部结构、关系企业长期生存能力的员工(如会计、行政管理、接待人员等),列入内部结构指标中评价。在员工履行各种岗位责任时,为顾客工作的时间被列为专业工作时间,其他时间归为内部结构指标。

Sveiby 的无形资产监视器模型是一个比较系统的知识资产计量模型,该模型不仅给出了较科学的知识资产分类框架,而且从企业成长、效率和稳定性方面对知识资产进行了较系统的评估。Sveiby 已经成功地将该方法商品化,推出了专门用于企业知识资产计量的软件,在企业知识资产计量领域产生了一定的影响。另外,由安永会计师事务所开发出的"价值创造指数(the value creator index)"评价系统、Baruch Ley 创造的"价值链计分卡(value chain scoreboard)"评价系统,也是用来对企业价值创造要素进行确认、建立指标、打分评价的计量系统。其突出特点是这两个系统指标主要来自客观数据,主观因素的影响在该指数中影响较小。

由此认识到,企业价值创造的驱动因素已经从实物资产向知识资产转移。对于如何识别价值创造的主要因素和次要因素,为每个价值驱动因素建立指标并赋予合适的权重,最后根据企业实际情况给每项指标打分,计算得到企业知识资产的价值,已经在企业管理领域展开了大量细致的探索,也取得了一些有价值的成果。但在财务会计领域,由于受到前提假设和基本原则的束缚,至今没有取得公认的突破或成果。所以,关于知识资产计量方面的信息至今仍然停留在企业管理层内部,会计体系不能将这一信息传递给企业外部的"信息使用者"。事实上,由于知识资产的非实体性以及未来收益的不确定性,导致知识资产无法精确计量,仍然是困扰管理学界的一大课题。上述国内外学者在知识资产计量方面所作的努力也仅仅处于尝试阶段。但是,通过这些探索,人们可以在一定程度上对企业的知识资产进行评价,帮助投资者了解知识资产在企业价值创造中所做出的贡献。同时,也为会计领域在计量方面从实物资产会计向知识资产会计跨越提供了有益的指导和帮助。

12.5　知识管理评估方式的分类结构

组织对于知识管理效果的评估,由于所侧重的焦点不同,出现了许多不同的方式和评估工具(measurement metrix),其主要的分类结构有以下几种。

12.5.1　定性化评估和定量化评估

1. 定性评估

在对被评估的对象所掌握的数据不多、不够准确或主要影响因素无法用数字描述时进行定性的分析评估,是企业知识管理中的一种行之有效的评估方法。定性评估的特点是它所需要的数据少,能考虑无法定量的因素,简单易行。在企业知识管理中常用的定性评估方法有以下几种。

(1) 调查评估法。主要是指评估工作者深入实际进行调查研究,取得必要的信息和资料,再根据自己的经验和专业水平,对所评估的项目进行分析和判断。如对于客户满意度的评估中,可以采用随机抽样或典型调查方式,从调查对象中抽选出一定数目的客户,通过发表、访问或网络调查等方式,将客户的满意程度进行统计分析而得出所需的评估结论。

(2) 专家评估法。是针对具体的评估项目向一组专家征询意见,将专家们的评估意见进行综合分析而得出评估结论的方法。采用专家评估法的优点是:①集思广益,发挥专家的集体智慧,从而避免了主观性和片面性,有利于提高评估质量;②有利于专家独立思考,各抒己见,充分发挥各自的见解;③通过反馈可以了解各种不同看法,相互交流,相互启发,修正个人意见;④简单易行,评估周期短,缺少数据时也能用。其缺点是专家的责任分散,作为一种经验型的判断具有局限性。

(3) 主观概率法。主观概率是指在一定条件下,个人对某一事件在未来发生或不发生可能性的估计,反映个人对未来事件的主观判断和信任程度。主观概率法是指利用主观概率对各种评估意见进行集中整理,得出综合性评估结果的方法。常用的主观概率法有主观概率加权平均法和累计概率中位数法。主观概率法特别适用于企业知识管理中的过程评估。

2. 定量评估

虽然定性评估简单易行,但它不够准确。企业知识管理评估中有许多项目需要进行定量分析,从而得出准确的评估结果。常用的定量评估方法有:

(1) 客观统计法。客观统计法是根据实际数据进行客观统计得出评估结果的方法,如员工人均利润只要通过一般的财务统计方法就可以得到。客观统计法简单、可靠,便于操作,是一种最常用的统计和评估的方法。

(2) 相关分析法。相关关系是反映现象之间存在着非严格的不确定的依存关系。相关分析法是研究两个或两个以上随机变量之间相互依存关系的紧密程度的方法。如企业实施知识管理后,企业竞争力的增强带来劳动生产力的提高和成本的降低。当两个或两个以上随机变量之间直线相关时用相关系数表示,曲线相关时用相关指数表示,多元相关时则用复相关系数表示。

(3) 回归分析法。回归分析法是研究某一随机变量(因变量)与其他一个或几个普遍变量(自变量)之间数量变动的关系,其中自变量是确定的普遍变量,因变量是随机变量。由回归分析求出的关系式称为回归模型。根据回归模型自变量的多少,可分为一元回归模型和多元回归模型;根据回归模型是否用滞后的因变量作自变量,回归模型可以分为无自回归现象的回归模型和自回归模型。

12.5.2　财务性指标评估和非财务性指标评估

1. 财务性指标评估

如何评估知识管理的财务绩效?有的评估工具用客观、量化的且与传统财务会计数据相关的财务性指标(financial index)进行评估。例如,评估投资直接和间接成本的数量、回收收入和利润的多少等,包括传统的财务报表分析、项目投资报酬率分析、净现值分析、回收期分析、知识报酬率及 Tobin's Q 的计算。

2. 非财务性指标评估

除与传统会计制度相关的财务性指标外,许多知识管理绩效是通过间接的、与会计信息不相关的非财务性指标影响最终的财务性指标。例如获取知识库的次数、顾客的满意度、实践团队数量、提案次数、员工的忠诚度及 BBS 上的讨论次数等,这些都属于量化评估的非财务性指标。

12.5.3　内部绩效评估法和外部绩效评估法

1. 内部绩效评估法

这种方法的主要目的在于评估组织内部知识管理的过程效率与目标达成效果,利用比较预期目标和实际达成程度之间的差距,评估知识管理的实施绩效。主要的方法包括知识管理项目投资报酬率、净现值平衡计分卡、绩效导向的评估法和过程活动导向评估法。

2. 外部绩效评估法

这种方法主要通过与外部的标杆企业、主要竞争对手及产业平均值进行比较,评估本身知识管理执行的绩效。该方法认为企业主要是对外竞争,而不只是与企业的过去做比较,只有通过外部的比较才能评估出自己的推动效果。主要方法如标杆学习评估法及知识战略缺口模式等。

12.5.4　知识管理项目的评估和整体组织知识管理评估

1. 知识管理项目的评估

有的评估工具的设计是针对某个知识管理项目执行的过程及结果的绩效进行评估,范围上较为狭窄,但评估对象却比较明确。例如,一个组织开发与客户关系管理相关的知识管理项目,只是针对其中的顾客亲密性这个主要侧面进行评估知识管理项目的绩效,不是全公司整体推动的情况,它的评估范围就过于狭隘,会失去正确性。在知识管理项目的评估上,主要方法包括过程活动导向评估法、目标导向评估法及知识成长阶段结构等方法。

2. 整体组织知识管理的评估

有的评估工具的设计是针对整个组织多侧面和多层次的评估,例如,同时评估组织整体知识管理相关的流程、领导、文化、技术等各个侧面,并且同时评估知识管理战略、管理和执行等各层次的绩效,目的是了解组织是否已经达到知识型导向组织的程度,主要方法如知识管理评估工具、最佳知识型企业、平衡计分卡等。

12.5.5　过去、目前及未来导向的评估

1. 评估过去的绩效

例如,财务性指标的投资回报率分析、净现值分析和回收期分析等方面知识,可以评估过去知识管理的推动效果,但无法评估目前的情况与未来的潜力。

2. 评估目前的绩效

例如,在知识管理方面,评估目前知识管理的过程活动、目标绩效的达成是否符合高效率与效果;在智力资本方面,评估目前组织内部流程资本(包括价值链、管理、质量及流程的效率等)的绩效表现。以上都属于评估目前知识管理现况的指标。

3. 评估未来的绩效

例如,评估组织内部的创新资本(Innovation Capital),包括对市场、顾客需求变化的预测能力、研发能力、新产品上市的速度及员工创新思考的能力等,这些都是评估组织未来知识能力的重要指标。

12.6　知识管理的绩效评估

12.6.1　知识管理的绩效评估体系

绩效指标是绩效评估的核心,绩效指标若能满足管理者对知识管理效益的期待,会对知识管理的持续性推动有极大的帮助。以下介绍三种制定绩效指标的方向。

1. 知识管理绩效评估矩阵

知识管理绩效评估矩阵的横轴分为 IT 平台与非 IT 平台两个方面,纵轴分为量化与质化指标。从知识管理系统平台中可获得的指标称为 IT 平台指标,而从实体活动,如教育培训、读书会等获得的指标,则称为非 IT 平台的指标。具体见图 12-3。

由 IT 平台的指标与非 IT 平台的指标为 X 轴,定性指标与定量指标为 Y 轴,如此可形成四个象限。每个象限各有其知识管理运作的活动与指标。

第一象限:定性指标与非 IT 平台的指标

专家经验分享与传承、跨领域知识学习与成长、掌握趋势与创新流程、团队合作与资源整合。

第二象限:定性指标与 IT 平台的指标

隐性知识显性化、协助成员解决疑惑、快速反应顾客问题、数字化学习增加技能。

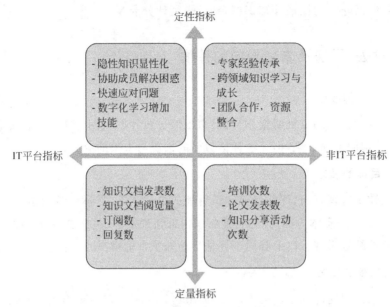

图 12-3 知识管理绩效评估矩阵

第三象限：量化指标与 IT 平台的指标

知识文件发表数、知识文件点阅数、社群发表篇数、社群回复篇数。

第四象限：量化指标与非 IT 平台的指标

读书会参与次数、论文发表篇数、知识应用发表会名次、召开知识分享活动次数。

企业规划知识管理的绩效评估指标时，不能只着重在 IT 平台的指标与量化的指标，必须思考从 IT 平台的指标到非 IT 平台的指标，从量化的指标提升到定性的指标，如此才能使知识管理的绩效评估更完整。

2. 以策略地图方式建立绩效指标

企业也可以利用策略地图的概念，从平衡计分卡四大方面展开策略目标与具体的行动方案，再制定知识管理的关键绩效指标（KPI）。企业设定知识管理的四大目标搭配五大价值建立具体行动方案，并将具体行动方案转化为绩效衡量指标，例如要达成建构组织合作与项目协同平台的目标，并建立顾客满意的价值，设立顾客满意度的指标进行衡量，更积极的做法是，设立顾客满意度的达成标准与计算方式。

3. 以知识地图设立绩效指标

组织机构亦可根据知识地图的三大要素：知识库、知识社群与知识专家，与相关的知识管理措施配合，分项制定绩效指标，并可定期进行统计。以下提供参考指标建议：

知识库指标包括：目标达成数或目标达成率；文件贡献数或文件贡献率；文件价值数或文件价值率；文件点阅数（率）；文件评鉴数（率）；文件转载数（率）。

知识社群指标包括：到访数（率）（visit）；点阅数（率）（hit）；发言数（率）（post）；回

复数(率)(reply)。

知识专家指标:专业指标:可将专家分为以下不同等级,达到不同等级的知识专家,可赋予不同的绩效绩点或分数;专业技术者(specialist);资深专业技术者(experienced specialist);知识专家(knowledge expert);知识大师(knowledge master);传承指标:专家经验储存与转移的检验指标;分享指标:专家经验分享与受分享者满意度指标;贡献指标:专家知识应用在研发、财务或流程改善等方面的绩效指标。

除利用知识地图架构来设立绩效指标外,另外两大指标也不可忽视,即知识分享指标与知识创新指标。知识分享指标:教育培训;知识文档;知识社群;知识专家;各式知识活动;主动/被动意愿。知识创新指标:创新提案数:包含服务、产品、解决方案;提案成功数(率);财务贡献度;跨领域(部门轮调)指标;科技应用指标;协同合作指标。

12.6.2　知识管理的绩效评估工具

根据 KPMG(2000)对数百家企业进行知识管理导入成效的调查报告指出,企业对知识管理的期待目的主要为:可做出更佳的决策;对顾客需求的掌握度更高;对外在环境变化的应变更快;提升员工的工作技能;增加组织的生产力;增加组织的获利能力;分享彼此的成功经验。

1. 知识管理绩效评估工具

美国生产力与质量中心(APQC)在 1995 年与 Andersen 共同开发的知识管理诊断工具(knowledge management assessment tool,KMAT),用以帮助客户自我诊断在管理知识过程中企业本身的优势机会。知识管理的诊断工具由五大要素组成:知识管理流程(knowledge nanagement process);知识管理领导(leadership in knowledge management);知识管理文化(knowledge management culture);知识管理科技(knowledge management technology);以及知识管理绩效评量(knowledge management measurement)。

2. 平衡计分卡

平衡计分卡(balanced score card,BSC),源自哈佛大学教授 Robert Kaplan 与诺朗诺顿研究院(Nolan Norton Institute)的执行长 David Norton 于 1990 年所从事的未来组织绩效衡量方法研究项目。

平衡计分卡通过四个方面来考核一个企业组织的绩效:财务(financial);顾客(customer);企业内部流程(internal business process);学习与成长(learning and growth)。

平衡计分卡的意义主要为:短期与长期目标之间的平衡;财务与非财务量度之间的平衡;落后指标(Lagging Indicators)与领先指标(Leading Indicators)之间的平衡;外部

与内部绩效之间的平衡。

平衡计分卡不仅将企业的组织目标延伸到评估概略性的财务度量,也让经营者可以衡量企业该如何就现有与未来的顾客创造价值,企业该如何强化内部能力,将其投资在未来可增加绩效的必要员工、系统与流程上。平衡计分卡诠释了企业的使命和策略,并将之转为具体的目标和量度,代表了外部和内部两种量度之间的平衡状态,包括有关股东和顾客的外界量度,以及有关重大企业流程、创新能力、学习与成长的内部量度。

12.6.3　知识管理的绩效评价方法

1. 决定绩效类别

组织机构在进行知识管理的绩效评估前,应先确认关键绩效领域(key result area,KRA,或称关键成果领域),再从中制定关键绩效指标。关键绩效领域将组织推动知识管理期望的成果范围清楚界定,多数企业会依据其知识管理核心流程或知识地图选择其关键绩效领域。

(1) 知识管理核心流程在不同学者的定义下,主要区分为三类不同程序:

① 创造、整理、储存、扩散、应用、推演;

② 创造、分类、储存、分享、更新、价值;

③ 创新、学习、传承、扩散、搜集、应用。

(2) 组织机构也可参考以下不同的方式来分类:

① 工作行为指标与科技应用指标;

② 知识价值指标与知识分享指标;

③ 知识活动表现指针与信息平台表现指针;

④ 过程导向指标与结果导向指标。

2. 制定绩效指标与评估标准

决定关键绩效领域(KRA)后,企业可依照已推行的各项知识管理措施或活动制定绩效指标,并归类至适当的类别中。另外,必须赋予各绩效指标可量化的标准,并作具体说明,以利后续评估者有客观的评分依据。

3. 设定权重

在实践中,组织机构不会希望只就每一项绩效指标个别审视,而是希望能够了解整体的知识管理成效,但由于资源投入有多少之分,故需要根据各指标之重要性设定适当的权重值,且各方面指标权重总和需为100%。

4. 制定评分方法

评分法与绩效指标的评估标准连接,即设计在不同的目标达成状况时,所能得到的分数,这样的做法可大幅降低不同评估者的主观影响程度。

5. 制作绩效评估表

当各项绩效指标、评分标准与权重等设定完成以后,接下来需要设计评估表格,分别列出绩效类别、绩效指标、评估标准说明、权重、评分、加权得分等栏目。标准说明的栏目需清楚说明计算期间、各分数的得分标准等信息,以及赋予适当的权重,以便评估者做出正确的评估。

6. 设定评估周期

绩效评估的时程设定可分为每日指标、每周指标、每月指标、每季指标、每半年指标、每年指标,依照不同的需求制定不同的评估时间,不同的指标也应设定不同的评估期间。

7. 决定评估成员与进行评估

绩效评估的成员该如何决定,由谁来评估较适当,以下提供几个参考方向:

① 知识项目计划主管,或知识管理专员;

② 知识专家或文件审核委员;

③ 公司各年度项目计划主管;

④ 知识管理计划重要活动执行成员,或知识管理项目团队成员;

⑤ 自我评估。

8. 进行评估

根据绩效评估表,由评估者进行评估,评估结果可有两种呈现方式,一种是表格式,即直接将评分结果填写在绩效评估表中。另一种图像式,可使用雷达图了解各评估面向的评估绩效,雷达图可以清楚地呈现每一季的每个部门或每个人在各个方面的表现情形,同样地,也可利用柱形图,呈现所有员工或所有部门在各大方面的评分结果,还有排行榜的方式也是评估结果呈现的最佳选择之一。以上的评估结果呈现除了进行知识管理的管控以外,还隐含有激励的效果,达到相辅相成的目的。

12.6.4 知识管理的关键影响因素

结合以上标准,本书总结归纳了实践中企业推行知识管理的关键影响因素,分为关键成功因素和可能的失败原因。

关键成功因素包括:

1. 主管领导的支持

企业在进行或导入任何策略时,都一定要获得高阶主管的支持,导入知识管理更是如此。因为知识管理的效益需要长期时间积累才能呈现,同时还需要在推动过程中不断激励参与同人,若无高阶主管长期、持续性地鼓励与支持,通常容易半途而废。

2. 成立专门的知识审计小组

知识审计小组在知识管理推动过程中,扮演着将企业内外部知识加以过滤及筛选的角色,该小组必须有能力选择对企业有价值、有质量及正确的知识。因此企业必须设计知识质量管控机制,通过这套机制所分享出来的知识,才会是对员工有用的知识。当然,由于对于知识价值的判断不免主观,因此,知识审计小组除了必备的专业性之外,也必须让员工信赖经由他们所筛选出来的知识。

在人工智能(artificial intelligence,AI)或专家系统(expert system)尚未成熟之际,企业不应过度期待能够完全由信息科技来判别如何将大量的文件或信息转为有价值的知识,因此企业内应先行组织一支优秀的知识审核小组,其所扮演的角色就非常重要。在未来的趋势中,将不只是通过"人"来过滤知识,也能够通过信息科技来进行先导过滤的工作,例如,目前许多企业已经通过信息科技的协助,预先将阅读率较高的文件以及价值评分较高的文件先行挑出,再交由知识审核小组进行过滤与评选。

3. 量化达成目标

知识管理要成功,先要明确制定预期效益目标,而且加以量化,才能追踪施行的成败及结果,也必须将这些预期目标让所有员工都清楚明了。在量化目标制定的基础上,可依据推动时间的进展,逐步予以细致化,如果一开始便制定许多复杂而高远的目标,易导致推动过程出现挫折感。

4. 培养员工的核心能力

有些企业会追随商机的潮流,但内部员工不一定会具备这方面的知识及专业。所以,当企业要制订获利的核心目标时,一定要结合企业内部员工的知识与核心专长,配合教育训练及员工发展,才能让企业在制定策略目标时,让员工能跟上企业发展的脚步。

5. 知识工作者的投入及参与

知识管理的体系中包括创新与分享的体系,如果没有全体员工的参与,则效果会大打折扣。但要使员工全心地投入与参与,一方面,将知识管理参与程度纳入年度绩效考核、部门营运指标;另一方面,则是以实际的奖金、奖品在推动过程中不定时鼓励员工。

6. 建立激励制度

企业在进行知识管理时,是否要提供奖赏与参与的诱因,有时亦须视企业文化而定。有些企业本身就拥有自动自发、愿意分享的企业文化,不需要额外制定奖赏或惩罚的制度。所以,奖赏跟参与的诱因并不是绝对,端视企业文化是属于自动分享或被动分享。当企业是自动分享,不用太多的奖惩制度,即可达成全员参与的目的;若企业是被动分享,则必须多设计一些奖惩制度,提供奖赏与参与的诱因。

7. 建立知识分享的企业文化

知识需要分享才能产生真正的价值,因此,企业应该培养并鼓励员工分享知识的能力及行为,让员工了解并体会到知识分享对企业及其员工本身的益处。只要愿意将知识分享出去,所得到的回馈及激荡出的知识将更有价值,如果企业内部每个人都隐藏自己的知识,企业的知识无法持续成长,进而危及企业的竞争力及企业的生存。

8.与商业模式结合

企业推行知识管理需以达成企业目标与符合组织内部的需求为首。知识管理必须与企业目标与商业模式相结合,而不是分立甚至对立的系统,否则知识管理终将成为阻碍企业成长的因素,或流于口号而没有实际成果的行动。

9.知识管理宣传与推广

知识管理不只是一个科技话题,还牵涉到许多的人与流程。有很多企业导入知识管理时,尽管选购很好的知识管理平台或机制,但最后还是失败。究其原因,就是因为人员跟流程没有办法充分地运作这些知识管理平台或机制。当然,平台的好坏与容易使用与否也是一个关键,但企业能不断地与员工进行沟通及推广,让整个知识管理流程能够顺畅,才是知识管理成功的关键。

10.持续跟踪与绩效评估

进行知识管理除了要预先设定目标外,也需进行量化的追踪跟评估,尤其是知识管理导入的成效。企业投入了几百万元的资本、资金进行知识管理,当然是期望未来能够获利,产生有形或无形的价值。因此,必须制订追踪和评估的方法,才能了解导入的成本和效益,并能加以修正。有些企业希望半年就能看到成绩,有的则要求 1 到 2 年。这些成效评估与追踪的设定,要看导入的规模大小与企业经营者对于成果速度的追求。

12.6.5 评估后发现知识管理的失败原因

很多企业采购了非常好的知识管理信息系统,但是却还仍然无法得到预期的成效,主要原因在哪里?本书整理出造成企业导入知识管理失败或情况不佳的几个关键原因。

1.员工投入意愿不足

许多企业导入知识管理后,员工只觉得多了一项负荷,投入意愿不高。一方面,要把工作内容、心得、经验等撰写成文件;另一方面,相关成果还要上传到知识库,加上平常职务范围的固定工作繁重。对员工而言,看不到知识管理的好处,实际参与知识管理的兴趣自然薄弱。缺乏员工的参与,知识管理注定失败。

2.知识管理系统与工作流程未能有效结合

当导入知识管理时,若知识管理系统没有与员工的工作流程结合在一起,往往会导致员工对知识管理体系的疏离与排斥。所以,企业在导入知识管理时,除了文件管理外,员工的工作流程、客户关系管理等,都有必要融合在一起执行。随着知识管理概念普及化,许多企业已经能将知识管理、企业信息化、企业流程自动化,甚至与客户关系管理相互结合、同时并行,而不再只是单做知识管理。

3. 过于强调系统和工具的作用

知识管理系统过于复杂,也是知识管理导入失败的主要原因之一。许多发展知识管理系统的科技公司不一定真正了解企业对于知识管理的实际需求;而企业在选购知识管理系统时,没有特别去量身定制,或没有特别寻求顾问的辅导,而是企业本身从零到有慢慢地涉入与了解,常常造成选购的系统不符合企业的需求。所以,很多企业买一套知识管理系统后,交给内部员工开始执行,就算是完成了知识管理的导入。事实上,知识管理系统过于复杂,会影响知识管理系统导入的成败。

4. 未能提供适当的教育培训

成功的知识管理系统导入,必须提供用户完整的训练,不只是针对系统的训练,还需包括对知识管理的概念、流程,以及知识的分享、储存等。如此才能让使用的员工与高层之间,对知识管理的认知产生共识。而一般失败原因,不是对内部员工的训练不够完整,就是根本未曾考量这部分训练的必要性。

5. 未能与使用者的预期结合

使用者常常耗费日常工作以外的时间精力于知识管理上,却看不到它所带来的利益,往往使得知识管理的推动日渐困难。要说服一个企业导入知识管理的重要理由是:知识管理可以让企业获利,可以让企业提高竞争力。就工商竞争日趋激烈的环境而言,无法提升企业竞争力的知识管理根本无法打动管理者的心。管理者所希望的是:知识管理能提升企业的获利机会,或至少降低成本。毕竟,企业的管理不是只谈些很空洞的、无法量化的竞争力,而是需要看到的实质利益。同样地,知识管理对企业员工也是一样。如果每位使用者都看不到知识管理所带来的利益,还得要继续分享知识,这样企业员工如何能持续地分享知识?因此,要让企业与员工都能看见知识分享为各自所带来的利益,才有可能让知识管理的导入顺畅成功。

6. 主管领导未能积极参与

有些企业在导入知识管理系统时,高阶主管只是做个宣示性质的演说或表面上的承诺,之后完全不在意整个系统的导入。这种高阶主管未参与系统导入的状况,往往使得下面推动与执行的主管、员工逐渐将之视为宣传性、装饰性的活动,最后致使知识管理机制与流程无法顺利运作。

7. 系统平台尚未成熟

很多企业期待能找到一套强大的知识管理系统,能让庞大的信息自动变为知识。然而,当知识管理现有的平台技术尚未成熟、科技发展尚未完善之际,当科技公司都还在探索、仍在发展完整的知识管理技术时,企业当然会担心无法找到平台与技术以提供所需的支持。

8. 忽略人文因素

实践中更多的案例表明,知识管理失败的原因多是人的问题,而不只是技术问题。

当人们不愿意参与，不愿意融入知识管理的工作里，当人们看不见它所带来的利益、不愿意创新、不愿意分享，知识管理便慢慢地遇见很多瓶颈。因此，对企业来说，拥有一个完整的知识管理解决方案，会比建置一个昂贵而强大的信息系统平台更重要。

12.7 知识型企业的 MAKE 认证

12.7.1 MAKE 奖简介

MAKE 奖是目前国际范围内最为权威的知识管理奖项。MAKE 全称是"The Most Admired Knowledge Enterprise"，直译为"最受尊敬的知识型企业"。但由于 MAKE 候选者不仅仅限于企业，还可以包括政府机构、学校、非营利公益组织等，所以国内习惯称为"最受尊敬的知识型组织"，简称 MAKE（如图 12-4 所示）。

MAKE 奖始于 1998 年，是由 Teleos（是一家在知识管理和智力资本领域有着重要地位的英国独立研究机构）公司联合 KNOW 网络共同发起，在全球范围内评估甄选出那些善于利用企业显性或隐性知识以及智力资本来为股东创造价值的组织。通过其十多年的研究及坚持，逐步成为知识管理界普遍认可的国际性知识管理奖项。

图 12-4　MAKE 奖标志

MAKE 奖目前设有国家级奖项（例如中国内地、中国香港、印度、印度尼西亚、日本）、洲际区域级奖项（例如亚洲、欧洲、北美）以及全球级奖项。通过研究，最终挑出知识经济时代那些表现优异的领导型组织。参选组织可以是集团型组织（例如集团或控股组织，包括公司/部门/业务单位/机构等），也可以是个人经营的组织（例如私人公司/部门/业务部门/机构等）。

MAKE 奖是由全球财富 500 强企业的领导人以及 300 名在知识管理、智力资本、创新或组织学习等领域卓有成就的知名专家根据德尔菲研究方法，选出系统性利用知识取得竞争优势的成功企业，从而让那些在知识经济时代的先锋脱颖而出。

12.7.2 MAKE 奖评方式

组织不能直接申请，必须由 MAKE 的专家池成员提名，提名、入围和得奖都不涉及费用。主要奖项如下：

① 全球大奖，主要分两种类别；

② 集团组织（资格—集团或控股组织，包括公司/部门/业务单位/机构等）；

③ 个人经营单位（资格—私人公司/部门/业务部门/企业的机构等）；

④ 国家/地区奖项类别(资格—私人公司/部门/业务部门/机构)。

最受尊敬的知识型企业的研究项目的依据是德尔菲研究方法。德尔菲研究方法涉及一组专家,他们拥有某领域的专业知识。这组成员会被询问好几轮问题,每轮结束后,将分享每个人的观点,让每个人相互了解别人的所思所想,这有利于统一专家们的意见,并发现那些起初被忽略的因素。下一轮专家们重新考虑他们的意见,重复这样的过程,通常不超过2~3轮。

MAKE奖的最终胜出者,都是由那些领先企业的高级管理者,知识管理专家和智力资本管理专家评选的。通过参与这样的评选,企业CEO们可以意识到竞争对手的优劣势,以及了解同行在8个维度上以知识为基础的战略绩效表现。另外,知识管理专家能够更深入地了解企业知识管理的战略以及不同知识流程维度的最佳实践。

在MAKE研究中,有三轮专家达成共识的过程。第一轮,专家小组确定和提名可能的MAKE奖企业(组织不能自我提名,只有MAKE奖专家成员才能提名候选组织);第二轮,每个专家从提名组织中最多选择三家机构,被选择的机构中只能有5%成为MAKE奖的最后候选者;第三轮,也是最后一轮,将从8个方面的知识表现对最终候选的组织进行评测。基于个人经验和可获取的公共信息,MAKE专家成员从八大项目对企业进行具体评分(评分标准为1~10分,最差到最优),综合得分最高的企业,将会成为MAKE奖的获得者。

MAKE研究人员将检验是何种因素影响了专家对于知识驱动组织的理解和认识,主要的影响因素如下:

- 个人经验——对于高级管理者,这点表现得尤为突出;
- 国家和国际奖项或其他形式的独立认知;
- 熟知知识管理的协会的关系,如知识网;
- 出现在高端的商业和知识管理出版物的文章、报告和案例研究;
- 高级管理者在媒体、会议等作出的有关组织知识管理战略和活动的声明;
- 公司出版的描述企业知识管理战略的书籍,如西门子的知识管理案例研究;
- 知识管理经理和参与人员对企业知识的战略,方针和措施的会议发言。
- 提升和营销以知识为基础的商品/服务/解决方案等;
- 企业营销是一种知识化的商业模式,如IBM,安永会计师事务所。

与此同时,MAKE的专家成员在评审期间能够很容易地获取到如下相关的财务、非财务指标:

- 企业利润率;
- 资产报酬率;
- 10年的股东中回报;
- 增值情况;

- R&D 支出占销售额的百分比;
- 创新能力;
- 品牌价值的变化;
- 最佳雇主、社会责任、信誉等的认知;
- 与其他 MAKE 企业的比较研究。

12.7.3 MAKE 奖评价指标

MAKE 奖评价指标体系共有八大项目,即从如下 8 个方面(这也是所谓的 MAKE 大奖 8 大评审标准)进行综合评定、排序并最终确定是否获得 MAKE 大奖:

① 营造知识驱动的文化(creating an enterprise knowledge-driven culture)

② 高层领导对知识员工的培养(developing knowledge workers through senior management leadership)

③ 开发和交付知识型产品/服务/方案(developing and delivering knowledge-based products/services/solutions)

④ 最大化企业智力资本(maximizing enterprise intellectual capital)

⑤ 打造企业协作型知识共享环境(creating an environment for collaborative enterprise knowledge sharing)

⑥ 营造学习型组织(creating a learning organization)

⑦ 基于客户及利益相关者的知识来交付价值(delivering value based on customer/stakeholder knowledge)

⑧ 将企业知识转化为股东及利益相关者价值(transforming enterprise knowledge into shareholder/stakeholder value)

8 个方面组成了 MAKE 研究的框架(如图 12-5 所示),借用这个框架识别那些比竞争对手在创造智力资本方面更快的组织和机构。

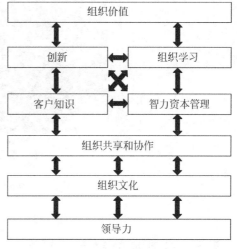

图 12-5　MAKE 研究框架

12.7.4 MAKE 奖获得企业

MAKE 奖获得企业的情况如表 12-3 所示。

表 12-3　MAKE 奖获得企业

企业名称	10 年内获得该奖的次数	企业名称	10 年内获得该奖的次数
埃森哲	10	壳牌公司	7
安永公司	10	普华永道公司	7
微软公司	10	Infosys	6
IBM 公司	9	诺基亚	6
丰田公司	9	三星	6
麦肯锡	9	西门子公司	6
通用电气公司	8	3M	5
英国石油	8	Google	5
巴克曼实验室	7	施乐公司	5
惠普公司	7	世界银行	5

行业分布情况见图 12-6。

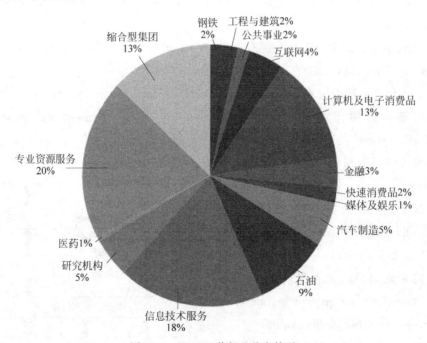

图 12-6　MAKE 奖行业分布情况

12.7.5　中国的 MAKE 奖情况

2011 年，MAKE 奖首次被引入中国内地，以表彰内地优秀企业（组织）在知识管理方面的卓越成就，推动内地知识管理的发展。评选活动由深圳市蓝凌软件股份有限公司、香港理工大学知识管理及创新研究中心共同发起，至今已成功举办多届。

通过申请 MAKE 奖项，企业/机构可借助于对标 MAKE 标准和标杆企业实践，找出自身在知识管理方面的优缺点。并可从经验丰富的 MAKE 专家评审团的剖析点评中,收获建设性的改进建议,获得与往届获奖企业交流知识管理的最佳实践机会。

同时,MAKE 大奖被誉为知识管理界的"奥斯卡"。取得 MAKE 荣誉不仅能够提升组织管理层对于知识管理团队的支持与认可,增强企业员工对于知识管理的信心,更可以让获奖组织及其知识管理项目负责人获得公众认可与赞誉,使组织和个人品牌都得到提升。

China MAKE 奖采用网络专家评审及现场专家评审的两轮评选机制,专家评委将从以下 8 个维度对企业进行综合评分,评选出 China MAKE 奖的获奖组织(见表 12-4)。

表 12-4 China MAKE 奖评估细则和评选流程

(1) 建立以知识为本的企业文化	(5) 建立和维护知识分享的环境
(2) 企业领导对知识员工的培养	(6) 建立及维护不断学习的企业文化
(3) 研发和销售知识型的产品/服务/方案	(7) 运用顾客/客户知识来为其提供价值
(4) 增强企业的智力资本	(8) 管理知识并创造股东(或社会)价值

12.8 从 MAKE 到 MIKE 的升级

在过去的 20 年间,MAKE 奖每年都会按照国家级、洲际级、全球级三个层级,甄选出那些最受尊敬的知识型组织。自诞生以来,MAKE 奖见证了知识管理的日趋成熟以及为全球许多成功的公司和组织赋能。获奖名单中,我们经常会见到 Accenture、Google、Amazon、Apple、Deloitte、IBM、Infosys、Microsoft、PwC、Samsung、Siemens、Tata、Tesla 等知名公司的身影。由于 Teleos 创始人 Rory Chase 先生年事已高,他即将在伦敦退休。2017 年 12 月,Chase 先生宣布全球 MAKE 获奖名单后正式通告:基于 MAKE 原来的基础,新的 MIKE 奖——即"最具创新性的知识型组织"(most innovative knowledge enterprise,MIKE)即将推出。国际 MIKE 研究小组成立,MAKE 全面升级为 MIKE。

12.8.1 MIKE 新的评奖标准

MIKE 奖是旨在提高企业创新能力的诊断工具,也是国际标杆研究的基础。全球 MIKE 研究还将提供一个很好的平台,研究人员可以基于不同国家/地区 MIKE 创新实践的输入和发现,进行跨国比较,并发表共同关心的一些主题报告和研究论文。

设置 MIKE 奖的初衷如下。

- 认可公司/组织在创新上的成就,督促他们在知识和智力资本管理方面不断践行;
- 为公司/组织提供相互学习和借鉴的机会,增进彼此实践;

• 让申请单位得到中立专家客观的反馈建议，并能持续改进。

全球科学技术日新月异，创新已然成为时代主旋律。知识管理的新动力来自创新型组织如何在不断变化的世界中运行。MIKE 奖继承了原来 MAKE 奖的框架，但更加强调创新。基于创新、知识管理和智力资本管理的最新研究成果，对影响组织创新绩效的主要因素进行了分析，并将其扩展为知识型组织持续创新的 8 个新标准。

① 赋能知识型员工以创新；

② 创建客户和用户的期望/需求/经验；

③ 开发内外部的网络及连接；

④ 发展具有战略性、愿景性和变革型的领导力；

⑤ 培育组织创新的文化；

⑥ 投资和交付基于知识的产品/服务/解决方案；

⑦ 加强用于知识创造的实践和系统；

⑧ 实施创新及虚拟空间，为利益相关者创造价值。

如上 8 个标准为 MIKE 评估中组织创新的可持续性因素，此外还需要申明组织的创新绩效指标，可以在如下测度指标中选择最适合组织的一个以上的测度指标，提供数据和证据，进行自我评估。

① 开发的新产品/新服务/新商业模式；

② 市场份额/新产品销售；

③ 专利/许可证/忠诚度；

④ 营收/收入/营业额；

⑤ 客户/用户满意度；

⑥ 奖项/奖励/荣誉等；

⑦ 著作权/出版物/新点子等。

12.8.2　MIKE 新的评奖流程

最新 MIKE 奖评奖分为两级，一级为国家或地区层面的 MIKE 奖，一级为全球层面的 MIKE 奖。在新的 MIKE 奖首批试点中，参与的国家/地区有澳大利亚、芬兰、中国大陆、德国、中国香港、意大利、印度、印度尼西亚、伊朗、日本和新西兰等。国家或地区层面的 MIKE 奖以每一个主办国家/地区的名字命名，例如澳大利亚 MIKE、芬兰 MIKE、中国 MIKE 等。

每一个国家/地区都将委托一家主办机构(联合协办机构)共同发起国家/地区MIKE 评奖。注意所有的国家/地区 MIKE 奖都需依循同样的标准，以便未来可以在全球基础上进行比较，进行有意义的基准研究等。MIKE 奖赋予每个国家/地区主办机构最大的灵活性，他们完全可以主导自己国家/地区的评估过程、网站开发、颁奖仪式等。

国家/地区 MIKE 奖评审过程不迟于每年的 10 月,每个国家/地区都应在此时间节点之前完成自己国家/地区的 MIKE 评选,并将最好的三个获奖者名单连同他们的申请表格材料等,一起提交全球 MIKE 研究小组(global MIKE study group,GMSG),开始全球 MIKE 评奖。

GMSG 将委派国际化专家组(international panel)对所提交的名单和申请材料进行评估。该专家组由每个主办国家/地区提名的专家组成,为了保证公正性,专家不能评估从自己国家/地区提交上来的候选者。所有申请者务必签署保密、不泄露协议以及利益冲突申明。

当 GMSG 评出全球 MIKE 奖后,最终获奖名单将于每年 2 月进行公布,并将在该时间段尽可能选择合适的知识管理会议以组织颁奖仪式,同时评选结果将公布在全球 MIKE 网站上(见图 12-7)。GMSG 由香港理工大学知识管理和创新研究中心主办,管理全球 MIKE 奖及其相关事宜,它也负责全球 MIKE 网站的建立及其维护。

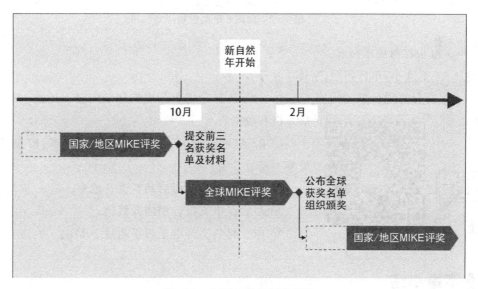

图 12-7　MIKE 奖的评奖流程

12.8.3　填写 MIKE 申奖材料

如果你的组织希望参加 MIKE 奖申报,那么首先要按照要求准备 MIKE 申报材料。报告应按照图 12-8 所示的评估标准进行准备,包括 A 部分和 B 部分。A 部分需要按照 8 个标准填写组织创新可持续性因素,B 部分则重点选择组织的创新绩效指标进行描述。

申奖报告材料组成部分:
- A 部分:可持续性因素(按上面八大标准来填写)
- B 部分:创新绩效指标(由申请人酌情选择填写)

标准	智力资本要素	示例
一、赋能知识型员工以创新	人力资本	招聘、培训、激励、人才管理等
二、创建客户和用户的期望/需求/经验	关系资本	服务设计思考、用户实验室等
三、开发内外部的网络及连接	关系资本	开放式创新、众包、战略联盟与伙伴关系等
四、发展具有战略性、愿景性和变革型的领导力	结构资本	未来化、商业模式、冒险、企业家精神等
五、培育组织创新文化	结构资本	组织学习、团队动力等
六、投资和交付基于知识的产品/服务/解决方案	结构资本	研究开发、创意孵化器等
七、加强用于知识创造的实践和系统	结构资本	知识创造过程、知识转化SECI模型等
八、实施创新及虚拟空间,为利益相关者创造价值	结构资本	未来中心、协同工作场所、智能办公室、心智实验室等

图 12-8　MIKE 申奖材料

申奖报告材料要求格式:

① A4 纸大小,单行间距,字体不小于 12 号;

② A 部分每项标准的内容不超过 2 页,B 部分每个测度指标的内容不超过 1 页(包括表格和数据);

案 例

③ 附录(可选部分,例如公司年报、文章、剪报等),最多不超过 5 项;

④ 每部分内容需要启动新页开始写;

⑤ 需要在申奖报告中插入页码;

⑥ 申奖材料文件电子版不超过 20MB。

🎯 本章小结

1. 知识审计是对组织当前拥有知识的数量和质量进行核查,对组织知识的价值进行评估。知识管理审计包括知识审计、安全审计、能力审计等知识管理实践过程中全方位的知识管理对象和活动的审计,它是一个动态的、循环的流程。知识管理审计是对组织知识资产和关联的知识管理系统的评估,包括人力资本、结构资本和客户资本。

2. 知识审计的价值在于:①准确地显示价值是怎么样通过人、机构和客户资本创造的;②突出怎样才能通过知识共享和组织学习最好的应用杠杆作用;③帮助试点项目提高知识管理实践;④向股东展示组织的能力;⑤是知识导向型组织的战略计划的主要部分。

3. 知识审计是动态的、循环的、完整的知识审计过程,一般来说包括 7 个阶段:计划阶段；数据收集阶段；数据分析阶段；数据评估阶段；推荐沟通阶段；实现建议阶段；持续优化阶段。

4. MAKE 奖是目前国际范围内最为权威的知识管理奖项。MAKE 全称是"the most admired knowledge enterprise"，直译为"最受尊敬的知识型企业"。

5. MIKE 奖是指"最具创新性的知识型组织（most innovative knowledge enterprise)"，MIKE 奖是旨在提高企业创新能力的诊断工具，也是国际标杆研究的基础。

即练即测

 回顾性问题

1. 什么是知识管理审计？
2. 请叙述知识管理审计的流程。
3. 请描述知识管理审计的方法。
4. 请论述知识管理的绩效评估。
5. 什么是 MAKE 奖？
6. 什么是 MIKE 奖？

 讨论性问题

1. 谈谈你对知识管理审计和评估的认识和理解。
2. 如何理解知识资产的统计与度量？
3. 谈谈你对知识管理评估方式的分类结构。
4. 谈谈你对知识型企业的 MAKE 认证的认识和理解。
5. 为什么要从 MAKE 奖升级到 MIKE 奖？

 实践性问题

1. 请查找一下最近几年中国 MAKE 奖获得企业的名录，谈谈你对它们为何能获得该奖的认识和理解。
2. 结合自身情况，谈谈如何更好地做好知识管理审计和评估。
3. 假如你对身边的组织进行知识管理审计和评估，你会采用哪些方法，为什么？

参 考 文 献

1. Baum A C,Ingram P. Survival -enhancing learning in theManhattan hotel industry 1898-1980[J]. Management Science,1998,44(7): 996-1016.

2. Ahuja G, Soda G, Zaheer A. Introduction to the special issue: the genesis and dynamics of organizational networks [J]. Organization Science,2012,23(2): 434-448.

3. Beckman C, Haunschild P R. Network learning: The effects of partners heterogeneity of experience on corporate acquisitions [J]. Administrative Science Quarterly,2002,47(1): 92-124.

4. Bock G W, Zmud R W, Kim Y G, et al. Behavioral intention formation in knowledge sharing: Examining the roles of extrinsic motivators, social-psychological forces, and organizational climate [J]. MIS Quarterly,2005: 87-111.

5. Bostrom R P. Successful application of communication techniques to improve the systems development process [J]. Information & Management,1989,(16): 279-295.

6. Chihiro Watanabe. National innovation ecosystems: Japan-US technology policy systems [J]. Journal of Services Research,2006,6(1): 159-186.

7. Christensen C M, Overdorf M. Meeting the challenge of disruptive change [J]. Harvard Business Review,2000,(3-4): 66-76.

8. Cohen,W M, Levinthal D A. Absorptive capacity: a new perspective on learning and innovation [J]. Administrative Science Quarterly,1990,35(1): 128-152.

9. Collins H M. Tacit knowledge,trust and the Q of sapphire [J]. Social Studies of Science,2001,31 (1): 71-85.

10. Cordeiro-Nilsson C M, Hawamdeh S. Leveraging socio-culturally situated tacit knowledge [J]. Journal of Knowledge Management,2011,15(1): 88-103.

11. Hargreaves D. Knowledge management in the learning society[R]. Paris: OECD/CERI,2000.

12. Davenport T H,Prusak L. Working knowledge: how organization manage what they know [M]. Boston: Harvard Business School Press,1998.

13. Gilbert M, Cordey Hayes M. Understanding the process of knowledge transfer to achieve successful technological innovation [J]. Technovation,1996,16 (6): 301-312.

14. Haldin-Herrgard T. Difficulties in diffusion of tacit knowledge in organizations [J]. Journal of Intellectual capital,2000,1(4): 357-365.

15. Hamel G. Competition for competence and inter-partner learning within international strategic alliances [J]. Strategic Management Journal,1991,12(S1): 83-103.

16. Hendriks P. Why share knowledge? the influence of ICT on the motivation for knowledge sharing [J]. Knowledge and Process Management,1999,6 (2): 91-100.

17. Holste J S, Fields D. Trust and tacit knowledge sharing and use [J]. Journal of Knowledge Management,2010,14(1): 128-140.

18. Holtham C, Courtney N. Developing managerial learning styles in the context of the strategie application of information and communications technologies [J]. International Journal of Training & Development ,2001 (1): 22-34.

19. Holthouse D. Knowledge research issue [J]. California Management Review,1998,43 (3): 277-280.

20. Inkpen A C，Tsang E W K. Social capital，networks，and knowledge transfer［J］. Academy of Management Review，2005，30(1)：146-165.

21. Jim Botkin. 智慧狂潮——带动企业变革的知识社群［M］.中国台北：高宝国际，2000.

22. Kang S C，Morris S S，Snell S A. Relational archetypes，organizational learning，and value creation：extending the human resource architecture［J］. Academy of Management Review，2007，32(1)：236-256.

23. Khan S R，Khan I A. Understanding ethnicity and national culture：a theoretical perspective on knowledge management in the organization［J］. Knowledge and Process Management，2014，(1)：51-61.

24. Leiponen A. Organization of knowledge and innovation：The case of Finnish business services［J］. Industry and Innovation，2005，12(2)：185-204.

25. Leybourne S，Kennedy M. Learning to improvise，or improvising to learn：knowledge generation and 'innovative practice' in project environments［J］. Knowledge and Process Management，2015：1-10.

26. LINHsiu-Fen，etal. Evaluation of factors influencing knowledge sharing based on a fuzzy AHP approach［J］. Journal of Information Science，2009，35 (1)：25-44.

27. Lubit R. The keys to sustainable competitive advantage：tacit knowledge and knowledge management［J］. Organizational Dynamics，2002，29(3)：164-178.

28. Nakano D，Muniz Jr J，Dias Batista Jr E. Engaging environments：tacit knowledge sharing on the shop floor［J］. Journal of Knowledge Management，2013，17(2)：290-306.

29. Nonaka，Takeuchi H. The Knowledge-Creating Company［M］. New York：Oxford University Press，1995：65-89.

30. Nonaka I，Konno N. The concept of "Ba"：building a foundation for knowledge creation［J］. California Management Review，1998，40 (3).

31. Nonaka，Ikujiro，David J. Teece，eds. Managing Industrial Knowledge：Creation，Transfer and Utilization［M］. Sage Publications，London：2001.

32. Nonaka I，Takeuchi H. The Knowledge- Creating Company［M］. New York：Oxford University Press，1995：75.

33. Nonaka I. The Knowledge Creating Company［M］. Harvard Business Review.（November-December)，1991：96.

34. Perry-Smith J E. Social yet creative：the role of social relationships in facilitating individual creativity［J］. Academy of Management Journal，2006，49(1)：85-101.

35. Rebernik M，Širec K. Fostering innovation by unlearning tacit knowledge［J］. Kybernetes，2007，36 (3/4)：406-419.

36. Newell S. Managing Knowledge Work［M］. New York：Palgrave，2002：5-12.

37. Schienstock G，Hamalainen T. Transformation of the Finnish Innovation System：A Network Approach，in Sitra Reports series 7［J］. Helsinki：Kaitila，2001，(21)：27-28，70-93.

38. Simonin B L. Ambiguity and the process of knowledgetransfer in strategic alliances［J］. Strategic Management Journal，1999，20：595-623.

39. Small C T，Sage A P. Knowledge management and knowledge sharing：A review［J］. Information，Knowledge，Systems Management，2006，5(3)：153-169.

40. Solomon Tadesse. Innovation，information and financial architecture［J］. Journal of Financial ＆ Quantitative Analysis，2006，41(4)：753-786.

41. Stephanie Barnes，Nick Milton. 知识管理战略制胜［M］.电子工业出版社，2016.

42. Szulanski G. Exploring internal stickiness：impediments to the transfer of best practice within the

firm[J]. Strategic Management Journal(special issue),1996,(17):27- 44.

43. Teece D,Pisano G,Shuen A. Dynamic capability and strategic management [J]. Strategic Management Journal,1997,18(7):509-533.

44. Venkitachalam K,Busch P. Tacit knowledge:review and possible research directions [J]. Journal of Knowledge Management,2012,16(2):357-372.

45. Malhotra Y. Knowledge management for the new world of business [J]. Journal for Quality and Participation Special Issue of Learning and Information Management,1998,21(4):58-61.

46. 曹兴,宋娟.网络组织知识转移仿真分析[J].中国软科学,2014,(3):142-152.

47. 曹艳峰.国内机构知识库的最新发展探析[J/OL].知识管理论坛,2016,1(2):85-90 [2018-06-14]. http://www.kmf.ac.cn/paperView? id=13.

48. 陈洪澜.论知识分类的十大方式[J].科学学研究,2007,25(1):26-31.

49. 陈劲,蒋子军,陈钰芬.开放式创新视角下企业知识吸收能力影响因素研究[J].浙江大学学报(人文社会科学版),2011,(5):71-82.

50. 陈立敏,王璇.2000—2007年知识转移理论研究综述[J].情报科学,2009(1):137-144.

51. 陈永隆,王奇威,黄小欣.知识管理——价值创新与开放分享[M].中国台北:华丽图书,2008.

52. 陈羽.驱动市场导向、顾客知识获取与产品创新绩效的关系研究[D].广东:华南理工大学,2012.

53. 储节旺.知识管理概论[M].清华大学出版社,2006.

54. 邓卫华,易明.基于知识链的企业知识转移与创新研究.科技进步与对策,2008,(11):194-197.

55. 丁宝军.跨职能整合、知识获取与新产品开发效率关系研究[D].广东:华南理工大学,2013.

56. 董小英.知识优势的理论基础与战略选择[J].北京大学学报(哲学社会科学版),2007,(4):37-45.

57. 樊治平,冯博,俞竹超.知识协同的发展及研究展望[J].科学学与科学技术管理,2007,(11):85-91.

58. 樊治平.知识管理研究[M].东北大学出版社,2003.

59. 高孟立.基于客户企业参与的新服务开发过程中知识转移机制研究[J].情报学报,2016,35(2):146-158.

60. 郭小芳,刘爱军,樊景博.知识获取方法及实现技术[J].陕西师范大学学报(自科版),2007,(2):187-189.

61. 郭鑫鑫.面向知识获取的众包创新关键知识源识别研究[D].江苏:江苏科技大学,2016.

62. 贺明明,王铁男,肖璇.IT管理气候和知识应用过程对IOS吸收的研究[J].科学学研究,2011,29(10):1520-1531.

63. 胡汉辉,潘安成.组织知识转移与学习能力的系统研究[J].管理科学学报,2006,9(3):81-87.

64. 胡浩.论知识应用中的整合管理[J].科技进步与对策,2007,(4):154-156.

65. 胡延平,刘晓敏.联盟中隐性知识转移、联盟控制方式与企业内部创新[J].科技管理研究,2008,(12):18-20.

66. 贾晓霞,周溪召.合作创新企业间知识转移障碍因素识别与对策研究[J].科学管理研究,2007,25(1):61-64.

67. 江积海.企业技术知识转移机制决策的实证研究[J].科学学研究,2006,24(3):444-448.

68. 蒋永福,李景正.论知识组织方法[J].中国图书馆学报,2001,27(1):3-7.

69. 蒋永福.论知识组织[J].图书情报工作,2000,(6):5-10.

70. 蒋樟生,胡珑瑛,田也壮.基于知识转移价值的产业技术创新联盟稳定性研究[J].科学学研究(增刊),2009,(2):506-511.

71. 柯平.知识管理学[M].科学出版社,2007.

72. 雷宏振,李芸.基于激励兼容约束的企业成员创新与知识转移机制研究[J].科学学与科学技术管理,2007,(6):152-154.

73. 李纲,巴志超.科研团队中知识黏滞的影响因素研究[J].中国图书馆学报,2017,43(1):89-106.

74. 李纲.信任和知识转移与新产品开发的关系模型——基于合作创新的视角[J].科技进步与对策,2008,(8):171-174.

75. 李华伟,董小英,左美云.知识管理的理论与实践[M].华艺出版社,2002.

76. 李菁楠,邓勇,刘合艳.国内外知识共享理论研究综述[J].图书馆学研究,2010,(4):2-6.

77. 李玲,党兴华,贾卫峰.网络嵌入型对知识有效获取的影响研究[J].科学学与科学技术管理,2008,29(12):97-100.

78. 李耀昌,刘建准,姚伟.基于知识组织层次模型的知识库构建[J].情报理论与实践,2010,33(8):118-120+117.

79. 李耀昌,姚伟,刘建准.基于知识层次的知识组织层次模型[J].情报理论与实践,2010,33(5):10-13.

80. 林东清.知识管理理论与实践[M].北京:电子工业出版社,2005.

81. 林筠,何婕,刘伟.知识转移视角下企业组织资本对技术创新的影响分析[J].科技管理研究,2009,(3):23-25.

82. 林榕航.知识管理原理[M].厦门大学出版社,2005.

83. 刘春艳,王伟.产学研协同创新联盟知识转移的策略研究[J].学习与探索,2015,(3):110-113.

84. 刘刚.基于产业链的知识转移与创新结构研究[J].商业经济与管理,2005,(11):13-17.

85. 刘洪波.探究知识组织的底层[J].图书馆,1992,(5):5-9.

86. 刘明霞,于飞.中国跨国公司逆向知识转移组织机制的实证研究[J].科学学研究,2013,31(08):1242-1251.

87. 刘洋,应瑛.不对称国际研发联盟中的知识转移机制[J].科学学研究,2016,34(8):1195-1202.

88. 卢俊义,王永贵.顾客参与服务创新、顾客人力资本与知识转移的关系研究[J].商业经济与管理,2010,221(3):80-87.

89. 骆品亮,周勇,郭晖.虚拟研发组织的知识转移机制:一个文献综述[J].研究与发展管理,2004,16(5):18-25.

90. 南希·M.狄克逊著,王书贵,沈群红译.共有知识:企业知识共享的方法与案例[M].北京:人民邮电出版社,2002.

91. 潘东华,尹大为.三螺旋接口组织与创新中的知识转移[J].科学学研究,2008,(5):1073-1079.

92. 潘玮,王伟,于跃,王俏.社会网络视角下企业内部隐性知识共享效率的测度方法研究[J].情报科学,2014(08):134-139.

93. 彭灿.区域创新系统内部知识转移的障碍分析与对策[J].科学学研究,2003,(1):107-111.

94. 邱均平.知识管理学[M].科学技术文献出版社,2006.

95. 邱茜等.国外知识共享研究综述[J].情报理论与实践,2010,33(3):120-124+90.

96. 屈文建等.面向多维属性特征的协同知识共享模式研究[J].情报理论与实践,2018,41(1):71-75.

97. 任丽丽.国外组织间知识转移模型评介与扩展[J].外国经济与管理,2010,(11):35-42.

98. 闰芬,陈国权.实施大规模定制中组织知识共享研究[J].管理工程学报,2002,(3):39-44.

99. 萨师煊,王珊.数据库系统概论(第三版)[M].北京:高等教育出版社,2002.

100. 沈静,蔡建峰,曾令炜.企业合作创新过程中知识转移影响因素及机制研究[J].科技进步与对策,2009,(8):137-141.

101. 盛小平.信息共享空间中的知识流与知识转移机制[J].图书情报工作,2010,54(2):16-20.

102. 盛小平.知识管理:原理与实践[M].北京:北京大学出版社,2009.

103. 疏礼兵.技术创新视角下企业研发团队内部知识转移影响因素的实证分析[J].科学学与科学技术管理,2007,(7):109-114.

104. 疏礼兵.组织知识、知识分类和知识特性[J].情报杂志,2008,27(1):76-79.

105. 苏新宁.组织的知识管理[M].国防工业出版社,2004.

106. 孙晓雅,陈娟娟.服务型政府知识共享影响因素的理论研究——基于自我决定理论和社会资本理论[J].情报科学,2016,(6):26-30.

107. 谭大鹏,霍国庆,王能元等.知识转移及其相关概念辨析[J].图书情报工作,2005,49(2):7-10.

108. 谭大鹏,霍国庆等.知识转移及其相关概念辨析[J].图书情报工作,2005,(2):7-10+143.

109. 谭可欣,郭东强.知识转移与企业自主创新能力提高[J].江西财经大学学报,2008,(3):31-34.

110. 唐炎华,石金涛.国外知识转移研究综述[J].情报科学,2006,24(1):153-160.

111. 陶颜,魏江,王甜.金融服务创新过程中的知识转移分析[J].大连理工大学学报(社会科学版),2007,28(1):11-16.

112. 陶洋,海龙.基于网络的知识转移机制[J].科技进步与对策,2008,25(2):168-171.

113. 佟泽华.知识协同的内涵探析[J].情报理论与实践,2011,34(11):11-15.

114. 佟泽华.知识协同及其与相关概念的关系探讨[J].图书情报工作,2012,56(08):107-112.

115. 汪忠,黄瑞华.合作创新企业间技术知识转移中知识破损问题研究[J].科研管理,2006,(2):95-101+127.

116. 王建刚,吴洁.网络结构与企业竞争优势——基于知识转移能力的调节效应[J].科学学与科学技术管理,2016,37(5):55-66.

117. 王璟佩.网络结构视角下的企业合作创新微观探讨[J].商业经济研究,2010,(10):68-69.

118. 王立生,宝贡敏.基于网络与知识转移视角的跨国公司创新机制与优势构建研究[J].自然辩证法研究,2006,22(8):51-54.

119. 王清晓.子公司创新倾向对跨国公司内部知识转移影响的实证研究[J].科学学与科学技术管理,2008,29(1):88-92.

120. 王天力.隐性知识获取、吸收能力与新创企业创新绩效关系研究[D].吉林:吉林大学,2013.

121. 王毅,吴贵生.产学研合作中黏滞知识的成因与转移机制研究[J].科研管理,2001,(11):114-121.

122. 王知津.从情报组织到知识组织[J].情报学报,1998,17(3):230-234.

123. 魏镇男.组织间学习、创新与绩效的影响研究[D].中南大学,2012.

124. 吴冰,王重鸣.知识与知识管理:一个文献综述[J].华东理工大学学报:社会科学版,2006,(1):57-61.

125. 吴洁,刘思峰,施琴芬.基于产业集群的知识创新体系与知识转移研究[J].企业经济,2007,(3):33-35.

126. 吴庆海.企业知识萃取理论与实践研究[J/OL].知识管理论坛,2016,1(4):243-250[2018-6-14].http://www.kmf.ac.cn/p/1/36/.

127. 吴想,杨洪涛.产学研合作创新知识转移影响因素分析与对策研究[J].科技管理研究,2009,(9):360-362.

128. 吴兴海.知识管理世界的践行者·倡行者·畅行者——《知识管理论坛》专访行者互联创始人、CEO吴庆海博士[J/OL].知识管理论坛,2018,3(1):46-52.

129. 徐少同,孟玺.知识协同的内涵、要素与机制研究[J].科学学研究,2013,31(7):976-982.

130. 徐笑君.权力距离、不确定性规避对跨国公司总部知识转移的调节效应研究[J].经济管理,2010,(1):61-68.

131. 鄢珞青.知识库的知识表达方式探讨[J].情报杂志,2003,(04):63-64.

132. 杨昌乐,张敏,张艳.国内外知识共享研究的系统综述:基础理论、知识体系与未来展望[J].图书馆学研究,2018,(8):2-11.

133. 杨文祥.论信息管理学的概念与概念体系[J].情报科学,2000,18(3):275-280.

134. 杨玉兵,胡汉辉.网络结构与知识转移[J].科学学与科学技术管理,2008,(2):123-127.

135. 姚伟,郭鹏,佟泽华,李耀昌.国外知识交流研究进展[J].图书情报工作,2011,55(2):112-116.

136. 叶茂林,刘宇,王斌.知识管理理论与运作[M].社会科学文献出版社,2003.

137. 应力,钱省三.企业内部知识市场的知识交易方式与机制研究[J].上海理工大学学报,2001,(2):167-170.

138. 于鹏,曲明军.跨国公司内部知识转移机制研究[J].山东社会科学,2006,(3):99-101.

139. 余光胜,毛荐其.技术创新中默会知识转移问题研究[J].研究与发展管理,2007,(2):100-107.

140. 余以胜,张玉峰.基于本体论的知识库系统研究[J].情报杂志,2003,(7):2-3.

141. 翟运开.企业间合作创新的知识转移及其实现研究[J].工业技术经济,2007,(3):43-46.

142. 张福学.知识管理导论[M].长春:吉林人民出版社,2001.

143. 张光磊,周和荣,廖建桥.知识转移视角下的企业组织结构对技术创新的影响研究[J].科学学与科学技术管理,2009,(8):78-84.

144. 张红兵.技术联盟知识转移有效性的差异来源研究——组织间学习和战略柔性的视角[J].科学学研究,2013,31(11):1687-1696+1707.

145. 张吉成.组织知识创新[M].中国税务出版社,2005,(6):49.

146. 张荣佳.技术联盟中的知识转移与技术创新能力积累[J].当代经济管理,2009,(12):26-29.

147. 张润彤,朱晓敏.知识管理学[M].机械工业出版社,2002.

148. 张若勇,刘新梅,张永胜.顾客参与和服务创新关系研究:基于服务过程中知识转移的视角[J].科学学与科学技术管理,2007,(10):92-97.

149. 张杨.服务创新过程中的知识转移机制研究[D].武汉理工大学,2009.

150. 张永宁,陈磊.知识特性与知识转移研究综述[J].中国石油大学学报:社会科学版,2007,23(1):62-67.

151. 赵梅,岳宏志.企业合作创新中知识转移黏滞性问题研究[J].科技进步与对策,2009,(5):114-118.

152. 赵顺龙,范金艺.区域创新系统内以企业为中心的知识转移分析[J].科学管理研究,2009,(6):65-70.

153. 赵顺龙,吴思静.企业R&D人员间知识转移过程对技术创新的影响机理分析[J].科技管理研究,2009,(11):330-332.

154. 赵涛,路琨,艾宏图.面向持续产品创新的知识转移模型研究[J].西北工业大学学报(社会科学版),2005,25(3):51-53+67.

155. 周军杰,李新功,李超.不同合作创新模式与隐性知识转移的关系研究[J].科学学研究,2009,(12):1941-1919.

156. 周密,赵文红,宋红媛.基于知识特性的知识距离对知识转移影响研究[J].科学学研究,2015,33(7):1059-1068.

157. 竹内弘高,野中郁次郎.知识创造的螺旋:知识管理理论与案例研究[M].知识产权出版社,2006.

158. 邹波,田金信,张庆普.面向企业自主创新能力提升的校企知识转移机制与过程[J].科学学研究,2009,26(增刊下):561-566.

159. 邹艳,王晓新,叶金福.共建模式下企业合作创新知识转移影响因素的实证研究[J].科学学研究,2009,27(4):616-621.

160. 邹艳,杨乃定,韦铁等.组织学习对企业合作创新知识转移的影响研究——协调机制的中介作用[J].科学学与科学技术管理,2009,30(2):96-100.

161. 邹艳,王晓新,叶金福.共建模式下企业合作创新知识转移影响因素的实证研究.科学学研究,2009,27(4):616-621.

162. 李海生.知识管理技术与应用[M].北京邮电大学出版社,2012.

163. 蔡晓玲,詹庆东.Web 2.0环境下的个人知识管理工具研究[J].情报理论与实践,2018,41(3):136-141.

附　　录

1. 各章习题答案

2. 案例分析参考

致　谢

　　本书的成书过程得到了许多知识管理理论与实践界专家的指导，其中要特别感谢来自中国台湾地区的陈永隆老师。陈老师是台湾交通大学、世新大学等校的兼职教授，他对于知识管理理论研究和实践发展都具有长期的观察和深刻的洞见，既具有企业知识管理的实践背景，又在知识管理、协同创新、组织学习等领域具有丰富的教育经验。陈老师对于本书在知识管理工具、知识管理绩效、知识管理关键影响因素等涉及知识管理实施的章节撰写上不仅提供了宝贵的意见和一手参考资料，也提供了很多具有可行性和实用性的实施指导，在此表示感谢！

　　感谢西北大学公共管理学院王铮博士，王铮博士是国内知识管理方面的青年学者，在知识管理方面颇有造诣。在本书写作过程中，王铮博士给予了详细指导，尤其在本书逻辑结构、知识管理工具等内容方面提供了非常专业的建议，在此表示感谢！

教师服务

感谢您选用清华大学出版社的教材！为了更好地服务教学，我们为授课教师提供本书的教学辅助资源，以及本学科重点教材信息。请您扫码获取。

≫ 教辅获取

本书教辅资源，授课教师扫码获取

≫ 样书赠送

企业管理类重点教材，教师扫码获取样书

 清华大学出版社

E-mail: tupfuwu@163.com
电话：010-83470332 / 83470142
地址：北京市海淀区双清路学研大厦 B 座 509

网址：http://www.tup.com.cn/
传真：8610-83470107
邮编：100084